Die erbrechtliche Ausgleichung von Unterhaltsleistungen an behinderte Abkömmlinge

Studien zum deutschen und internationalen Familien- und Erbrecht

Herausgegeben von Martin Lipp, Christoph Benicke,
Marina Wellenhofer und Bettina Heiderhoff

Band 29

Zur Qualitätssicherung und Peer Review der vorliegenden Publikation

Die Qualität der in dieser Reihe erscheinenden Arbeiten wird vor der Publikation durch den Herausgeber der Reihe geprüft.

Notes on the quality assurance and peer review of this publication

Prior to publication, the quality of the work published in this series is reviewed by the editor of the series.

Bianca Reichert

Die erbrechtliche Ausgleichung von Unterhaltsleistungen an behinderte Abkömmlinge

PL ACADEMIC RESEARCH

Bibliografische Information der Deutschen Nationalbibliothek
Die Deutsche Nationalbibliothek verzeichnet diese Publikation in der Deutschen Nationalbibliografie; detaillierte bibliografische Daten sind im Internet über http://dnb.d-nb.de abrufbar.

Zugl.: Gießen, Univ., FB Rechtswissenschaft, Diss., 2016

D 26
ISSN 1864-497X
ISBN 978-3-631-71760-8 (Print)
E-ISBN 978-3-631-72426-2 (E-PDF)
E-ISBN 978-3-631-72427-9 (EPUB)
E-ISBN 978-3-631-72428-6 (MOBI)
DOI 10.3726/b11240

PL Academic Research ist ein Imprint der Peter Lang GmbH.

Peter Lang – Frankfurt am Main · Bern · Bruxelles · New York · Oxford · Warszawa · Wien

Diese Publikation wurde begutachtet.

www.peterlang.com

Inhaltsverzeichnis

Literaturverzeichnis

Bamberger, Heinz Georg /Roth, Herbert (Hrsg.): Kommentar zum Bürgerlichen Gesetzbuch,

– Band I, §§ 1–610, CISG, *bearb. v. Ann, Christoph,* 3. Aufl. München 2012 (zit. als: *Bearbeiter,* in: Bamberger/Roth);

– Band III, §§ 1297–2385. Rom I-VO, Rom II-VO, EGBGB, *bearb. v. Bergmann, Margarethe,* 3. Aufl., München 2012 (zit. als: *Bearbeiter,* in: Bamber ger/ Roth)

Baumgärtel, Gottfried (Begr.)/*Laumen, Hans-Willi/Prütting, Hanns:* Handbuch der Beweislast. Bürgerliches Gesetzbuch. Erbrecht. §§ 1922–2385, bearb. v. *Schmitz, Karl Heinrich,* 3. neubearb. u. erw. Aufl., München 2009

Bengel, Manfred: Gestaltung letztwilliger Verfügungen bei Vorhandensein behinderter Abkömmlinge Zugleich eine Anmerkung zum BGH Urteil v. 20.10.1993, IV ZR 231/92, ZEV 1994, 29–31

Bertolini, Erich: Zur Durchführung der Ausgleichung (§ 2055 BGB), MittBayNot 1995, 109–114

Bienwald, Werner: Anm. zu BayObLG, Beschl. v. 18.09.2003 (3Z BR 167/03), FamRZ 2004, 1750

Bienwald, Werner/Sonnenfeld, Susanne/Bienwald, Christa/ Harm, Uwe: Betreuungsrecht. Kommentar, 6. neu bearb. Aufl., Bielefeld 2016 (zit. als: *Bearbeiter,* in: Bienwald/Sonnenfeld/Harm)

Bonefeld, Michael: Synopse und Auswirkungen des Gesetzes zur Änderung des Erb- und Verjährungsrechtes auf das Erbrecht Update zur Reform der Reform, ZErb 2008, 67–77

Bork, Reinhard: Allgemeiner Teil des Bürgerlichen Gesetzbuchs, 4. neubearb. Aufl., Tübingen 2016

Borth, Helmut: Private Altersvorsorge und Unterhalt, NJW 2008, 326–330

Bothe, Peter: Zur Beweislast bei Zuwendungen im Sinne des § 2050 Abs. 3 BGB, ZErb 2004, 368–372

Brambring, Günter/Mutter, Christoph (Hrsg.): Beck'sches Formularbuch Erbrecht, 3. überarb. u. erw. Aufl., München 2014

Brox, Hans (Begr.)/ *Walker, Wolf-Dietrich:* Erbrecht, 27. Auflage, München 2016

Brox, Hans (Begr.)/ *Walker, Wolf-Dietrich:* Allgemeiner Teil des BGB, 39. neu bearb. Aufl., München 2015

Büttner, Helmut: Die Entwicklung des Unterhaltsrechts bis Anfang 1999, NJW 1999, 2315–2327

Burandt, Wolfgang/Rojahn, Dieter (Hrsg.): Erbrecht. BGB, FamFG, ZPO, BeurkG, GBO, EGBGB, EStG, ErbStG, EUErbVO, Band 65, 2. neubearb. Aufl., München 2014 (zit. als: *Bearbeiter,* in: Burandt/Rojahn)

Creifelds, Carl (Begr.)/*Weber, Klaus* (Hrsg.): Rechtswörterbuch, 20. neu bearb. Aufl., München 2011

Damrau, Jürgen: Der Minderjährige im Erbrecht, Angelbachtal 2002

Damrau, Jürgen/ Tanck, Manuel: Praxiskommentar Erbrecht, 3. Aufl., Bonn 2014 (zit. als: *Bearbeiter,* in: Damrau/Tanck)

Deutsches Notarinstitut (Hrsg.): Zustimmung zu Gesamtvermögensgeschäft durch gesetzlichen Vertreter / Ausschluß von der gesetzlichen Vertretung gem. § 181 BGB, DNotI-Report 1999, 166–169

Deutsches Notarinstitut (Hrsg.): Die Anordnung der Ausgleichung durch Stellvertretung - BGB § 2050, DNotI-Report 2011, 43–44

Deutsches Notarinstitut (Hrsg.): Anrechnung von Pflegeleistungen auf den Pflichtteil des behinderten Abkömmlings, DNotI-Report 2012, 175–176

Dieckmann, Albrecht: Anm. zu BGH, Urt. v. 13.07.1983 (IVa ZR 15/82), FamRZ 1983, 1104–1106

—: Anm. zu BGH, Urt. v. 02.12.1987 (IVa ZR 149/86), FamRZ 1988, 712–716

Dietz, Florian/ Spall, Lorenz: Das Behindertentestament im Vollzug: Erste Schritte nach dem Erbfall, ZEV 2012, 456–461

Dittmann, Ottmar/Reimann, Wolfgang/Bengel, Manfred (Hrsg.): Testament und Erbvertrag. Kommentar mit Erläuterungen, Checklisten und Gestaltungsvorschlägen, 4. völlig neu bearb. Aufl., Neuwied, Kriftel 2003 (zit. als: *Bearbeiter,* in: Dittmann/Reimann/Bengel)

Dodegge, Georg/ Roth, Andreas: Systematischer Praxiskommentar Betreuungsrecht, 4. Aufl., Köln 2014 (zit. als: *Bearbeiter,* in: Dodegge/Roth, BtKomm)

Doering-Striening, Gudrun: Sozialhilferegress bei Erbfall und Schenkung, Bonn 2015.

Dreher, Meinrad/ Görner, Andre: Das Behindertentestament und § 138 BGB, NJW 2011, 1761–1766

Dreier, Horst (Hrsg.): Grundgesetz Kommentar. Band I. Präambel, Artikel 1–19, 3. Aufl., Tübingen 2013

Dressel, Rudolf: Die Ausgleichungspflicht im Höferecht bei besonderer Mitarbeit oder Pflegetätigkeit eines Abkömmlings (§ 2057 a BGB), RdL 1970, 146–148

Duden: Duden. Das Bedeutungswörterbuch. Hrsg. von der Dudenredaktion, 4. neu bearb. u. erw. Aufl., Mannheim, Leipzig, Wien, u.a. 2010 (zit. als: Duden, Das Bedeutungswörterbuch)

Duden: Duden. Das große Wörterbuch der deutschen Sprache, hrsg. v. Wissenschaftlichen Rat der Dudenredaktion

– Band 6, 3. völlig neu bearb. u. erw. Aufl., Mannheim, Leipzig, Wien u.a. 1999 (zit. als: Duden, Bd. 6);

– Band 10, 3. völlig neu bearb. u. erw. Aufl., Mannheim, Leipzig, Wien u.a. 1999 (zit. als: Duden, Bd. 10)

Duderstadt, Jochen: Einsatz des Vermögensstamms des Pflichtigen beim Erwachsenenunterhalt, FamRZ 1998, 273–279

Ebenroth, Carsten, Thomas/Bacher, Urban/Lorz, Rainer: Dispositive Wertbestimmungen und Gestaltungswirkungen bei Vorempfängen, JZ 1991, 277–285

Eberl-Borges, Christina: Die Erbauseinandersetzung, Tübingen 2000 (zugl. Habil. Potsdam 1999)

Erman, Walter: Bürgerliches Gesetzbuch. Handkommentar mit AGG, EGBGB (Auszug), ErbbauRG, LPartG, ProdHaftG, VBVG, VersAusglG und WEG, *hrsg. v. Westermann, Harm Peter/Grunewald, Barbara/Maier-Reimer, Georg,*

- BGB. §§ 1–758. AGG, Band I, 14. Neu bearb. Aufl. Köln 2014 (zit. als: *Bearbeiter,* in: Erman);

- BGB. §§ 759–2385, ProdHaftG, ErbbauRG, VerAusglG, VBVG, LPartG, WEG, EGBGB, Band II, 14. neu bearb. Aufl., Köln 2014 (zit. als: *Bearbeiter,* in: Erman)

Eschenbruch, Klaus/Schürmann, Heinrich/ Menne, Martin: Der Unterhaltsprozess. Praxishandbuch des materiellen Unterhaltsrechts und des Verfahrens in Unterhaltssachen, 6. komplett überarb. u. erw. Aufl., Köln 2013

Esser, Josef: Wert und Bedeutung der Rechtsfiktionen. Kritisches zur Technik der Gesetzgebung und zur bisherigen Dogmatik des Privatrechts, 2. Aufl, Frankfurt am Main 1969

— *(Hrsg.):* Vorverständnis und Methodenwahl in der Rechtsfindung. Rationalitätsgarantien der richterlichen Entscheidungspraxis, Bd. 7, Frankfurt am Main 1970

Everts, Arne: Vorweggenommene Erbfolge, Ausgleichung, Anrechnung und der BGH zugleich ein Plädoyer für die Ausstattung und zugleich Anmerkung zu BGH, Urteil vom 27.1.2010, IV ZR 91/09, MittBayNot 2011, 107–112

Fernbacher, Tobias: Grundstücksüberlassung an Minderjährige und Pflichtteilsanrechnung, MittBayNot 2004, 24–26

Finke, Fritz: Der Wohnwert beim Ehegatten- und Kindesunterhalt unter besonderer Berücksichtigung unterschiedlicher Eigentumsverhältnisse am Familienheim, FPR 2008, 94–100

Flume, Werner: Allgemeiner Teil des Bürgerlichen Rechts. Das Rechtsgeschäft, Bd. II, 4. unveränd. Aufl., Berlin, Heidelberg, New York u. a. 1992

Frieser, Andreas: Fachanwaltskommentar Erbrecht, 4. Aufl., Köln 2013 (zit. als: *Bearbeiter,* in: Frieser, FA-Komm. ErbR)

Frieser, Andreas/Sarres, Ernst/Stückemann, Wolfgang/Tschichoflos, Ursula (Hrsg.): Handbuch des Fachanwalts Erbrecht, 6. Aufl., Köln 2015

Fröhler, Oliver: Erbausgleichung und Pflichtteilsanrechnung aufgrund Schenkung bzw. Ausstattung, BWNotZ 2010, 94–106

Gagel, Alexander (Begr.)/*Knickrehm, Sabine/Deinert, Olaf* (Hrsg.): SGB II/SGB III. Grundsicherung und Arbeitsförderung. Kommentar, Bd. I, Stand der EL 63: 01. Oktober 2016, München 2016 (zit. als: *Bearbeiter,* in: Gagel/Knickrehm/Deinert)

Gerhardt, Peter/v. Heintschel-Heinegg, Bernd (Begr.)/ *Fixl, Rainer/ Siede, Walther:* Materielles Scheidungsrecht, 10. neu bearb. Aufl., München 2012

Gerhardt, Peter/v. Heintschel-Heinegg, Bernd/Klein, Michael (Hrsg.): Handbuch des Fachanwalts Familienrecht, 10. Aufl., Köln 2015

Gerken, Ulrich: Die Entstehung der Bindungswirkung beim Erbvertrag, BWNotZ 1992, 93–96

Gernhuber, Joachim (Begr.)/*Coester-Waltjen, Dagmar:* Familienrecht, 6. völlig neu bearb. Aufl., München 2010

Goebel, Joachim: Drittbestimmung des Unternehmensnachfolger-Erben? Eine Rückbesinnung auf die reichsgerichtliche Rechtsprechung zur materiellen Höchstpersönlichkeit des Testaments, DNotZ 2004, 101–118

Göppinger, Horst/ Wax, Peter: Unterhaltsrecht, 9. Aufl., Bielefeld 2008

Götsche, Frank: Der Unterhaltsanspruch behinderter Kinder, FamRB 2004, 264–269

Graba, Hans-Ulrich: Kindesbetreuung und Kindesunterhalt, FamRZ 1990, 454–459

—: Fiktives Einkommen im Unterhaltsrecht, FamRZ 2001, 1257–1265

Große-Wilde, Franz M./ Ouart, Peter E. (Hrsg.): Deutscher Erbrechtskommentar. §§ 1922–2385 BGB, Art. 25, 26, 235 EGBGB mit Formulierungshilfen und Mustern, 2. komplett überarb. und aktual. Aufl., Köln 2010 (zit. als: *Bearbeiter,* in: Große-Wilde/Ouart)

Grube, Christian/ Wahrendorf, Volker: SGB XII. Sozialhilfe. Kommentar, 5. Aufl., München 2014 (zit. als: *Bearbeiter,* in: Grube/Wahrendorf, SGB XII)

Hänlein, Andreas: Die Heranziehung Unterhaltspflichtiger bei langwährender Pflegebedürftigkeit nach BSHG und BGB, Bielefeld 1992 (zugl. Diss. Freiburg Breisgau 1992), in: Schriften zum deutschen und europäischen Zivil-, Handels- und Prozessrecht, Bd. 137 (hrsg. v.: Bosch, F.W./Gaul, H.F./Sandrock, O.)

Hausmann, Rainer/Hohloch, Gerhard (Hrsg.): Handbuch des Erbrechts, 2. neu bearb. Aufl., Berlin 2010 (zit. als: *Bearbeiter,* in: Hausmann/Hohloch, Hdb. d. Erbrechts)

Heckschen, Heribert/Herrler, Sebastian/ Starke, Timm: Beck'sches Notar-Handbuch, 6. überarb. u. erw. Aufl., München 2015

Heiß, Beate/ Born, Winfried: Unterhaltsrecht. Ein Handbuch für die Praxis, 50. Aufl., München 2016

Ivo, Malte: Die Erbschaftsausschlagung zwecks Pflichtteilsgeltendmachung beim „Behindertentestament", ZErb 2004, 174–179

Jakob, Dominique: Die Ausstattung (§ 1624 BGB) – ein familienrechtliches Instrument moderner Vermögensgestaltung?, AcP 207 (2007), 198–224

Jakobs, Horst Heinrich/Schubert, Werner (Hrsg.): Die Beratung des Bürgerlichen Gesetzbuchs in systematischer Zusammenstellung der unveröffentlichten Quellen, Bd. VI, Erbrecht, §§ 1922–2385, 1. Teilband, Berlin, New York 2002

Jarass, Hans D./ Pieroth, Bodo: GG. Grundgesetz für die Bundesrepublik Deutschland. Kommentar, 14. Aufl., München 2016

Jauernig, Othmar: Bürgerliches Gesetzbuch mit Allgemeinem Gleichbehandlungsgesetz (Auszug). Kommentar, hrsg. v. *Stürner, Rolf,* 15. neubearb. Aufl., München 2014 (zit. als: *Bearbeiter,* in: Jauernig)

Johannsen, Kurt H. (Mitbegr.)/*Henrich,Dieter* (Hrsg.): Familienrecht. Scheidung, Unterhalt, Verfahren, 5. überarb. u. erw. Aufl., München 2010 (zit. als: *Bearbeiter,* in: Johannsen/Henrich)

Jürgens, Andreas (Hrsg.): Betreuungsrecht. Kommentar, 5. völlig neubearb. Aufl., München 2014 (zit. als: *Bearbeiter*, in Jürgen, BtR)

Kasper, Martin Alexander: Anrechnung und Ausgleichung im Pflichtteilsrecht, München 1999 (zugl. Diss Tübingen 1997/98)

Keim, Christopher: Testamentsgestaltung bei „missratenen" Kindern Neue Möglichkeiten durch die geplanten Änderungen im Pflichtteilsrecht?, NJW 2008, 2072–2077

—: Die Reform des Erb- und Verjährungsrechts und ihre Auswirkungen auf die Gestaltungspraxis, ZEV 2008, 161–169

—: Pflichtteilsberechnung unentgeltliche Zuwendung im Wege vorweggenommener Erbfolge, ZEV 2010, 190–193

—: Gefahren für das Behindertentestament durch fehlerhafte Erbauseinandersetzung, DNotZ 2014, 895–906

Kerscher, Karl-Ludwig / Tanck, Manuel: Zuwendungen an Kinder zur Existenzgründung: Die „Ausstattung" als ausgleichpflichtiger Vorempfang, ZEV 1997, 354–358

Kleffmann, Norbert/ Klein, Michael: Unterhaltsrecht. Kommentar, 2. Aufl., Köln 2014

Kleffmann, Norbert / Soyka, Jürgen: Praxishandbuch Unterhaltsrecht. Systematische Darstellung anhand aktueller Rechtsprechung, 1. Aufl., Köln 2012

Knickrehm, Sabine/Kreikebohm, Ralf/ Waltermann,Raimund (Hrsg.): Kommentar zum Sozialrecht. VO (EG) Nr. 883/2004, SGB I bis SGB XII, SGG, BAföG, BEEG, Kindergeldrecht (EStG), UnterhaltsvorschussG, WoGG, Bd. 63, 4. Aufl., München 2015 (zit. als: *Bearbeiter,* in: Knickrehm/Kreikebohm/Waltermann)

Knodel, Hermann: Die Ausstattung, eine zeitgemäße Gestaltungsmöglichkeit?, ZErb 2006, 225–226

Koch, Elisabeth (Hrsg.): Handbuch des Unterhaltsrechts, 12. Aufl., München 2012

Krauß, Hans-Frieder: Vermögensnachfolge in der Praxis. Vorweggenommene Erbfolge in Privat- und Betriebsvermögen, 4. Aufl., Köln 2015

Kreikebohm, Ralf (Hrsg.): Sozialgesetzbuch. Gesetzliche Rentenversicherung – SGB VI-Kommentar, 4. Aufl., München 2013

Kropp, Gabriela: Die Vorsorgevollmacht, FPR 2012, 9–13

Krug, Walter: Die Kaufkraftproblematik bei ausgleichungspflichtigen Vorempfängen in der Erbteilung Eine Kritik an der BGH-Rechtsprechung , ZEV 2000, 41–45

Krug, Walter / Zwißler, Finn: Familienrecht und Erbrecht. Schnittstellen in der anwaltlichen und notariellen Praxis, Angelbachtal 2002

Kruse, Katja: Mein Kind ist behindert diese Hilfen gibt es. Überblick über Rechte und finanzielle Leistungen für Familien mit behinderten Kindern, hrsg. v. Bundesverband für körper- und mehrfachbehinderte Menschen, Düsseldorf 2013, abrufbar unter: http://bvkm.de/wp-content/uploads/2016_Mein-Kind-ist-behindert-diese-Hilfen-gibt-es.pdf (Stand 10.01.2017)

Kuchinke, Kurt: Anm. zu LG Konstanz, Urt. v. 24.04.1991 (5 O 423/90) = FamRZ 1992, 362–363

Lange, Heinrich: Schenkungen an beschränkt Geschäftsfähige und § 107 BGB, NJW 1955, 1339–1343

Lange, Knut Werner: Erbrecht. Lehrbuch für Studium und Praxis, München 2011

Lange, Heinrich (Begr.)/ *Kuchinke, Kurt:* Erbrecht. Ein Lehrbuch, 5. völlig neubearb. Aufl., München 2001

Langenfeld, Gerrit (Begr.)/ *Fröhler, Oliver:* Testamentsgestaltung, Einzeltestament, Ehegattentestament, Unternehmertestament, 5. neu bearbeitete und erweiterte Auflage, Köln 2015

Langenfeld, Gerrit (Begr.)/ *Milzer, Lutz:* Handbuch der Eheverträge und Scheidungsvereinbarungen, 7. grundlegend neu bearb. Aufl., München 2015

Larenz, Karl (Begr.)/ *Canaris, Claus-Wilhelm:* Methodenlehre der Rechtswissenschaft, 3. neu bearb. Aufl., Berlin, Heidelberg, New York 1995

Larenz, Karl (Begr.)/*Wolf, Manfred/ Neuner, Jörg:* Allgemeiner Teil des Bürgerlichen Rechts, 11. vollst. neubearb. Aufl., München 2016

Leipold, Dieter: BGB I. Einführung und Allgemeiner Teil, 7. neubearb. Aufl., Tübingen 2013

Leipold, Dieter van de Loo, Oswald: Erbrecht, 20. neubearb. Aufl., Tübingen 2014. Die Gestaltung der Verfügung von Todes wegen zugunsten des betroffenen Behinderten, MittRhNotK 1989, 233–252

Ludyga, Hannes: Die Berücksichtigung von Pflegeleistungen gemäß § 2057a BGB nach der Erbrechtsreform, ZErb 2009, 289–294

Martin, Paul: Rechnerische Formeln aus dem Pflichtteilsrecht. ZBlFG 14. Jahrgang. Juli 1913 bis Juni 1914, 789–806

Maurer, Hans-Ulrich: Kindergartenbeiträge: Ein Massenphänomen ohne unterhaltsrechtliche Bedeutung?, FamRZ 2006, 663–669

Mayer, Jörg: Nachträgliche Änderung von erbrechtlichen Anrechnungs- und Ausgleichungsbestimmungen, ZEV 1996, 441–447

—: Der Übergabevertrag in der anwaltlichen und notariellen Praxis. Die Übertragung von Privatvermögen im Wege der vorweggenommenen Erbfolge, 2. Auflage, Bonn 2001

—: Anrechnung und Ausgleichung im Erb- und Pflichtteilsrecht eine Einführung anhand von Beispielfällen, ZErb 2007, 130-138

—: Unliebsame Folgen des Pflichtteilsverzichts, ZEV 2007, 556-560

—: Die Auswirkungen der Erbrechtsreform auf die Kautelarpraxis, ZEV 2010, 2–8

Mayer, Jörg et.al.: Handbuch Pflichtteilsrecht, 3. Auflage, Bonn 2013 (zit. als: *Bearbeiter,* in: *Mayer* et.al., Hdb. Pflichtteilsrecht)

Medicus, Dieter/ Petersen, Jens: Allgemeiner Teil des BGB, 11. neu bearb. Aufl., Heidelberg 2016

Meincke, Jens Peter: Zum Verfahren der Miterbenausgleichung, AcP 178 (1978), 45–68

Mentner, Regina: Körperliche Behinderung, abrufbar unter: https://info.diakonie.de/ueber-uns/die-geschichte-der-diakonie/arbeitsfelder-im-historischen-verlauf/koerperliche-behinderung/ (Stand: 10.01.2017)

Mohr, Günter: Ausgleichung und Anrechnung bei Schenkungen, ZEV 1999, 257–262

Motive: Motive zu dem Entwurfe eines Bürgerlichen Gesetzbuches für das Deutsche Reich,

– Band I. Allgemeiner Theil, Berlin 1896;

– Band II. Recht der Schuldverhältnisse, Berlin 1896;

– Band IV. Familienrecht, Berlin, Leipzig 1888;

– Band V. Erbrecht, Berlin, Leipzig 1888

Mrozynski, Peter: SGB I. Sozialgesetzbuch. Allgemeiner Teil. Kommentar, 5. vollst. neubearb. Aufl., München 2014

Muckel, Stefan/ Ogorek, Markus: Sozialrecht, 4. neu bearb. Aufl., München 2011

Müller, Friedrich/Christensen, Ralph: Juristische Methodik, Bd. I: Grundlegung für die Arbeitsmet den der Rechtspraxis, 11. auf neuestem Stand bearb. u. erw. Aufl., Berlin 2013

Müller, Gabriele: Vertretung des geschäftsunfähigen Ehegatten bei der Zustimmung nach den §§ 1365, 1366 BGB, ZNotP 2005, 419–422

Müller, Welf/Rödder, Thomas (Hrsg.) *Münchener Kommentar:* Beck'sches Handbuch der AG. Gesellschaftsrecht Steuerrecht Börsengang, 2. vollst. überarb. u. erg. Aufl., München 2009 zum Bürgerlichen Gesetzbuch, *hrsg. v. Säcker, Franz Jürgen/ Rixecker, Roland/Oetker, Hartmut/Limperg, Bettina,*

– Band 1 Allgemeiner Teil. §§ 1–240. ProstG. AGG, 7. Aufl., München 2015 (zit. als: *Bearbeiter,* in: MüKo)

– Band 2 Schuldrecht. Allgemeiner Teil, 7. Aufl., München 2015 (zit. als: *Bearbeiter,* in: MüKo)

– Band 3 Schuldrecht. Besonderer Teil I. §§ 433–534 BGB. Finanzierungsleasing. CISG, 7. Aufl. 2016 (zit. als: *Bearbeiter,* in: MüKo)

– Band 4 Schuldrecht. Besonderer Teil II, 7. Aufl., München 2016 (zit. als: *Bearbeiter,* in: MüKo)

– Band 5 Schuldrecht. Besonderer Teil III. §§ 705–853. Partnerschaftsgesellschaftsgesetz. Produkthaftungsgesetz, 6. Aufl., München 2013 (zit. als: *Bearbeiter,* in: MüKo)

– Band 8 Familienrecht I. §§ 1297–1588. Versorgungsausgleichsgesetz. Gewaltschutzgesetz. Lebenspartnerschaftsgesetz, 7. Aufl., München 2017 (zit. als: *Bearbeiter,* in: MüKo)

– Band 9 Familienrecht II. §§ 1589–1921, SGB VIII, 7. Aufl., München 2017 (zit. als: *Bearbeiter,* in: MüKo)

– Band 10 Erbrecht. §§ 1922–2385, §§ 27–35 BeurkG, 7. Aufl., München 2017 (*Bearbeiter,* in: MüKo)

Muscheler, Karlheinz: Erbrecht, Band I, Tübingen 2010

Neumann, Dirk / Pahlen, Roland/ Majerski-Pahlen, Monika: Sozialgesetzbuch IX Rehabilitation und Teilhabe behinderter Menschen. Kommentar, 12. neu bearb. Aufl., München 2010 (zit. als: *Bearbeiter,* in: Neumann/Pahlen/Majerski-Pahlen)

Nieder, Heinrich: Das Behindertentestament Sittenwidrige Umgehung des sozialhilferechtlichen Nachrangprinzips oder Familienlastenausgleich, NJW 1994, 1264–1267

Nieder, Heinrich/Kössinger, Reinhard/ Kössinger, Winfried: Handbuch der Testamentsgestaltung. Grundlagen und Gestaltungsmittel für Verfügungen von Todes wegen und vorbereitende Erbfolgemaßnahmen, 4. überarbeitete und aktualisierte Auflage, München 2011

Niepmann, Birgit/ Schwamb, Werner: Die Rechtsprechung zur Höhe des Unterhalts, 13. völlig überarb. Aufl., München 2016

Nomos Kommentar: BGB, hrsg. v. *Dauner-Lieb, Barbara / Heidel, Thomas / Ring, Gerhard*

– BGB Allgemeiner Teil/EGBGB, Band 1, *hrsg. v. Heidel, Thomas/Hüßtege, Rainer/Mansel, Heinz-Peter/Noack, Ulrich,* 3. Aufl., Baden-Baden 2016 (zit. als: *Bearbeiter,* in: NK-BGB AT)

– Familienrecht. Band 4: §§ 1297–1921, *hrsg. v. Kaiser, Dagmar/Schnitzler, Klaus/Friederici, Peter/ Schilling, Roger,* 3. Aufl., Baden-Baden 2014 (zit. als: *Bearbeiter,* in: NK-BGB FamR)

– Erbrecht. Band 5: §§ 1922–2385, *hrsg. v. Kroiß, Ludwig / Ann, Christoph / Mayer, Jörg,* 4. Aufl., Baden-Baden 2014 (zit. als: *Bearbeiter,* in: NK-BGB ErbR)

Odersky, Felix: NeG. Kommentar zum Nichtehelichen-Gesetz, 4. neubearb. u. erw. Aufl., Bielefeld 1978

o. V.: Die Seite für die Schwerbehindertenvertretung. Vertrauensperson der schwerbehinderten Menschen im Betrieb, abrufbar unter: http://www.schwbv.de/gdb-gds-mde.html (Stand: 10.01.2017)

Palandt, Otto (Begr.): Bürgerliches Gesetzbuch, 76. neubearb. Auflage, München 2017 (zit. als: *Bearbeiter,* in: Palandt)

Peter, Manfred: Zuwendungen im Wege vorweggenommener Erbfolge Fragen zur Ausgleichung und zur Anrechnung , BWNotZ 1986, 28–33

Petersen, Jens: Insichgeschäft, Jura 2007, 418–420

Planck, Gottlieb: Planck`s Kommentar zum Bürgerlichen Gesetzbuch nebst Einführungsgesetz, hrsg. v. *Strohal, Emil,* Band V, Erbrecht, 4. völlig neu bearb. Aufl., Leipzig 1939 (zit. als: *Bearbeiter,* in: Planck)

Progl, Michael: Der Regierungsentwurf zur Erbrechtsreform vom 30.1.2008 Testierfreiheitserweiterung bei Anrechnung, Ausgleichung und gemeinsamem Testament, ZErb 2008, 78–83

Protokoll: der 112. Sitzung des Rechtsausschusses (6. Ausschuss) vom 08.10.2008, Öffentliche Anhörung, abrufbar unter: http://www.bundesgerichtshof.de/SharedDocs/Downloads/DE/Bibliothek/Gesetzesmaterialien/16_wp/erb recht/wortproto.pdf?__blob=publicationFile (Stand: 10.01.2017)

Protokolle: Protokolle der Kommission für die zweite Lesung des Entwurfs des Bürgerlichen Gesetzbuches,

– Band I, Allgemeiner Theil und Recht der Schuldverhältnisse Abschn. I, Abschn. II Tit. I, Berlin 1897 (zit. als: Prot. I);

– Band V, Erbrecht, Berlin 1899 (zit. als: Prot. V)

Puppe, Ingeborg: Kleine Schule des juristischen Denkens, 3. überarb. Aufl., Göttingen, Bristol 2014

Rauscher, Thomas: Familienrecht, 2. neu bearb. u. erw. Aufl., Heidelberg 2008

Radbruch, Gustav: Rechtsphilosophie, 8. Aufl., Stuttgart 1973

Reimann, Wolfgang: Anm. zu BGH, Urt. v. 21.03.1990 (IV ZR 169/89), DNotZ 1992, 241–247

—: Muss der Testamentsvollstrecker die Erträge des Nachlasses an die Erben ausschütten?, ZEV 2010, 8–12

Reinken, Werner: Mehrbedarf und Sonderbedarf des Kindes, FamFR 2010, 25–28

RG-Kommentar: Das Bürgerliche Gesetzbuch,

– Band V, 1.Teil, §§ 1922 bis 2146, 12. neubearb. Aul., Berlin, New York 1974 (zit. als: *Bearbeiter*, in: RGRK);

– Band V, 2. Teil, §§ 2147 bis 2385, 12. neubearb. Aufl., Berlin, New York 1975 (zit. als: *Bearbeiter,* in: RGRK)

Rißmann, Stephan (Hrsg.): Die Erbengemeinschaft, 2. Aufl., Bonn 2013

Rolfs, Christian/Giesen, Richard/Kreikebohm, Ralf/Udsching, Peter (Hrsg.): Sozialrecht. SGB II Grundsicherung für Arbeitssuchende, SGB III Arbeitsförderung, SGB VIII Kinder- und Jugendhilfe, SGB XII Sozialhilfe. Schwerpunktkommentar, München 2008 (zit. als: *Bearbeiter,* in: Rolfs/Giesen/Kreikebohm/ Udsching)

Ruby, Gerhard /Schindler, Andreas / Wirich, Alexander: Das Behindertentestament, 2. Aufl., Bonn 2014

Ruby, Gerhard / Schindler, Andreas: ZEV-Report Zivilrecht, ZEV 2011, 524–528

Rüfner, Wolfgang: Einführung in das Sozialrecht, 2. Aufl., München 1991

Sailer, Andreas: Die Ausstattung als Rechtsgrund von Überlassungsverträgen, NotBZ 2002, 81–86

Schaal, Daniel / Grigas, Frank: Der Regierungsentwurf zur Änderung des Erb- und Verjährungsrechts, BWNotK 2008, 2–25

Scherer, Stephan (Hrsg.): Münchener Anwaltshandbuch Erbrecht, 4. überarb. Aufl., München 2014

Schindler, Andreas: Zuwendungsarten bei der Ausgleichung unter Miterben nach § 2050 BGB, ZEV 2006, 389–394

Schlitt, Gerhard/Müller, Gabriele (Hrsg.): Handbuch Pflichtteilsrechts, 1. Aufl., München 2010

Schlüter, Wilfried/ Röthel, Anne: Erbrecht. Ein Studienbuch, 17. völlig neu bearb. Aufl., München 2015

Schmalz, Dieter: Methodenlehre für das juristische Studium, 4. Aufl., Baden-Baden 1998

Schmid, Paul: Ausstattung und Schenkung, BWNotZ 1971, 29–35

Schmidt, Rolf: Bürgerliches Gesetzbuch. Allgemeiner Teil. Grundlagen des zivilrechtlichen Gutachtens, 9. völlig neu bearb. u. aktualisierte Aufl., Grasberg 2013

Schmitt von: Begründung des Entwurfes eines Rechtes der Erbfolge für das Deutsche Reich und des Entwurfes eines Einführungsgesetzes, Berlin 1879

Schmitz, Sigrid: Ausgleichung unter Miterben, Tübingen 2005 (zugl. Diss. Tübingen 2005)

Schnitzler, Klaus (Hrsg.): Anwaltshandbuch Familienrecht, 4. überarb. u. erw. Aufl., München 2014

Scholz, Harald: Anm. zu BGH, Urt. v. 25.05.1994 (XII ZR 78/93), FamRZ 1994, 1314–1316

Scholz, Harald: Anm. zu BGH, Urt. v. 20.12.2006 (XII ZR 84/04), FamRZ 2007, 1160–1161

Scholz, Harald/Stein, Rolf (Begr.)*Kleffmann, Norbert/Doering-Striening, Gudrun* (Hrsg.): Praxishandbuch Familienrecht, Stand: 24. Ergänzung, München 2013 (zit. als: *Bearbeiter,* in: Scholz/Kleffmann/Doering-Striening)

Schubert, W.: Anm. zu BGH, Urt. v. 21.03.1990 (IV ZR 169/89) = JR 1991, 106–107

Schulin, Bertram: Empfiehlt es sich, die Zuweisung von Risiken und Lasten im Sozialstaat neu zu ordnen?, Gutachten E für den 59. Deutschen Juristentag, München 1992

Schultz, Karlheinz: Anm. zu AG Mettmann, Beschl. v. 07.07.1982 (42 VII 267), DAVorm 1984, 713–718

Seemüller, Beate: Die fortgesetzte Erbengemeinschaft, Bamberg 1977 (zugl. Diss. Hamburg 1976)

Settergren, Pia: Das „Behindertentestament" im Spannungsfeld zwischen Privatautonomie und sozialhilferechtlichem Nachrangprinzip, Hamburg 1999 (zugl. Diss. Mainz 1999)

Soergel, Hans Theodor (Begr.)/*Siebert, Wolfgang* (Hrsg.): Kommentar zum Bürgerlichen Gesetzbuch,

– Band II, Allgemeiner Teil 2. §§ 104–240, 13. völlig neu bearb. u. erw. Aufl., Stuttgart u.a. 1999 (zit. als: *Bearbeiter*, in: Soergel)

– Band XIX/I, Familienrecht 3/1. §§ 1589–1615n, 13. neu bearb. Aufl., Stuttgart 2012 (zit. als: *Bearbeiter*, in: Soergel)

– Band XX, Familienrecht 4. §§ 1741–1921, 13. neu bearb. Aufl., Stuttgart u.a. 2000 (zit. als: *Bearbeiter*, in: Soergel)

– Band XXI, Erbrecht 1, §§ 1922–2063, 13. neubearb. Aufl., Stuttgart 2002 (zit. als: *Bearbeiter*, in: Soergel)

Sostmann, Ulrich: Grundstückübertragungen an Abkömmlinge und ihre Auswirkungen auf das Pflichtteilsrecht, MittRhNotK 1976, 479–518

Spall, Lorenz: Zur so genannten Vermächtnislösung beim Behindertentestament, MittBayNot 2001, 249–256

Spanl, Reinhold: Ergänzungsbetreuung und Gegenbetreuung. Neue Begriffe des Betreuungsrechts, Rpfleger 1992, 142–145

Statistisches Bundesamt: Konsumausgaben von Familien für Kinder, Berechnungen auf der Grundlage der Einkommens- oder Verbrauchsstichproben 2008, abrufbar unter: https://www.destatis.de/DE/Publikationen/Thematisch/EinkommenKonsumLebensbedingungen/Konsumausgaben/KonsumausgabenFamilienKinder5632202089004.pdf?__blob=publicationFile (Stand: 10.01.2017)

Staudinger, Julius von (Begr.): Kommentar zum Bürgerlichen Gesetzbuch: mit Einführungsgesetz und Nebengesetzen,

– Buch 1. Allgemeiner Teil. §§ 90–124; 130–133 (Sachen und Tiere, Geschäftsfähigkeit, Willenserklärung, Neubearb., Berlin 2017 (zit. als: *Bearbeiter*, in: Staudinger)

– Buch 1. Allgemeiner Teil. §§ 164–240 (Allgemeiner Teil 5), Neubearb., Berlin 2014 (zit. als: *Bearbeiter*, in: Staudinger)

– Buch 4. Familienrecht. Einleitung zum Familienrecht; §§ 1297–1352; Anhang zu §§ 1297 ff. (Verlöbnis, Eheschließung, Aufhebung, Faktische Lebensgemeinschaft), Neubearb. Berlin 2012 (zit. als: *Bearbeiter,* in: Staudinger)

– Buch 4. Familienrecht. §§ 1601–1615o; Neubearb., Berlin 2000 (zit. als: *Bearbeiter,* in: Staudinger)

– Buch 4. Familienrecht. §§ 1616–1625 (Kindesname, Eltern-Kind-Verhältnis), Neubearb., Berlin 2015 (zit. als: *Bearbeiter,* in: Staudinger)

– Buch 4. Familienrecht. §§ 1773–1895; Anhang zu §§ 1773–1895 (Vormundschaftsrecht), Neubearb., Berlin 2014 (zit. als: *Bearbeiter,* in: Staudinger)

– Buch 5. Erbrecht. Einleitung zum Erbrecht; §§ 1922–1966 (Erbfolge), Neubearb., Berlin 2008 (zit. als: *Bearbeiter*, in: Staudinger)

– Buch 5. Erbrecht. §§ 1967–2063 (Rechtsstellung des Erben), Neubearb., Berlin 2016 (zit. als: *Bearbeiter,* in: Staudinger)

– Buch 5. Erbrecht. §§ 2303–2345 (Pflichtteil, Erbunwürdigkeit), Neubearb., Berlin 2015 (zit. als: *Bearbeiter,* in: Staudinger)

Stürner, Rolf: Der lediglich rechtliche Vorteil, AcP 173 (1973), 402–449

Sturm, Fritz/ Sturm, Gudrun: Zur Ausgleichung beim Pflichtteilsergänzungsanspruch nach § 2325 BGB, in: Slapnicar, Klaus (Hrsg.): Festschrift zum 90. Geburtstag von Ulrich von Lübtow, Berlin 1991, S. 291–304

Sudhoff, Heinrich (Begr.): Unternehmensnachfolge, 5. völlig überarb. Aufl., München 2005

Tanck, Manuel: Die Flucht in den Pflichtteilsergänzungsanspruch! Was tun bei unterlassener Anrechnungs- bzw. Ausgleichsbestimmung?, ZErb 2000, 3–7

Tanck, Manuel: Keine Pflichtteilsreduzierung bei Kombination von Anrechnung (§ 2315 BGB) und Ausgleichung (§2316 BGB)?, ZErb 2003, S. 41–43

Thomann, Klaus-Dieter: Von der Kriegsbeschädigtenfürsorge zum SGB IX Anmerkungen zur Geschichte des Rechts für Menschen mit schweren Behinderungen, Forum C, Zugang zu Leistungen, Sozialmedizinische Begutachtung, Assessment Diskussionsbeitrag Nr. 8/201 2, abrufbar unter: http://www.schwbv.de/pdf/Geschichte_des_Behindertenrechts.pdf (Stand: 10.01.2017)

Thönnissen, Leo: Grundfragen des Verlobnisrechts, Heft 33, Berlin 1961

Thubauville, Wilhelm: Die Anrechnung lebzeitiger Leistungen auf Erb- und Pflichtteilsrechte, MittRhNotK. 1992, 289–308

Thüsing, Gregor: Das Schadensrecht zwischen Beständigkeit und Wandel.5 Thesen zur Fortentwicklung der §§ 249 ff. BGB, ZRP 2001, 126–130

Tiedtke, Klaus /Kanzleiter, Rainer (Hrsg.): Erbrechtsberatung 2007. Aktuelle Entwicklungen im Erbrecht und Erbschaftsteuerrecht, Würzburg 2007

Wahrig, Gerhard: Deutsches Wörterbuch, Neuausgabe, Gütersloh 1994

Wank, Rolf: Die juristische Begriffsbildung, Bd. 48/I, München 1985

Weimar, Wilhelm: Rechtsfragen der Ausgleichungspflicht unter Miterben, JR 1967, 97–98

Weinreich, Gerd /Klein, Michael (Hrsg.): Fachanwaltskommentar Familienrecht, 5. Aufl., Köln 2013 (*Bearbeiter,* in: Weinreich/Klein, FAKomm-FamR)

Weirich, Hans-Armin: Erben und Vererben. Handbuch des Erbrechts und der vorweggenommenen Vermögensnachfolge, 5. neubearb. Aufl., Berlin 2004

Wendl, Philipp/Siegfried, Staudigl (Begr.)/ *Dose, Hans-Joachim* (Hrsg.): Das Unterhaltsrecht in der familienrichterlichen Praxis. Die neueste Rechtsprechung des Bundesgerichtshofs und die Leitlinien der Oberlandesgerichte zum Unterhaltsrecht und zum Verfahren in Unterhaltssachen, 9. völlig überarb. und erw. Aufl., München 2015 (zit. als: *Bearbeiter,* in: Wendl/Dose)

Werbik, Kirsten: Lebzeitige Zuwendungen des Erblassers. Die Berücksichtigung lebzeitiger Zuwendungen bei der Erbauseinandersetzung und im Pflichtteilsrecht nach deutschem, französischem und schweizerischem Recht, Bd. 413, Baden-Baden 2004 (zugl. Diss. Freiburg i.Br. 2003/2004)

Westermann, Harry: Anm. zu BGH, Urt. v. 10.11.1954 (II ZR 165/53), JZ 1955, 244–245

Winkler, Christian: Unternehmensnachfolge und Pflichtteilsrecht – Wege zur Minimierung des Störfaktors „Pflichtteilsansprüche“, ZEV 2005, 89–95

Abkürzungsverzeichnis

a.A.	andere Ansicht
a.a.O.	am angegebenen Ort
Abs.	Absatz
AcP	Archiv für die civilistische Praxis
a.F.	alter Fassung
Alt.	Alternative
Anm.	Anmerkung
AO	Abgabenordnung
Aufl.	Auflage
Bd.	Band
bearb.	bearbeitete
Begr.	Begründer/in
Beschl.	Beschluss
BewG	Bewertungsgesetz
BFH	Bundesfinanzhof
BGB	Bürgerliches Gesetzbuch
BGB AT	Allgemeiner Teil des BGB
BGB-E	BGB Entwurf
BGBl.	Bundesgesetzblatt
BGH	Bundesgerichtshof
BGHZ	Entscheidungen des Bundesgerichtshofs in Zivilsachen
BSG	Bundessozialgericht
BSHG	Bundessozialhilfegesetz
BT-Drucks.	Bundestagsdrucksache
BtR	Betreuungsrecht
BVG	Gesetz über die Versorgung der Opfer des Krieges
BWNotZ	Zeitschrift für das Notariat in Baden-Württemberg
bzw.	beziehungsweise
DAVorm	Der Amtsvormund (Zeitschrift)
d.h.	das heißt
Diss.	Dissertation
DNotI	Deutsche Notar Institut
DNotZ	Deutsche Notar-Zeitschrift
DStZ	Deutsche Steuer-Zeitung
EFG	Entscheidungen der Finanzgerichte

Entsch.	Entscheidungen
ErbR	Erbrecht
ErbStG	Erbschaft- und Schenkungsteuergesetz
erw.	erweitert
EStG	Einkommensteuergesetz
et al.	et alii
EUR	Euro
ex.c.	ex contrario
FamR	Familienrecht
FamRB	Der Familienrechtsberater
FamRZ	Zeitschrift für das gesamte Familienrecht mit Betreuungsrecht, Erbrecht, Verfahrensrecht, Öffentlichem Recht
f.	folgende
ff.	fortfolgende
FGPrax	Praxis der Freiwilligen Gerichtsbarkeit
FPR	Familie, Partnerschaft, Recht
FS	Festschrift
GdB	Grad der Behinderung
GG	Grundgesetz
ggf.	gegebenenfalls
Habil.	Habilitation
Hdb.	Handbuch
h.M.	herrschende Meinung
HRR	Höchstrichterliche Rechtsprechung
Hrsg.	Herausgeber/in
hrsg. v.	herausgegeben von
HS.	Halbsatz
i.H.v.	in Höhe von
i.R.d.	im Rahme des
i.S.d.	im Sinne des/der
i.S.v.	im Sinne von
i.V.m.	in Verbindung mit
JR	Juristische Rundschau
JZ	Juristenzeitung
Kap.	Kapitel
Kblz.	Koblenz
KG	Kammergericht
max.	maximal
mind.	mindestens

MittBayNot	Mitteilungen des Bayerischen Notarvereins, der Notarkasse und der Landesnotarkammer Bayern
MittRhNotK	Mitteilungen der Rheinischen Notarkammer
MüKo	Münchener Kommentar
Neubearb.	Neubearbeitung
neubearb.	neubearbeitete
NJW	Neue Juristische Wochenschrift
OLG	Oberlandesgericht
OLGE	Die Rechtsprechung der Oberlandesgerichte auf dem Gebiet des Zivilrechts
o. V.	ohne Verfasser
Prot.	Protokolle
RdL	Recht der Landwirtschaft
RG	Reichsgericht
RGZ	Entscheidungen des Reichsgerichts in Zivilsachen
Rn.	Randnummer
RNotZ	Rheinische Notar-Zeitschrift
Rspr.	Rechtsprechung
S.	Seite / Satz
s.	siehe
SGB	Sozialgesetzbuch
sog.	sogenannt
u.	und
u.a.	unter anderem
Urt.	Urteil
UVR	Umsatzsteuer- und Verkehrsteuerrecht (Zeitschrift)
v.	vom
Var.	Variante
vgl.	vergleiche
vollst.	vollständig
ZBlFG	Zentralblatt für freiwillige Gerichtsbarkeit, Notariat und Zwangsversteigerung
ZEV	Zeitschrift für Erbrecht und Vermögensnachfolge
Ziff.	Ziffer
zit.	zitiert
ZR	Zivilrecht
ZRP	Zeitschrift für Rechtspolitik
zw.	zwischen

1. Teil Einleitung

A) Problemaufriss

Die Ausgleichungsvorschriften nach §§ 2050 ff., 2316[1] bezwecken die Gleichstellung der Abkömmlinge bei der Verteilung des Erblasservermögens.[2] Dies soll erreicht werden durch die Berücksichtigung von lebzeitigen Zuwendungen bei der Nachlassverteilung nach dem Tod der Eltern.[3] Bei der Erbauseinandersetzung wird durch Hinzurechnung des Zuwendungswertes zum Nachlassvermögen der Nachlasswert fiktiv erhöht.[4] Von der daraus gebildeten Erbquote des lebzeitig durch die Zuwendung begünstigten Abkömmlings wird der Zuwendungswert in Abzug gebracht.[5] Dadurch wird ein Ausgleich zugunsten derjenigen Abkömmlinge geschaffen, die im Gegensatz zu dem Zuwendungsempfänger keine oder eine geringwertigere lebzeitige Zuwendung von dem Erblasser erhalten haben.

Neben der Reduzierung des Erbteils des durch die Zuwendung begünstigten Abkömmlings hat die Ausgleichung auch Auswirkungen auf das Pflichtteilsrecht. Nach § 2316 führt die Ausgleichung zu einer Verringerung des Pflichtteils des Zuwendungsempfängers.[6] Der Pflichtteil des begünstigten Abkömmlings besteht gemäß § 2316 I in der Hälfte des unter Berücksichtigung der Ausgleichung berechneten und damit durch die Ausgleichung geminderten gesetzlichen Erbteils.[7] Diese pflichtteilsreduzierende Wirkung der Ausgleichung könnte zur Gestaltung der Vermögensnachfolge bei Vorhandensein von behinderten Abkömmlingen genutzt werden.

Dies wäre besonders interessant, wenn auch Pflegeleistungen, die gegenüber dem behinderten Abkömmling erbracht werden, als Zuwendungen i.S.d.

---

1 Alle Normen ohne Gesetzesangabe sind solche des BGB.

2 *Ann*, in: MüKo, § 2055, Rn. 1; *Bayer*, in: Erman, § 2050, Rn. 1; *Lange*, Die Ordnung der gesetzlichen Erbfolge, S. 88; *Lange*, Erbrecht, § 61, Rn. 139; *Muscheler*, Erbrecht Bd. I, Rn. 1362.

3 *Ann*, in: MüKo, § 2055, Rn. 1; *Bayer*, in: Erman, § 2050, Rn. 1; *Jakobs/Schubert*, Die Beratung des BGB, §§ 1922–2385, S. 775; *Lange*, Erbrecht, § 61, Rn. 139; *Muscheler*, Erbrecht Bd. I, Rn. 1362.

4 BGH, Urt. v. 30.10.1985 (IVa ZR 26/84) = NJW 1986, 931 (932); *Brox/Walker*, Erbrecht, Rn. 537; *Wolf*, in: Soergel, § 2055, Rn. 1.

5 BGH, Urt. v. 30.10.1985 (IVa ZR 26/84) = NJW 1986, 931 (932); *Brox/Walker*, Erbrecht, Rn. 537; *Kerscher/Tanck*, ZEV 1997, 354 (357); *Leipold*, Erbrecht, Rn. 751.

6 Vgl. *Mayer*, ZErb 2007, 130 (131); *Thubauville*, MittRhNotK 1992, 289 (299).

7 *Mayer*, ZErb 2007, 130 (131); *Thubauville*, MittRhNotK 1992, 289 (299).

§ 2050 der Ausgleichung unterzogen werden könnten. Pflegeleistungen führen regelmäßig zu einem besonders hohen finanziellen Aufwand der Eltern, sodass deren Einbeziehung in die Ausgleichung zu einer besonders starken Reduzierung des Erb- und damit auch des Pflichtteils des behinderten Abkömmlings führen würde.[8] Zweifel an der Möglichkeit der Ausgleichung von Pflegeleistungen gegenüber behinderten Abkömmlingen bestehen jedoch, weil diese regelmäßig aufgrund einer gesetzlichen Unterhaltspflicht erbracht werden. Die Ausgleichung führt nach dem Tod der Eltern zum rechnerischen Abzug dieser Leistungen von dem Erb- bzw. Pflichtteil des vormals unterhaltsberechtigten Abkömmlings.[9] Dadurch würden die aufgrund einer gesetzlichen Unterhaltspflicht zu Lebzeiten erbrachten Leistungen der Eltern an ihr Kind (zumindest teilweise) nach deren Tod zugunsten des Nachlasses kompensiert.[10] Dem Unterhaltsberechtigten würde dadurch eine Leistung in Abzug gebracht, die er vormals aufgrund eines gesetzlichen Anspruchs erhalten hat.[11]

Der Sinn und Zweck der Ausgleichungsvorschriften, die Gleichbehandlung von Abkömmlingen[12], könnte hingegen die Ausgleichungsmöglichkeit insbesondere für Pflegeleistungen gegenüber behinderten Abkömmlingen rechtfertigen. Ein schwerbehindertes Kind erhält aufgrund seines erhöhten Bedarfs im Vergleich zu seinen Geschwistern regelmäßig besonders hohe finanzielle Leistungen von den Eltern.[13] Diese Leistungen sind geeignet, den Nachlass des Erblassers stark zu verringern, da sie über viele Jahre zu erheblichen Ausgaben führen.[14] Durch die Ausgleichung dieser Pflegeleistungen könnte entsprechend dem Gesetzeszweck der Ausgleichungsvorschriften eine gleichmäßigere Verteilung des Erblasservermögens unter den Abkömmlingen erzielt werden.

Andererseits wirkt die durch die Ausgleichung von Pflegeleistungen geschaffene Kompensation für die gesunden Geschwisterkinder des behinderten Abkömmlings zu Lasten des Sozialleistungsträgers.[15] Aufgrund des sozialrechtlichen

---

8 *Bothe,* in: Damrau/Tanck, § 2050, Rn. 27; *Dieckmann,* in: Soergel, § 2316, Rn. 5.

9 *Mayer,* ZErb 2007, 130 (131); *Thubauville,* MittRhNotK 1992, 289 (299).

10 *Schmitz,* Ausgleichung unter Miterben, (Diss), S. 112; *Schultz,* DAVorm 1984, 713 (717); *Thubauville,* MittRhNotK 1992, 289 (292).

11 *Schmitz,* Ausgleichung unter Miterben, (Diss), S. 112.

12 *Ann,* in: MüKo, § 2055, Rn. 1; *Bayer,* in: Erman, § 2050, Rn. 1; *Lange,* Die Ordnung der gesetzlichen Erbfolge, S. 88; *Lange,* Erbrecht, § 61, Rn. 139; *Muscheler,* Erbrecht Bd. I, Rn. 1362.

13 *Bothe,* in: Damrau/Tanck, § 2050, Rn. 27; *Dieckmann,* in: Soergel, § 2316, Rn. 5.

14 *Bothe,* in: Damrau/Tanck, § 2050, Rn. 27; *Dieckmann,* in: Soergel, § 2316, Rn. 5.

15 *Dieckmann,* in: Soergel, § 2316, Rn. 5.

Subsidiaritätsprinzips (§ 2 SGB XII) kommt der Sozialleistungsträger erst für die Pflege und Versorgung des behinderten Menschen auf, wenn sein Einkommen/Vermögen aufgebraucht ist.[16] Wird also der Pflichtteil des behinderten Abkömmlings durch die Ausgleichung der erhaltenen Pflegeleistungen gemindert, tritt die Leistungspflicht des Sozialleistungsträgers früher ein, da der verringerte Pflichtteil dementsprechend früher aufgebraucht ist.[17] Diese Einkommens-/Vermögensminderung zu Lasten des Sozialleistungsträgers könnte durch das Prinzip des Familienleistungsausgleichs gerechtfertigt sein. Das Prinzip des Familienleistungsausgleichs bezweckt die Förderung und Unterstützung von Familien mit Kindern.[18] Familien mit behinderten Kindern sollen demnach in besonderem Maße insbesondere durch Sozialleistungen gefördert werden zum Ausgleich der besonderen persönlichen und wirtschaftlichen Belastung durch die Behinderung des Kindes.[19]

Dieser Gedanke findet sich auch in der Rechtsprechung zum Behindertentestament wieder, wonach sich u.a. aus dem Prinzip des Familienleistungsausgleichs ergibt, dass eine Berücksichtigung der Belange des Sozialleistungsträgers bei der Gestaltung der Vermögensnachfolge von Todes wegen mit behinderten Kindern nicht geboten ist.[20] Der Schutz des Familienvermögens vor dem Zugriff des Sozialleistungsträgers ist danach nicht sittenwidrig.[21]

Wären demnach Pflegeleistungen gegenüber behinderten Abkömmlingen als Zuwendung unter die Ausgleichungsvorschriften der §§ 2050, 2316 subsumierbar, könnte dies zur Reduzierung des Pflichtteils des behinderten Abkömmlings und damit zum Schutz des Familienvermögens vor dem Zugriff des Sozialleistungsträgers genutzt werden. Gegebenenfalls wäre damit eine Ergänzung zu den komplexen Regelungen eines Behindertentestaments gefunden.

---

16 *Schindler,* in: Ruby/Schindler/Wirich, Das Behindertentestament, § 2, Rn. 9.

17 *Dieckmann,* in: Soergel, § 2316, Rn. 5.

18 *Mrozynski,* SGB I, § 6, Rn. 9; *Muckel/Ogorek,* Sozialrecht, § 15, Rn. 21; *Rüfner,* Einführung in das Sozialrecht, S. 108.

19 *Schulin,* Verh. des 59. DJ 1992, Bd. I, Gutachten E, S. 86.

20 BGH, Urt. v. 20.10.1993 (IV ZR 231/92) = DNotZ 1994, 380 (383 f.).

21 BGH, Urt. v. 21. 3. 1990 (IV ZR 169/89) = DNotZ 1992, 241; BGH, Urt. v. 20.10.1993 (IV ZR 231/92) = DNotZ 1994, 380; BGH, Urt. v. 19.01.2011 (IV ZR 7/10) = DNotZ 2011, 381.

B) Zielsetzung und Vorgehensweise

Zur Einführung in das Thema der erbrechtlichen Ausgleichung von Pflegeleistungen als Schnittstelle zwischen Familien-, Erb- und Sozialrecht werden im Folgenden zunächst die erb- und unterhaltsrechtlichen Grundlagen unter Einbeziehung der sozialrechtlichen Besonderheiten im Rahmen des Unterhaltsrechts herausgearbeitet. Ferner wird die Gestaltung des klassischen Behindertentestaments nebst zugehöriger Rechtsprechung dargestellt als Ausgangspunkt für die folgenden Erörterungen.

Es folgt die Behandlung der Frage, ob und wenn ja inwieweit Kindesunterhaltsleistungen und insbesondere Pflegeleistungen gegenüber behinderten Abkömmlingen der Ausgleichungspflicht nach §§ 2050 ff., 2316 unterzogen werden können. Dabei wird sich zeigen, dass Pflegeleistungen zwar nicht nach § 2050 I, II von Gesetzes wegen ausgleichungspflichtig sind, für sie jedoch als sog. „sonstige Zuwendungen“ nach § 2050 III die Ausgleichung angeordnet werden kann. Es schließt sich daher eine Untersuchung der Ausgleichungsanordnung als Gestaltungsmittel an. Sodann erfolgt die Untersuchung der Frage, ob die Ausgleichung von Pflegeleistungen gegenüber behinderten Abkömmlingen als Ergänzung zum Behindertentestament geeignet ist.

2. Teil Grundlagen

A) Kindesunterhalt und Behinderung

Verwandte in gerader Linie sind einander gemäß § 1601 zur Gewährung von Unterhalt verpflichtet. Verwandte in gerader Linie sind gemäß § 1589 I 1 Personen, deren eine von der anderen abstammt, d.h. Urgroßeltern, Großeltern, Eltern, Kinder, Enkel, Urgroßenkel etc.[22] Dieser Verwandtenunterhaltsanspruch besteht sowohl in aufsteigender als auch in absteigender Linie. Mithin sind beispielsweise sowohl Kinder ihren Eltern als auch Eltern ihren Kindern gegenüber bei Vorliegen der Voraussetzungen zur Gewährung von Unterhalt verpflichtet.[23] Die folgenden Ausführungen beziehen sich ausschließlich auf den Kindesunterhalt.

I. Grundlagen des Kindesunterhalts

Kindesunterhalt kann durch Bar- oder durch Betreuungsunterhalt erbracht werden.[24] Zur Erfüllung der Barunterhaltspflicht bestehen die Möglichkeiten der Zahlung einer Geldrente[25] oder der Erbringung von Naturalunterhaltsleistungen[26]. Naturalunterhaltsleistungen sind die Gewährung von Wohnraum, die Zurverfügungstellung von Sachmitteln, die Verpflegung des Kindes sowie die

22 *Born,* in: MüKo, § 1601, Rn. 1; *Müting,* in: Weinreich/Klein, FAKomm-FamR, § 1601, Rn. 1 f.; *Wellenhofer,* in: Koch, Hdb. d. Unterhaltsrechts, Rn. 4001.

23 *Born,* in: MüKo, § 1601, Rn. 1; *Strohal,* in: Göppinger/Wax, Unterhaltsrecht, Rn. 33, 36; *Wellenhofer,* in: Koch, Hdb. d. Unterhaltsrechts, Rn. 4001.

24 *Erdrich*, in: Scholz/Kleffmann/Doering-Striening, Teil I, Rn. 7; *Hammermann*, in: Erman, § 1612, Rn. 2 ff.; *Klinkhammer*, in: Wendl/Dose, Das Unterhaltsr. in der familienrichterl. Praxis, § 2, Rn. 323.

25 *Hammermann,* in: Erman, § 1612, Rn. 2, 5; *Klinkhammer,* in: Wendl/Dose, Das Unterhaltsr. in der familienrichterl. Praxis, § 2, Rn. 16; *Scholz,* FamRZ 1994, 1314 (1315).

26 *Born,* in: MüKo, § 1612, Rn. 2; *Gernhuber/Coester-Waltjen,* Familienrecht, § 46 III, Rn. 25; *Hammermann,* in: Erman, § 1612, Rn. 2; *Klinkhammer,* in: Wendl/Dose, Das Unterhaltsr. in der familienrichterl. Praxis, § 2, Rn. 16; *Scholz,* FamRZ 1994, 1314 (1315).

Zahlung eines Taschengeldes.[27] Betreuungsunterhalt wird durch die Pflege und Erziehung des Kindes gewährt (§ 1606 III 2)[28].

Bar- und Betreuungsunterhalt sind bei minderjährigen Kindern gleichwertig, unabhängig vom konkreten Betreuungsaufwand.[29] Mit Erreichen der Volljährigkeit des Kindes endet die Gleichwertigkeit von Betreuungs- und Barunterhaltsleistungen nach § 1606 III 2.[30] Ab diesem Zeitpunkt sind daher beide Eltern barunterhaltspflichtig, unabhängig davon, ob das Kind im Haushalt der Eltern, eines Elternteils oder in einem separaten Haushalt lebt.[31]

1. Barbedarf

Während die Erfüllung der Barunterhaltspflicht durch Naturalleistungen keiner genauen Erörterung bedarf, da diese durch Zurverfügungstellung der von dem Kind benötigten Sachmittel erfüllt wird[32], stellt sich bei der Barunterhaltsleistung durch Geldrente die Frage nach der Unterhaltshöhe.

a) Reguläre Unterhaltsberechnung

Die Höhe von Unterhaltsrenten bemisst sich nach Bedarf und Bedürftigkeit des Unterhaltsberechtigten und der Leistungsfähigkeit des Unterhaltspflichtigen.[33] Bedarf ist „die Summe der unterhaltsrechtlich erheblichen Bedürfnisse bzw. der Kreis der durch den Unterhalt zu deckenden Bedarfsposten."[34] Bedürftigkeit ist

---

27 *Born,* in: MüKo, Vorbem. zu §§ 1601 ff., Rn. 23; *Hammermann,* in: Erman, § 1612, Rn. 2; *Klinkhammer,* in: Wendl/Dose, Das Unterhaltsr. in der familienrichterl. Praxis, § 2, Rn. 18; *Scholz,* FamRZ 1994, 1314 (1315).

28 *Born,* in: MüKo, Vorbem. zu §§ 1601 ff., Rn. 22; *Hammermann,* in: Erman, § 1612, Rn. 3; *Klinkhammer,* in: Wendl/Dose, Das Unterhaltsr. in der familienrichterl. Praxis, § 2, Rn. 19; *Scholz,* FamRZ 1994, 1314 (1315).

29 BGH, Urt. v. 02.07.1980 (IVb ZR 519/80) = NJW 1980, 2306; BGH, Urt. v. 28.01.1981 (IVb ZR 573/80) = NJW 1981, 923 (924); *Born,* in: MüKo, § 1610, Rn. 92; *Klinkhammer,* in: Wendl/Dose, Das Unterhaltsr. in der familienrichterl. Praxis, § 2, Rn. 410 f.; *Scholz,* FamRZ 1994, 1314 (1315).

30 BGH, Urt. v. 02.03.1994 (XII ZR 215/92) = NJW 1994, 1530 (1532).

31 BGH, Urt. v. 02.03.1994 (XII ZR 215/92) = NJW 1994, 1530 (1532); *Erdrich,* in: Scholz/ Kleffmann/Doering-Striening, Teil I, Rn. 186.

32 *Born,* in: MüKo, Vorbem. zu §§ 1601 ff., Rn. 23; *Hammermann,* in: Erman, § 1612, Rn. 2; *Klinkhammer,* in: Wendl/Dose, Das Unterhaltsr. in der familienrichterl. Praxis, § 2, Rn. 18; *Scholz,* FamRZ 1994, 1314 (1315).

33 OLG Düsseldorf, Urt. v. 05.03.1981 (4 UF 184/80) = FamRZ 1981, 480 (481); *Gernhuber/Coester-Waltjen,* Familienrecht, § 45, Rn. 5, 20.

34 *Born,* in: MüKo, § 1610, Rn. 10.

das Unvermögen, die eigene Lebensversorgung aus eigenen Kräften und Mitteln zu gewährleisten.[35] Leistungsfähigkeit ist die Fähigkeit, „ohne Gefährdung seines eigenen Unterhalts den Bedarf des Fordernden zu befriedigen."[36] Als Mindestmaß schulden Eltern ihren Kindern – vorbehaltlich ihrer Leistungsfähigkeit – den Mindestkindesunterhalt gemäß § 1612a I.[37] Dieser wird gemäß § 1612a IV alle zwei Jahre durch das Bundesministerium der Justiz und für Verbraucherschutz festgelegt, zuletzt durch die am 01. Januar 2016 in Kraft getretene Mindestunterhaltsverordnung.[38]

Obwohl der Unterhalt von vorbenannten individuellen Faktoren (Bedarf, Bedürftigkeit und Leistungsfähigkeit) abhängig ist, wurden zwecks Herstellung von Gerechtigkeit, Vergleichbarkeit und Nachprüfbarkeit des Kindesunterhalts die nachfolgenden Kriterien zur Unterhaltsberechnung anhand der sog. Düsseldorfer Tabelle entwickelt, die unter Berücksichtigung der individuellen Faktoren doch eine schematische Vorgehensweise bei der Unterhaltsberechnung gewährleisten.[39]

aa) Unterhaltsbedarf

Der Bedarf bestimmt sich nach der Lebensstellung des Bedürftigen (§ 1610 I).[40] Er umfasst gemäß § 1610 II den gesamten Lebensbedarf, die Kosten einer angemessenen Vorbildung zu einem Beruf sowie die Kosten der Erziehung. Da minderjährige und in der Ausbildung befindliche volljährige Kinder regelmäßig noch keine eigene Lebensstellung erworben haben und sie wirtschaftlich von ihren Eltern abhängig sind, richtet sich der Unterhaltsbedarf nach der Lebensstellung des Unterhaltspflichtigen.[41] Die Praxis orientiert sich dabei an der vom

35 *Born*, in: MüKo, Vorb. Zu §§ 1601 ff., Rn. 17; *Brudermüller*, in: Palandt, § 1602, Rn. 1.

36 *Born*, in: MüKo, Vorb. Zu §§ 1601 ff., Rn. 18.

37 *Born*, in: MüKo, § 1612a, Rn. 7; *Gernhuber/Coester-Waltjen*, Familienrecht, § 46, Rn. 9; *Norpoth*, in: Heiß/Born, Unterhaltsrecht, Teil I, Kap. 12, Rn. 19; *Reinken*, in: Bamberger/Roth ,§ 1612a, Rn. 3.

38 BGBl. I S. 2188.

39 BGH, Urt. v. 13.10.1999 (XII ZR 16/98) = BGH, NJW 2000, 954 (955); *Erdrich*, in: Scholz/Kleffmann/Doering-Striening, Teil I, Rn. 34; *Graba*, in: Johannsen/Henrich, § 1610, Rn. 22; *Klinkhammer*, in: Wendl/Dose, Das Unterhaltsr. in der familienrichterl. Praxis, § 2, Rn. 216 ff.; *Norpoth*, in: Heiß/Born, Unterhaltsrecht, Teil I, Kap. 12, Rn. 12.

40 BGH, Urt. v. 13.10.1999 (XII ZR 16/98) = BGH, NJW 2000, 954 (955); OLG Köln, Urt. v. 23.10.1984 (4 UF 136/84) = FamRZ 1985, 90; *Graba*, in: Johannsen/Hennrich, § 1610, Rn. 4; *Norpoth*, in: Heiß/Born, Unterhaltsrecht, Teil I, Kap. 12, Rn. 18.

41 BGH, Urt. v. 13.10.1999 (XII ZR 16/98) = BGH, NJW 2000, 954 (955); OLG Köln, Urt. v. 23.10.1984 (4 UF 136/84) = FamRZ 1985, 90; *Norpoth*, in: Heiß/Born, Unterhaltsrecht, Teil I, Kap. 12, Rn. 18.

Oberlandesgericht Düsseldorf entwickelten sog. Düsseldorfer Tabelle, die den Bedarf nach dem Einkommen des Unterhaltspflichtigen bestimmt.[42]

Maßgeblich ist das sog. bereinigte Nettoeinkommen[43] des barunterhaltspflichtigen Elternteils bzw., sofern beide Elternteile barunterhaltspflichtig sind[44], deren addierte Einkommen.[45] Das bereinigte Nettoeinkommen ergibt sich aus der Differenz zwischen dem Nettoeinkommen[46] des Unterhaltspflichtigen abzgl. etwaiger privater Vorsorgeaufwendungen[47], berufsbedingter Aufwendungen[48], Mehrbedarf des Unterhaltspflichtigen[49] sowie berücksichtigungsfähiger Schulden[50].

---

42 *Erdrich*, in: Scholz/Kleffmann/Doering-Striening, Teil I, Rn. 106; *Kath-Zurhorst/Reuter*, in: NK-BGB FamR, § 1610, Rn. 16; *Niepmann/Schwamb*, Die Rspr. zur Höhe des Unterhalts, Teil I, Rn. 5.

43 *Gerhardt*, in: Wendl/Dose, Das Unterhaltsr. in der familienrichterl. Praxis, § 1, Rn. 1000; *Kleffmann*, in: Scholz/Kleffmann/Doering-Striening, Teil G, Rn. 6; *Langenfeld/Milzer*, Hdb. d. Eheverträge, 3. Kap., § 1, Rn. 528.

44 Siehe 2.Teil A) I. Grundlagen des Kindesunterhalts.

45 BGH, Urt. v. 02.03.1994 (XII ZR 215/92) = NJW 1994, 1530 (1531); OLG Köln, Urt. v. 23.10.1984 (4 UF 136/84) = FamRZ 1985, 480 (480 f.); OLG Hamm, Beschl. v. 11.02.2005 (11 WF 312/04) = FamRZ 2006, 640; *Bömelburg*, in: Schnitzler, Anwhdb. FamR, § 6, Rn. 61 f.; *Klinkhammer*, in: Wendl/Dose, Das Unterhaltsr. in der familienrichterl. Praxis, § 2, Rn. 214, 421.

46 *Gerhardt*, in: Wendl/Dose, Das Unterhaltsr. in der familienrichterl. Praxis, § 1, Rn. 1000; *Kleffmann*, in: Scholz/Kleffmann/Doering-Striening, Teil G, Rn. 6, 155; *Langenfeld/Milzer*, Hdb. d. Eheverträge, 3. Kap., § 1, Rn. 528.

47 Max. 4 % des Bruttoeinkommens (*Borth*, NJW 2008, 326 (328); *Kleffmann*, in: Scholz/Kleffmann/Doering-Striening, Teil G, Rn. 155, 160 ff.).

48 Pauschal 5 % des Nettoeinkommens abzgl. privater Altersvorsorge i.H.v. mind. 50,00 EUR u. max. 150,00 EUR oder in Höhe des konkreten Nachweises (Düsseldorfer Tabelle (Stand: 01.01.2017), Anm. Ziff. 3, abrufbar unter: http://www.olg-duesseldorf.nrw.de/infos/Duesseldorfer_tabelle/Tabelle-2017/20161207_Duesseldorfer-Tabelle.pdf (Abruf v. 10.01.2017); *Kleffmann*, in: Scholz/Kleffmann/Doering-Striening, Teil G, Rn. 155, 163 ff.

49 *Gerhardt*, in: Wendl/Dose, Das Unterhaltsr. in der familienrichterl. Praxis, § 1, Rn. 1069; *Kleffmann*, in: Scholz/Kleffmann/Doering-Striening, Teil G, Rn. 155, 169 ff.

50 Nach Einzelfallabwägung Konsumkredite, Kredite zur Vermögensbildung max. i.H.d. Zinsanteils (BGH, Urt. v. 25.10.1995 (VII ZR 247/94) = NJW-RR 1996, 321 (322); Düsseldorfer Tabelle (Stand: 01.01.2017), Anm. Ziff. 4, abrufbar unter: http://www.olg-duesseldorf.nrw.de/infos/Duesseldorfer_tabelle/Tabelle-2017/20161207_Duessel dorfer-Tabelle.pdf (Abruf v. 10.01.2017); *Gerhardt*, in: Wendl/Dose, Das Unterhaltsr. in der familienrichterl. Praxis, § 1, Rn. 1106 ff.).

Das so ermittelte Einkommen ist in eine der Einkommensgruppen der Düsseldorfer Tabelle einzuordnen.[51] Sodann ist das Alter des unterhaltsberechtigten Kindes einer der vier Altersstufen zuzuordnen[52], wonach sich der Unterhaltsbedarf des Kindes ergibt.[53] Dabei geht die Düsseldorfer Tabelle von zwei Unterhaltsberechtigten aus.[54] Ist nur ein Unterhaltsberechtigter vorhanden, kann der Unterhaltspflichtige eine Stufe oberhalb seiner eigentlichen Einkommensgruppe eingeordnet werden mit dem Ergebnis, dass der Unterhaltsbedarf etwas höher ist.[55] Sind mehr als zwei Unterhaltsberechtigte vorhanden, kann gegenläufig die Einordnung in eine niedrigere Einkommensgruppe erfolgen.[56] Dabei ist zu beachten, dass die Düsseldorfer Tabelle lediglich eine Leitlinie darstellt und die konkrete Unterhaltsbemessung dem Ermessen des Richters obliegt.[57]

Auf den ermittelten Unterhaltsbedarf ist gemäß § 1612b I das Kindergeld anzurechnen.[58] Das Kindergeld beträgt derzeit für das 1. und 2. Kind je 184,00 EUR, für das 3. Kind 190,00 EUR und ab dem 4. Kind 215,00 EUR.[59] Erbringt ein Elternteil seine Unterhaltspflicht durch Betreuung des Kindes, ist gemäß § 1612b I 1 Nr. 1 lediglich das hälftige Kindergeld anzurechnen, da das Kindergeld aufgrund der Gleichwertigkeit von Betreuungs- und Barunterhalt

---

51 *Erdrich,* in: Scholz/Kleffmann/Doering-Striening, Teil I, Rn. 34, 108.

52 *Born,* in: MüKo, § 1610, Rn. 93; *Erdrich,* in: Scholz/Kleffmann/Doering-Striening, Teil I, Rn. 107.

53 *Born,* in: MüKo, § 1610, Rn. 92; *Erdrich,* in: Scholz/Kleffmann/Doering-Striening, Teil I, Rn. 110.

54 Düsseldorfer Tabelle (Stand: 01.01.2017), Anm. Ziff. 1, abrufbar unter: http://www.olg-duesseldorf.nrw.de/infos/Duesseldorfer_tabelle/Tabelle-2017/20161207_Duessel dorfer-Tabelle.pdf (Abruf v. 10.01.2017); *Erdrich,* in: Scholz/Kleffmann/Motzer, Doe ring-Striening Teil I, Rn. 115.

55 Düsseldorfer Tabelle (Stand: 01.01.2017), Anm. Ziff. 1, abrufbar unter: http://www.olg-duesseldorf.nrw.de/infos/Duesseldorfer_tabelle/Tabelle-2017/20161207_Duessel dorfer-Tabelle.pdf (Abruf v. 10.01.2017); *Hammermann,* in: Erman, § 1610, Rn. 41.

56 Düsseldorfer Tabelle (Stand: 01.01.2017), Anm. Ziff. 1, abrufbar unter: http://www.olg-duesseldorf.nrw.de/infos/Duesseldorfer_tabelle/Tabelle-2017/20161207_Duessel dorfer-Tabelle.pdf (Abruf v. 10.01.2017); *Hammermann,* in: Erman, § 1610, Rn. 41.

57 BGH, Urt. v. 11.01.1984 (IV b ZR 10/82) = BGH, NJW 1984, 1458 (1458 f.); *Engler/Kaiser,* in: Staudinger, § 1610, Rn. 161; *Graba,* in: Johannsen/Henrich, § 1610, Rn. 22; *Kath-Zurhorst/Reuter,* in: NK-BGB FamR, § 1610, Rn. 16.

58 Düsseldorfer Tabelle (Stand: 01.01.2017), Anm. Ziff. 10, abrufbar unter: http://www.olg-duesseldorf.nrw.de/infos/Duesseldorfer_tabelle/Tabelle-2017/20161207_Duessel dorfer-Tabelle.pdf (Abruf v. 10.01.2017); *Saathoff,* in: NK-BGB FamR, § 1612b, Rn. 6 f.; *Seibl,* in: Soergel, § 1612b, Rn. 9.

59 § 66 I 1 EStG.

(§ 1606 III 2) sowohl dem betreuenden als auch dem barunterhaltspflichtigen Elternteil zu gleichen Teilen zugutekommen soll.[60] Wird das Kind von keinem Elternteil betreut, ist das volle Kindergeld auf den Unterhaltsbedarf anzurechnen.[61] Der sich danach ergebende Betrag bildet den sog. Zahlbetrag, d.h. den Betrag, der als Kindesunterhalt zugunsten des Kindes zu leisten ist.[62]

Macht der Unterhaltsberechtigte einen über die 10. Einkommensgruppe der Düsseldorfer Tabelle hinausgehenden Betrag geltend, weil das bereinigte Nettoeinkommen des Unterhaltsschuldners den dieser Einkommensgruppe entsprechenden Betrag in Höhe von 5.100,00 EUR monatlich übersteigt, muss er konkret darlegen, worin dieser Bedarf besteht und welche Mittel für dessen Deckung erforderlich sind.[63] Die Düsseldorfer Tabelle beruht auf Erfahrungssätzen für den durchschnittlichen altersabhängigen Bedarf eines Kindes entsprechend der Lebensstellung des barunterhaltspflichtigen Elternteils.[64] Da der Unterhaltsanspruch lediglich der Bedarfsdeckung des Kindes dient, nicht jedoch seine Teilhabe am Luxus der Eltern gewährleisten soll, ist ein über die Durchschnittssätze der Düsseldorfer Tabelle hinausgehender Bedarf konkret darzulegen.[65]

bb) Bedürftigkeit

Sofern der Unterhaltsberechtigte über eigenes Einkommen und Vermögen verfügt, mindert dies seine Bedürftigkeit, denn Unterhalt kann gemäß § 1602 I nur verlangen, wer außerstande ist, sich selbst zu unterhalten.[66] Das bedeutet, dass das

---

60 BT-Drucks 16/1830, S. 30; BGH, Urt. v. 26.10.2005 (XII ZR 34/03) = BGH, NJW 2006, 57 (59); *Saathoff,* in: NK-BGB FamR, § 1612b, Rn. 8; *Seibl,* in: Soergel, § 1612b, Rn. 10.

61 BT-Drucks 16/1830, S. 30; *Saathoff,* in: NK-BGB FamR, § 1612b, Rn. 9; *Seibl,* in: Soergel, § 1612b, Rn. 13.

62 Düsseldorfer Tabelle (Stand: 01.01.2017), Anhang Tabelle Zahlbeträge, abrufbar unter: http://www.olg-duesseldorf.nrw.de/infos/Duesseldorfer_tabelle/Tabelle-2017/20161207_Duesseldorfer-Tabelle.pdf (Abruf v. 10.01.2017); *Seibl,* in: Soergel, § 1612b, Rn. 9.

63 BGH, Urt. v. 23.02.1983 (IV b ZR 362/81) = BGH, NJW 1983, 1429 (1430); BGH, Urt. v. 13.10.1999 (XII ZR 16/98) = BGH, NJW 2000, 954 (955); *Born,* in: MüKo, § 1610, Rn. 150.

64 BGH, Urt. v. 23.02.1983 (IV b ZR 362/81) = BGH, NJW 1983, 1429 (1430); BGH, Urt. v. 13.10.1999 (XII ZR 16/98) = BGH, NJW 2000, 954 (955).

65 BGH, Urt. v. 23.02.1983 (IV b ZR 362/81) = BGH, NJW 1983, 1429 (1430); BGH, Urt. v. 13.10.1999 (XII ZR 16/98) = BGH, NJW 2000, 954 (955); *Born,* in: MüKo, § 1610, Rn. 150.

66 *Brudermüller,* in: Palandt, § 1602, Rn. 1 f.; *Engler,* in: Staudinger, § 1602, Rn. 7.

Einkommen des Unterhaltsberechtigten grundsätzlich auf den Unterhaltsbedarf anzurechnen ist und nur der etwaig verbleibende Restbetrag die Bedürftigkeit des Unterhaltsberechtigten kennzeichnet.[67]

Entgegen der ansonsten üblichen Praxis im Unterhaltsrecht, wird von einem minderjährigen Kind gemäß § 1602 II eine Verwertung seines Vermögens grundsätzlich nicht verlangt.[68] Es hat danach lediglich die Einkünfte seines Vermögens bedarfsmindernd einzusetzen.[69]

cc) Leistungsfähigkeit

Nachdem der Bedarf anhand der Düsseldorfer Tabelle und durch Anrechnung eigener Einkünfte auch die Bedürftigkeit des Kindes ermittelt wurde, ist zu prüfen, ob der Unterhaltspflichtige ausreichend leistungsfähig i.S.v. § 1603 ist, um den danach verbleibenden Betrag an das Kind zu zahlen. Ein Unterhaltspflichtiger ist leistungsfähig, wenn ihm der im konkreten Fall heranzuziehende Selbstbehalt nach Bedienung der Unterhaltspflicht verbleibt.[70] Bei der Bestimmung des Selbstbehalts wird nach dem Alter und der Lebenssituation des Kindes differenziert.[71] Aufgrund der gesteigerten Unterhaltspflicht von Eltern gegenüber ihren minderjährigen oder privilegierten volljährigen unverheirateten Kindern, d.h. solchen, die noch im Elternhaus leben, sich in der allgemeinen Schulausbildung befinden und das 21. Lebensjahr noch nicht vollendet haben, sind diese bis zur Grenze des sog. notwendigen Selbstbehalts leistungsfähig.[72] Der notwendige Selbstbehalt beträgt derzeit für erwerbstätige

---

67 BGH, Urt. v. 21.05.1980 (IVb ZR 522/80) = NJW 1980, 2081 (2081); *Brudermüller*, in: Palandt, § 1602, Rn. 1 f., 4; *Engler*, in: Staudinger, § 1602, Rn. 25.

68 *Brudermüller*, in: Palandt, § 1602, 12; *Gerhardt*, in: Gerhardt/v. Heintschel-Heinegg/Klein, Hdb. des Fachanwalts FamR, Kap. 6, Rn. 278; *Müting*, in: Weinreich/Klein, FA-Komm FamR, § 1602, Rn. 8.

69 BGH, Urt. v. 04.11.1987 (IVb ZR 75/86) = NJW 1988, 2371 (2372); *Engler*, in: Staudinger, § 1602, Rn. 142; *Müting*, in: Weinreich/Klein, FAKomm-FamR, § 1602, Rn. 8.

70 *Müting*, in: Weinreich/Klein, FAKomm-FamR, § 1603, Rn.1; *Saathoff*, in: NK-BGB FamR., § 1603 Rn. 2; *Seiler*, in: Gerhardt/v. Heintschel-Heinegg/Klein, Hdb. des Fachanwalts FamR, Kap. 6, Rn. 378.

71 *Müting*, in: Weinreich/Klein, FAKomm-FamR, § 1603, Rn. 41; *Saathoff*, in: NK-BGB FamR., § 1603 Rn. 2; *Seiler*, in: Gerhardt/v. Heintschel-Heinegg/Klein, Hdb. des Fachanwalts FamR, Kap. 6, Rn. 378.

72 *Klinkhammer*, in: Wendl/Dose, Das Unterhaltsr. in der familienrichterl. Praxis, § 2, Rn. 240; *Müting*, in: Weinreich/Klein, FAKomm-FamR, § 1603, Rn. 41; *Seiler*, in: Gerhardt/v. Heintschel-Heinegg/Klein, Hdb. des Fachanwalts FamR, Kap. 6, Rn. 378.

Eltern 1.080,00 EUR und für nicht erwerbstätige Eltern 880,00 EUR.[73] Gegenüber allen Kindern, die die vorgenannten Voraussetzungen nicht erfüllen, muss den Eltern der sog. angemessene Selbstbehalt verbleiben[74], der derzeit 1.300,00 EUR beträgt[75]. In dieser Erhöhung des Selbstbehalts zugunsten der Eltern kommt das abnehmende Fürsorgebedürfnis gegenüber den Kindern mit deren fortschreitendem Alter und deren fortschreitender Selbständigkeit zum Ausdruck.[76]

b) Sonder- und Mehrbedarf

Sonder- und Mehrbedarf ist gemeinsam, dass sie über den regelmäßigen Unterhaltsbedarf hinausgehen, da es sich um kostenauslösende Ereignisse im Leben eines Kindes handelt, die vom laufenden Unterhalt nicht umfasst sind.[77] In den Sätzen der Düsseldorfer Tabelle, die lediglich den allgemeinen Lebensbedarf umfassen[78], sind Sonder- und Mehrbedarf daher nicht enthalten.[79]

aa) Sonderbedarf

Der Sonderbedarf ist legaldefiniert in § 1613 II Nr. 1 als unregelmäßiger außergewöhnlich hoher Bedarf. Darunter fallen beispielsweise unvorhergesehene

---

73 Düsseldorfer Tabelle (Stand: 01.01.2017), Anm. Ziff. 5, abrufbar unter: http://www.olg-duesseldorf.nrw.de/infos/Duesseldorfer_tabelle/Tabelle-2017/20161207_Duesseldorfer-Tabelle.pdf (Abruf v. 10.01.2017).

74 BGH, Urt. v. 07.12.1988 (IVb ZR 15/88) = NJW 1989, 523 (524); *Müting*, in: Weinreich/Klein, FAKomm-FamR, § 1603, Rn. 41, 51; *Seiler*, in: Gerhardt/v. Heintschel-Heinegg/Klein, Hdb. des Fachanwalts FamR, Kap. 6, Rn. 378.

75 Düsseldorfer Tabelle (Stand: 01.01.2017), Anm. Ziff. 5, abrufbar unter: http://www.olg-duesseldorf.nrw.de/infos/Duesseldorfer_tabelle/Tabelle-2017/20161207_Duesseldorfer-Tabelle.pdf (Abruf v. 10.01.2017).

76 *Brudermüller*, in: Palandt, § 1603, Rn. 14; *Saathoff*, in: NK-BGB FamR., § 1603 Rn. 3.

77 *Seiler*, in: Gerhardt/v. Heintschel-Heinegg/Klein, Hdb. des Fachanwalts FamR, Kap. 6, Rn. 348, 411.

78 *Erdrich*, in: Scholz/Kleffmann/Doering-Striening, Teil I, Rn. 40; *Klinkhammer*, in: Wendl/Dose, Das Unterhaltsr. in der familienrichterl. Praxis, § 2, Rn. 219; *Maurer*, FamRZ 2006, 663 (667).

79 BGH, Urt. v. 14.03.2007 (XII ZR 158/04) = DNotZ 2007, 852 (854); *Klinkhammer*, in: Wendl/Dose, Das Unterhaltsr. in der familienrichterl. Praxis, § 2 Rn. 232; *Müting*, in: Weinreich/Klein, FAKomm-FamR, § 1610, Rn. 77; *Seiler*, in: Gerhardt/v. Heintschel-Heinegg/Klein, Hdb. des Fachanwalts FamR, Kap. 6, Rn. 348, 411.

Krankheits- oder Operationskosten, die nicht von der Krankenkasse übernommen werden.[80]

Um den Begriff des Sonderbedarfs zu erfüllen, muss der Bedarf kumulativ die Kriterien der Unregelmäßigkeit und der außergewöhnlichen Höhe erfüllen.[81] Der Bedarf ist unregelmäßig, wenn er nicht vorhersehbar war[82], sodass der Unterhaltsberechtigte aus dem laufenden Unterhalt keine ausreichenden Rücklagen bilden konnte.[83] Ob der Bedarf außergewöhnlich hoch ist, ergibt sich insbesondere aus einem Vergleich mit dem laufenden Unterhalt.[84] Bei einem laufenden Unterhalt in erheblicher Höhe ist die Wahrscheinlichkeit, dass ein Bedarf als außergewöhnlich hoch und damit als Sonderbedarf bewertet wird, geringer als bei einem geringen zu leistenden Unterhalt.[85]

Der Sonderbedarf ist zusätzlich zum laufenden Unterhalt zu leisten.[86] Falls erforderlich ist zur Deckung des Sonderbedarfs nicht nur das Einkommen, sondern auch das Vermögen des Unterhaltsschuldners einzusetzen.[87]

bb) Mehrbedarf

Als „Mehrbedarf ist der Teil des Lebensbedarfs anzusehen, der regelmäßig während eines längeren Zeitraums anfällt und das Übliche derart übersteigt, dass er mit den Regelsätzen der Bedarfsbemessung nicht zu erfassen, andererseits aber kalkulierbar ist und deshalb bei der Bemessung des laufenden Unterhalts

---

80 BGH, Urt. v. 06.10.1982 (IV b ZR 307/81) = NJW 1983, 224; OLG Celle, Urt. v. 04.12.2007 (10 UF 166/07) = NJW-RR 2008, 378 (378 f.); *Klinkhammer,* in: Wendl/Dose, Das Unterhaltsr. in der familienrichterl. Praxis, § 2, Rn. 238.

81 BT-Drucks. V/2370, S. 42; OLG Zweibrücken, Beschl. v. 03.05.2000 (6 UF 50/99) = OLGR 2001, 58; *Kodal,* in: Göppinger/Wax, Unterhaltsrecht, Rn. 177.

82 BGH, Urt. v. 11.11.1981 (IVb ZR 608/80) = NJW 1982, 328 (329); BGH, Urt. v. 15.02.2006 (XII ZR 4/04) = NJW 2006, 1509 (1510); *Brudermüller,* in: Palandt, § 1613, Rn. 10; *Müting,* in: Weinreich/Klein, FAKomm-FamR, § 1613, Rn. 70.

83 BGH, Urt. v. 11.11.1981 (IVb ZR 608/80) = NJW 1982, 328 (329); OLG Celle, Urt. v. 04.12.2007 (10 UF 166/07) = NJW-RR 2008, 378 (379); *Brudermüller,* in: Palandt, § 1613, Rn. 10; *Klinkhammer,* in: Wendl/Dose, Das Unterhaltsr. in der familienrichterl. Praxis, § 6, Rn. 3 f.; *Müting,* in: Weinreich/Klein, FAKomm-FamR, § 1613, Rn. 70.

84 BGH, Urt. v. 15.02.2006 (XII ZR 4/04) = NJW 2006, 1509 (1510); *Brudermüller,* in: Palandt, § 1613, Rn. 10.

85 OLG Zweibrücken, Beschl. v. 03.05.2000 (6 UF 50/99) = OLGR 2001, 58; *Brudermüller,* in: Palandt, § 1613, Rn. 10; *Eder,* in: Kleffmann/Klein, Unterhaltsrecht, § 1613, Rn. 57; *Müting,* in: Weinreich/Klein, FAKomm-FamR, § 1613, Rn. 71.

86 *Schürmann,* in: Koch, Hdb. d. Unterhaltsrechts, Rn. 4315.

87 *Kodal,* in: Göppinger/Wax, Unterhaltsrecht, Rn. 189.

berücksichtigt werden kann."[88] Mehrbedarf bilden beispielsweise Kosten für eine längerfristige physiotherapeutische Behandlung[89], Studiengebühren[90] oder auch Kosten für die Pflege eines behinderten Kindes[91]. Sofern diese Kosten auf sachlichen Gründen beruhen, wirkt der Mehrbedarf bedarfserhöhend.[92] Bei der Berechnung des Kindesunterhalts ist dies insofern zu berücksichtigen als der Mehrbedarf vor Ermittlung des Unterhaltsbedarfs nach der Düsseldorfer Tabelle von dem bereinigten Nettoeinkommen des Unterhaltsschuldners in Abzug zu bringen ist.[93] Der Mehrbedarf wirkt sich dadurch einkommensreduzierend aus, sodass unter Umständen auch der Bedarf nach der Düsseldorfer Tabelle regelmäßig nach einer niedrigeren Einkommensgruppe bemessen wird, sofern die Grenze zur unteren Einkommensgruppe unterschritten wird.

Trotz dieser unter Umständen gebotenen Einordnung in eine niedrigere Einkommensgruppe, führt der Mehrbedarf regelmäßig zu einer erheblichen finanziellen Mehrbelastung des Unterhaltsschuldners. Zwischen den einzelnen Einkommensgruppen der Düsseldorfer Tabelle besteht eine Unterhaltsbedarfsdifferenz in Höhe von 17,00 EUR bis 43,00 EUR.[94] Von der niedrigsten 1. Gehaltsgruppe (Nettoeinkommen bis 1.500,00 EUR) bis zur höchsten 10. Gehaltsgruppe (Nettoeinkommen bis 5.100,00 EUR) ist das Einkommen des Unterhaltsschuldners in 400,00 EUR-Schritten auf die 10 Gehaltsgruppen aufgeteilt. Besteht also ein Mehrbedarf von 500,00 EUR, sodass der Unterhaltsschuldner durch Vorwegabzug des zu leistenden Mehrbedarfs um eine Gehaltsgruppe herabgestuft wird, reduziert sich seine Elementarunterhaltspflicht für ein Kind um maximal 43,00 EUR. Der zu leistende Mehrbedarf wirkt sich daher nur in begrenztem Umfang reduzierend auf den Elementarunterhalt aus, sodass der Vorwegabzug

88 *Klinkhammer*, in: Wendl/Dose, Das Unterhaltsr. in der familienrichterl. Praxis, § 2 Rn. 232; *Maurer*, FamRZ 2006, 663 (667); *Reinken*, FamFR 2010, 25.

89 OLG Düsseldorf, Urt. v. 11.09.2000 (2 UF 67/00) = FamRZ 2001, 444.

90 KG, Beschl. v. 18.09.2012 (17 WF 232/12) = FamFR 2013, 205; *Götz*, in: Schnitzler, Anwhdb. FamR, § 7, Rn. 217.

91 OLG Kblz., Urt. v. 05.10.2004 (11 UF 27/04) = NJW-RR 2005, 88 (89); *Gerhardt/von Heintschel-Heinegg/Fixl/Siede*, Materielles Scheidungsrecht, Rn. 75, 105; *Seiler*, in: Gerhardt/v. Heintschel-Heinegg/Klein, Hdb. des Fachanwalts FamR, Kap. 6, Rn. 348.

92 *Seiler*, in: Gerhardt/v. Heintschel-Heinegg/Klein, Hdb. des Fachanwalts FamR, Kap. 6, Rn. 348.

93 *Gerhardt/von Heintschel-Heinegg/Fixl/Siede*, Materielles Scheidungsrecht, Rn. 75, 105.

94 Düsseldorfer Tabelle (Stand: 01.01.2017), abrufbar unter: http://www.olg-duesseldorf.nrw.de/infos/Duesseldorfer_tabelle/Tabelle-2017/20161207_Duesseldorfer-Tabelle.pdf (Abruf v. 10.01.2017).

des Mehrbedarfs lediglich zu einer geringfügigen finanziellen Entlastung des Unterhaltsschuldners führt.

Ein Vorwegabzug des Mehrbedarfs kommt bei Vorliegen eines Mangelfalls, d.h. wenn das Einkommen des Unterhaltspflichtigen nicht zur Deckung des Bedarfs aller Unterhaltsberechtigten unter Verbleib des eigenen Selbstbehaltes ausreicht[95], nicht in Betracht. In diesem Fall wirkt sich die Subsidiarität des Mehrbedarfs im Verhältnis zum laufenden Unterhalt aus.[96] Zunächst ist daher der laufende Unterhalt sämtlicher auf einer Rangstufe nach § 1609 Nr. 1 stehender Unterhaltsberechtigter zu bedienen.[97] Erst danach ist ein etwaig noch zur Verfügung stehender Betrag zur Deckung des Mehrbedarfs einzusetzen.[98]

2. *Betreuungsbedarf*

Der Betreuungsbedarf betrifft gemäß § 1606 III 2 die Pflege und Erziehung eines minderjährigen unverheirateten Kindes und wird durch persönliche Versorgung und Zuwendung gedeckt.[99] Im Kleinkindalter wird der Betreuungsbedarf überwiegend durch die Grundversorgung des Kindes und persönliche Zuwendung erbracht.[100] Später kommt die Hausaufgabenbetreuung hinzu.[101] Die Leistung des Betreuungsunterhalts mündet sodann in der Unterstützung des Jugendlichen bei der Findung seines eigenen Lebensweges.[102]

Die Vorschrift des § 1606 III 2 macht deutlich, dass die Leistung von Betreuungs- und Barunterhalt gleichwertig sind.[103] Das bedeutet, dass der betreuende Elternteil seine Unterhaltspflicht bis zur Volljährigkeit des Kindes in der Regel durch dessen Betreuung erbringt.[104]

---

95 *Grandke,* in: Scholz/Kleffmann/Doering-Striening, Teil K, Rn. 66; *Maier,* in: Gerhardt/v. Heintschel-Heinegg/Klein, Hdb. des Fachanwalts FamR, Kap. 6, Rn. 963; *Schürmann,* in: Koch, Hdb. d. Unterhaltsrechts, Rn. 4335.

96 *Eder,* in: Kleffmann/Klein, Unterhaltsrecht, § 1610, Rn. 91; *Maier,* in: Gerhardt/v. Heintschel-Heinegg/Klein, Hdb. des Fachanwalts FamR, Kap. 6, Rn. 963.

97 Vgl. *Eder,* in: Kleffmann/Klein, Unterhaltsrecht, § 1610, Rn. 91; *Maier,* in: Gerhardt/v. Heintschel-Heinegg/Klein, Hdb. des Fachanwalts FamR, Kap. 6, Rn. 348, 963.

98 Vgl. *Eder,* in: Kleffmann/Klein, Unterhaltsrecht, § 1610, Rn. 91; *Maier,* in: Gerhardt/v. Heintschel-Heinegg/Klein, Hdb. des Fachanwalts FamR, Kap. 6, Rn. 348, 963.

99 *Brudermüller,* in: Palandt, Einf. § 1601, Rn. 2, vgl. *Graba,* FamRZ 1990, 454.

100 *Kodal,* in: Göppinger/Wax, Unterhaltsrecht, Rn. 1644.

101 *Kodal,* in: Göppinger/Wax, Unterhaltsrecht, Rn. 1644.

102 *Kodal,* in: Göppinger/Wax, Unterhaltsrecht Rn. 1644.

103 *Born,* in: MüKo, § 1606, Rn. 25; *Brudermüller,* in: Palandt, § 1606, Rn. 7.

104 *Born,* in: MüKo, § 1606, Rn. 21; *Brudermüller,* in: Palandt, § 1606, Rn. 7; *Kodal,* in: Göppinger/Wax, Unterhaltsrecht, Rn. 1647.

II. Besonderheiten des Kindesunterhalts gegenüber behinderten Kindern

Die Kindesunterhaltspflicht gegenüber behinderten Kindern übersteigt diejenige gegenüber gesunden Kindern grundsätzlich sowohl in der Höhe[105] als auch bei dauerhaft erwerbsunfähigen Abkömmlingen in der Dauer[106]. Im Folgenden sollen die Besonderheiten des Kindesunterhalts behinderter Kinder herausgearbeitet werden.

1. Definition der Schwerbehinderung

Nach § 2 I SGB IX sind Menschen behindert, „wenn ihre körperliche Funktion, geistige Fähigkeit oder seelische Gesundheit mit hoher Wahrscheinlichkeit länger als sechs Monate von dem für das Lebensalter typischen Zustand abweichen und daher ihre Teilhabe am Leben in der Gesellschaft beeinträchtigt ist."[107] Schwerbehindert ist, wer einen Grad der Behinderung (GdB) von mindestens 50 erreicht.[108] Der Grad der Behinderung wird durch die für die Durchführung des Bundesversorgungsgesetzes zuständigen Behörden anhand eines medizinischen Gutachtens festgestellt.[109] Zur Beurteilung des Grades der Behinderung hat der Gesetzgeber den zuständigen Behörden eine GdS-Tabelle als Anlage und Bestandteil der Durchführungsverordnung gemäß § 30 XVI BVG[110] zur Verfügung gestellt, die Anhaltspunkte zur Bewertung des GdS enthält.[111] Der Grad der Schädigungsfolgen (GdS) und der Grad der Behinderung (GdB) „sind ein Maß für die körperlichen, geistigen, seelischen und sozialen Auswirkungen einer Funktionsbeeinträchtigung aufgrund eines Gesundheitsschadens."[112] Der GdS entspricht im Wesentlichen dem GdB mit dem Unterschied, dass bei der Feststellung des GdS lediglich die Schädigungsfolgen beurteilt werden und bei der Feststellung des GdB alle Gesundheitsschädigungen unabhängig von ihrer

---

105 OLG Köln, Urt. v. 18.11.1999 (14 UF 55/99) = NJW 2000, 1201; *Götsche,* FamRB 2004, 264.

106 OLG Köln, Urt. v. 18.11.1999 (14 UF 55/99) = NJW 2000, 1201; *Götsche,* FamRB 2004, 264.

107 § 2 I SGB IX.

108 § 2 II SGB IX.

109 § 69 I 1 SGB IX.

110 Auch Versorgungsmedizin-Verordnung (VersMedV) genannt.

111 § 2 VersMedV i.V.m. Anlage Teil B Ziffer 1 a; *Neumann,* in: Neumann/Pahlen/Majerski-Pahlen, SGB IX, § 2, Rn. 6.

112 § 2 VersMedV i.V.m. Anlage Teil A Ziffer 2 a.

Ursache in die Bewertung mit einbezogen werden.[113] Wird ein bestimmter GdS festgestellt, besteht auch ein GdB mindestens in derselben Höhe.[114] Der GdB kann jedoch aus vorgenanntem Grund auch höher eingestuft werden als der festgestellte GdS.[115] Der GdB wird für jede Gesundheitsschädigung gesondert festgestellt.[116] Sofern der behinderte Mensch an verschiedenen Gesundheitsbeeinträchtigungen leidet, ist ein Gesamt-GdB zu bilden.[117] Dieser folgt nicht aus einer Addition der einzelnen festgestellten GdB, sondern wird durch eine Gesamtschau aller durch die Gesundheitsschädigungen verursachten Funktionsbeeinträchtigungen gebildet.[118] Zur Veranschaulichung, ab wann der erforderliche Grad für die Bewertung als Schwerbehinderung vorliegt, werden nachfolgend einige Beispiele für einen GdS und damit auch einen Mindest-GdB über 50 aus der GdS-Tabelle[119] genannt:

- „Hirnschäden mit mittelschwerer Leistungsbeeinträchtigung" (GdS: 50–60)[120],
- „Koordinations- und Gleichgewichtsstörungen (spino-) zerebellarer Ursache je nach dem Ausmaß der Störung der Ziel- und Feinmotorik einschließlich der Schwierigkeiten beim Gehen und Stehen" (GdS: 30–100)[121],
- „Epileptische Anfälle" (...) „selten (generalisierte [große] und komplex-fokale Anfälle mit Pausen von Monaten; kleine und einfach-fokale Anfälle mit Pausen von Wochen)" (GdS: 50–60)[122];
- „Einschränkung der geistigen Leistungsfähigkeit im Schul- und Jugendalter" (...) „Intelligenzmangel mit stark eingeengter Bildungsfähigkeit, erheblichen Mängeln im Spracherwerb, Intelligenzrückstand entsprechend einem I.Q. unter 10 Jahren bei Erwachsenen (IQ unter 60) bei relativ günstiger Persönlichkeitsentwicklung und sozialer Anpassungsmöglichkeit (Teilerfolg

113 § 2 VersMedV i.V.m. Anlage Teil A Ziffer 2 a.

114 Die Seite für die Schwerbehindertenvertretung. Vertrauensperson der schwerbehinderten Menschen im Betrieb, abrufbar unter: http://www.schwbv.de/gdb-gds-mde.html (Abruf v. 10.01.2017).

115 Die Seite für die Schwerbehindertenvertretung. Vertrauensperson der schwerbehinderten Menschen im Betrieb, abrufbar unter: http://www.schwbv.de/gdb-gds-mde.html (Abruf v. 10.01.2017).

116 § 2 VersMedV i.V.m. Anlage Teil A Ziffer 3 a.

117 § 2 VersMedV i.V.m. Anlage Teil A Ziffer 3 a.

118 § 2 VersMedV i.V.m. Anlage Teil A Ziffer 3 a.

119 § 2 VersMedV i.V.m. Anlage Teil B.

120 § 2 VersMedV i.V.m. Anlage Teil B Ziffer 3.1.2.

121 § 2 VersMedV i.V.m. Anlage Teil B Ziffer 3.1.2.

122 § 2 VersMedV i.V.m. Anlage Teil B Ziffer 3.1.2.

in einer Sonderschule, selbständige Lebensführung in einigen Teilbereichen und Einordnung im allgemeinen Erwerbsleben mit einfachen motorischen Fertigkeiten noch möglich)" (GdS: 80–90)[123],

- Autismus mit mittleren sozialen Anpassungsschwierigkeiten (GdS: 50–70)[124],
- bei einer Sehschärfe von 0,02 DOG auf dem einen und 0,4 DOG auf dem anderen Auge (GdS: 50)[125],
- „Krankheiten der Atmungsorgane mit dauernder Einschränkung der Lungenfunktion" (...) „mittleren Grades das gewöhnliche Maß übersteigende Atemnot bereits bei alltäglicher leichter Belastung (z. B. Spazierengehen (3–4 km/h), Treppensteigen bis zu einem Stockwerk, leichte körperliche Arbeit; statische und dynamische Messwerte der Lungenfunktionsprüfung bis zu 2/3 niedriger als die Sollwerte, respiratorische Partialinsuffizienz" (GdS: 50–70)[126],
- „Rückenmarkschäden" (...) „Unvollständige Brustmark-, Lendenmark- oder Kaudaschädigung mit Teillähmungen beider Beine und Störungen der Blasen- und/oder Mastdarmfunktion" (GdS: 60–80)[127].

2. Unterhaltsbedarf

Die Bedürftigkeit von Kindern endet grundsätzlich mit Erreichen des 18. Lebensjahres, spätestens mit Beendigung der Berufsausbildung, da Abkömmlinge ab diesem Zeitpunkt eine selbständige Lebensstellung erreicht haben und für ihren Unterhalt selbst aufkommen können und müssen.[128] Dies entspricht dem Grundsatz der Eigenverantwortung, der dem Unterhaltsrecht zugrunde liegt.[129] Die Bedürftigkeit von erwerbsunfähigen behinderten Kindern bleibt hingegen regelmäßig[130] über das 18. Lebensjahr hinaus bestehen, sodass die Barunterhaltspflicht der Eltern grundsätzlich zeitlich unbegrenzt fortbesteht.[131]

---

123 § 2 VersMedV i.V.m. Anlage Teil B Ziffer 3.4.2.

124 § 2 VersMedV i.V.m. Anlage Teil B Ziffer 3.5.1.

125 § 2 VersMedV i.V.m. Anlage Teil B Ziffer 4.3.

126 § 2 VersMedV i.V.m. Anlage Teil B Ziffer 8.3.

127 § 2 VersMedV i.V.m. Anlage Teil B Ziffer 3.9.

128 BGH, Urt. v. 06.12.1984 (IV b ZR 53/83) = NJW 1985, 806 (807); *Brudermüller,* in: Palandt, § 1602, Rn. 6; *Lettmaier,* in: Soergel, §1602, Rn. 7.

129 BGH, Urt. v. 03.04.1985 (IVb ZR 14/84) = FamRZ 1985, 1245; *Born,* in: MüKo, § 1602, Rn. 1; *Reinken,* in: Bamberger/Roth, § 1602, Rn. 4.

130 Sofern die behinderte Person sich nicht aus ihre Einkommen oder Vermögen unterhalten kann.

131 *Brudermüller,* in: Palandt, § 1602, Rn. 6; *Götsche,* FamRB 2004, 264; *Seiler,* in: Gerhardt/v. Heintschel-Heinegg/Klein, Hdb. des Fachanwalts FamR, Kap. 6, Rn. 293.

Der Unterhaltsbedarf eines behinderten Menschen kann sowohl abstrakt nach der Düsseldorfer Tabelle als auch in besonderen Fällen konkret unter Darlegung und Beweis der benötigten Kostenbeträge berechnet werden.[132] Letzteres ist nur in den Fällen möglich, in denen Art und Umfang der Behinderung die konkrete Bedarfsbemessung gebietet.[133] Insbesondere für im Heim untergebrachte behinderte Kinder bemisst sich der Bedarf nicht nach einem Regelsatz, sondern nach den tatsächlich anfallenden Kosten für die Heimunterbringung[134] zzgl. eines angemessenen Taschengeldes[135].

Der Unterhaltsbedarf eines behinderten Kindes ist im Vergleich zu gesunden Kindern regelmäßig höher.[136] Zwar ist der Lebensbedarf bei der abstrakten Bedarfsbemessung nach der Düsseldorfer Tabelle identisch mit dem Lebensbedarf eines gesunden Kindes, da sich dieser an dem doppelten Kinderfreibetrag nach § 32 VI 1 EStG orientiert (§ 1612a I 2).[137] Hinzu kommt jedoch regelmäßig ein behinderungsbedingter Mehrbedarf durch Mehrkosten für beispielsweise die behindertengerechte Ausstattung der Wohnung, für eine besondere medizinische Versorgung des Kindes oder besondere Therapiemaßnahmen sowie etwa für besondere Hilfsmittel wie beispielsweise einen Rollstuhl oder für eine Behindertenfreizeit.[138]

3. *Unterhaltsbedürftigkeit*

Auch der behinderte Abkömmling ist nur insoweit bedürftig, als er außerstande ist, sich durch Einkommen oder Vermögen selbst zu unterhalten (§ 1602 I).

---

132 OLG Brandenburg, Beschl. v. 02.01.2007 (9 UF 159/06) = NJOZ 2007, 4143 (4144 f.); *Götsche,* FamRB 2004, 264 (265).

133 OLG Brandenburg, Beschl. v. 02.01.2007 (9 UF 159/06) = NJOZ 2007, 4143 (4145).

134 BGH, Urt. v. 23.10.1985 (IVb ZR 52/84) = FamRZ 1986, 48 (49); OLG Oldenburg, Urt. v. 28.09.1995 (14 UF 50/95) = FamRZ 1996, 625 (626); OLG Köln, Urt. v. 18.11.1999 (14 UF 55/99) = NJW 2000, 1201; KG, Urt. v. 17.01.2003 (25 UF 14/02) = FamRZ 2003, 1864; *Götsche,* FamRB 2004, 264.

135 OLG Düsseldorf, Beschl. v. 19.02.2014 (II-8 UF 236/13) = NJW-RR 2014, 963 (964); *Schwonberg,* in: *Eschenbruch/Schürmann/Menne,* Der Unterhaltsprozess, Kap. 2, Rn. 831.

136 OLG Köln, Urt. v. 18.11.1999 (14 UF 55/99) = NJW 2000, 1201; *Götsche,* FamRB 2004, 264.

137 BFH, Urt. v. 12.12.2012 (VI R 101/10) = DStRE 2013, 533 (534).

138 Vgl. BGH, Urt. v. 27.04.1983 (IVb ZR 378/81) = NJW 1983, 2082 (2083); OLG Hamm, Beschl. v. 11.02.2005 (11 WF 312/04) = FamRZ 2006, 640; *Götsche,* FamRB 2004, 264 (265); *Klinkhammer,* in: Wendl/Dose, Das Unterhaltsr. in der familienrichterl. Praxis, § 2, Rn. 463.

a) Einkommen aus der Tätigkeit in einer Behindertenwerkstatt

Geistig und / oder körperlich schwerbehinderte Menschen sind in aller Regel erwerbsunfähig, sodass sie keine Leistungen nach dem SGB II, sondern nach dem SGB XII beziehen.[139] Erwerbsunfähig ist, wer nicht in der Lage ist, im Umfang von täglich drei Stunden einer Erwerbstätigkeit auf dem allgemeinen Arbeitsmarkt nachzugehen.[140]

Lange war anerkannt, dass die Tätigkeit in einer Behindertenwerkstatt nicht mit einer solchen Erwerbstätigkeit gleichzusetzen sei, da sie vielmehr der Eröffnung der Möglichkeit der Erwerbstätigkeit auf dem allgemeinen Arbeitsmarkt diene.[141] Dementsprechend sei auch das Entgelt, das ein Behinderter aus seiner Tätigkeit in einer Behindertenwerkstatt erzielt, grundsätzlich nicht bedürftigkeitsmindernd anzurechnen.[142] Es handele sich bei diesem Entgelt nicht um bedürftigkeitsmindernde Einkünfte, sondern um eine Anerkennung der Leistung, die der behinderte Mensch in der Behindertenwerkstatt erbracht hat.[143] Nach anderer Ansicht ist das in einer Behindertenwerkstatt erzielte Entgelt zumindest zu einem gewissen Teil bedürftigkeitsmindernd zu berücksichtigen.[144] Ein in einer Behindertenwerkstatt monatlich erzieltes Entgelt in Höhe von 249,00 EUR sei nicht mehr in voller Höhe als überobligatorisch anzusehen und daher in einem gewissen Umfang bedürftigkeitsmindernd zu berücksichtigen.[145] Der behinderte Mensch stehe in einer Behindertenwerkstatt in einem arbeitnehmerähnlichen Verhältnis und erhalte als Gegenleistung für seine Tätigkeit ein Arbeitsentgelt,

---

139 Vgl. *Hußmann,* in: Heiß/Born, Unterhaltsrecht, 16. Kap., Rn. 2; *Schindler,* in: Ruby/Schindler/Wirich, Das Behindertentestament, § 2, Rn. 2.

140 Ex. c. *Bender,* in: Gagel, § 8 SGB II, Rn. 26 ff.; *Fahlbusch,* in: Rolfs/Giesen/Kreikebohm/Udsching, § 8 SGB II, Rn. 1.

141 OLG Celle, Urt. v. 15.05.1986 (12 UF 267/85) = FamRZ 1986, 910 (911); OLG Hamm, Urt. v. 01.04.1987 (5 UF 370/86) = FamRZ 1987, 1151; OLG Oldenburg, Urt. v. 28.09.1995 (14 UF 50/95) = FamRZ 1996, 625 (626).

142 OLG Celle, Urt. v. 15.05.1986 (12 UF 267/85) = FamRZ 1986, 910 (911); OLG Hamm, Urt. v. 01.04.1987 (5 UF 370/86) = FamRZ 1987, 1151; OLG Oldenburg, Urt. v. 28.09.1995 (14 UF 50/95) = FamRZ 1996, 625 (626).

143 OLG Celle, Urt. v. 15.05.1986 (12 UF 267/85) = FamRZ 1986, 910 (911); OLG Hamm, Urt. v. 01.04.1987 (5 UF 370/86) = FamRZ 1987, 1151; OLG Oldenburg, Urt. v. 28.09.1995 (14 UF 50/95) = FamRZ 1996, 625 (626).

144 OLG Düsseldorf, Beschl. v. 19.02.2014 (II-8 UF 236/13) = NJW-RR 2014, 963 (964); *Klinkhammer,* in: Wendl/Dose, Unterhaltsr. in der familienrichterl. Praxis, § 2, Rn. 534; *Schwonberg,* in: *Eschenbruch/Schürmann/Menne,* Der Unterhaltsprozess, Kap. 2, Rn. 882.

145 OLG Düsseldorf, Beschl. v. 19.02.2014 (II-8 UF 236/13) = NJW-RR 2014, 963 (964).

sodass es nicht gerechtfertigt sei, die dabei erzielten Einnahmen bei der Unterhaltsberechnung vollständig außer Betracht zu lassen.[146]

b) Sozialleistungen

Hat der behinderte Abkömmling kein Vermögen und aufgrund seiner behinderungsbedingten Erwerbsunfähigkeit auch kein selbst erzieltes Einkommen, kann sich seine Bedürftigkeit dennoch aufgrund erbrachter Sozialleistungen mindern.[147] Diese wirken sich jedoch nur insoweit bedürftigkeits- und damit unterhaltsanspruchsmindernd aus, als sie nicht subsidiär sind.[148]

Eine Sozialleistung ist subsidiär, wenn sie zwar gegenüber dem Berechtigten (dem behinderten Abkömmling) erbracht wird, der Sozialleistungsträger jedoch Regress beim Unterhaltspflichtigen nehmen kann.[149] Eine subsidiäre Sozialleistung reduziert daher die Unterhaltspflicht nicht.[150] Der Unterhaltspflichtige muss die von dem Sozialleistungsträger bereits erbrachte Leistung zwar nicht zusätzlich an den behinderten Abkömmling erbringen, hat jedoch eine Erstattungspflicht gegenüber dem Sozialleistungsträger.

Nicht subsidiäre Leistungen werden hingegen endgültig von dem Sozialleistungsträger übernommen. Ein Rückgriff beim Unterhaltspflichtigen findet nicht statt. Vielmehr wird der Unterhaltsbedarf durch die Sozialleistung gedeckt, sodass der behinderte Abkömmling in geringerem Umfang unterhaltsbedürftig ist.[151] Eine nicht subsidiäre Sozialleistung kommt daher dem Unterhaltspflichtigen zugute, da er in dieser Höhe von seiner Unterhaltsverpflichtung frei wird.[152]

---

146 *Schwonberg*, in: *Eschenbruch/Schürmann/Menne*, Der Unterhaltsprozess, Kap. 2, Rn. 882.

147 BGH, Urt. v. 25.11.1992 (XII ZR 164/91) = NJW-RR 1993, 322; BGH, Urt. v. 20.12.2006 (XII ZR 84/04) = FamRZ 2007, 1158 (1159); *Born*, in: MüKo, § 1602, Rn. 26; *Müting*, in: Weinreich/Klein, FAKomm-FamR, § 1602, Rn. 35; *Reinken*, in: Bamberger/Roth, § 1602, Rn. 30 f.

148 BGH, Urt. v. 25.11.1992 (XII ZR 164/91) = NJW-RR 1993, 322; BGH, Urt. v. 20.12.2006 (XII ZR 84/04) = FamRZ 2007, 1158 (1159); *Born*, in: MüKo, § 1602, Rn. 27; *Müting*, in: Weinreich/Klein, FAKomm-FamR, § 1602, Rn. 35.

149 *Born*, in: MüKo, Vorbem. zu §§ 1601 ff., Rn. 7; *Grube*, in: Grube/Wahrendorf, Einl., Rn. 83.

150 BGH, Urt. v. 23.06.2010 (XII ZR 170/08) = NJW 2010, 2957; *Klinkhammer*, in: Wendl/Dose, Das Unterhaltsr. in der familienrichterl. Praxis, § 8, Rn. 7; *Müting*, in: Weinreich/Klein, FAKomm-FamR, § 1602, Rn. 35.

151 *Born*, in: MüKo, § 1602, Rn. 27.

152 *Born*, in: MüKo, § 1602, Rn. 27.

aa) Nicht subsidiäre Sozialleistungen

Die Grundsicherung im Alter und bei Erwerbsminderung nach dem 4. Kapitel des SGB XII (§§ 41–46b SGB XII) ist insoweit eine gegenüber dem Unterhaltsanspruch gegen die Eltern nach §§ 1601 ff. BGB nicht subsidiäre und damit bedürftigkeitsmindernde Sozialleistung als das jährliche Gesamteinkommen der Eltern einen Betrag in Höhe von 100.000,00 EUR nicht übersteigt.[153] Für die Unterschreitung des Gesamteinkommens der Eltern von 100.000,00 EUR besteht gemäß § 43 III 2 SGB XII eine widerlegbare Vermutung. Sofern diese Vermutung nicht widerlegt wurde, reduziert die Grundsicherung die Bedürftigkeit des behinderten Kindes und damit den durch die Eltern zu leistenden Unterhalt. Die Grundsicherung im Alter und bei Erwerbsminderung nach §§ 41–46b SGB XII kann ab dem 18. Lebensjahr eines behinderten erwerbsunfähigen Menschen zur Bestreitung seines Lebensunterhalts in Anspruch genommen werden.[154]

Weitere für die vorliegenden Fälle relevante nicht subsidiäre und damit bedürftigkeitsmindernde Sozialleistungen sind beispielsweise die Erwerbsminderungs-[155] sowie Jugendhilfeleistungen für Kinder, die in einem Heim untergebracht sind[156]. Die Erwerbsminderungsrente wird gemäß § 43 VI SGB VI allerdings erst geleistet, nachdem der dauernd erwerbsgeminderte Abkömmling eine Wartezeit von 20 Jahren erfüllt hat. Die Wartezeit ist eine Mindestversicherungszeit, die jedoch auch durch Zeiten geringfügiger Beschäftigung oder durch freiwillige Beitragszahlungen erfüllt werden kann.[157] Bei den Jugendhilfeleistungen nach dem SGB VI für Kinder, die in einem Heim untergebracht sind, findet zwar kein zivilrechtlicher Regress des Sozialleistungsträgers statt. Die Eltern können jedoch durch einen öffentlich-rechtlichen Kostenbeitrag nach § 91 SGB VIII in Anspruch genommen werden.[158]

---

153 BGH, Urt. v. 20.12.2006 (XII ZR 84/04) = FamRZ 2007, 1158 (1159); *Scholz*, FamRZ 2007, 1160; *Scholz*, in: Scholz/Kleffmann/Doering-Striening, Teil L, Rn. 22.

154 § 41 I, III SGB XII.

155 BGH, Urt. v. 23.03.1983 (IVb ZR 358/81) = NJW 1983, 1481; OLG Köln, Beschl. v. 25.10.2000 (27 WF 170/00) = NJWE-FER 2001, 67; *Reinken*, in: Bamberger/Roth, § 1602, Rn. 31d.

156 BGH, Urt. v. 06.12.2006 (XII ZR 197/04) = FamRZ 2007, 377 (378 f.); *Reinken*, in: Bamberger/Roth, § 1602, Rn. 34c).

157 *v. Koch*, in: Kreikebohm, SGB VI, § 43, Rn. 60.

158 BGH, Urt. v. 06.12.2006 (XII ZR 197/04) = NJW-RR 2007, 505 (507 f.).

bb) Subsidiäre Sozialleistungen

Um eine subsidiäre Sozialleistung handelt es sich beispielsweise bei der Eingliederungshilfe nach dem 6. Kapitel des SGB XII (§§ 53–60 SGB XII), bei der Hilfe zur Pflege nach dem 7. Kapitel des SGB XII (§§ 61–66 SGB XII) und bei der Hilfe zum Lebensunterhalt nach dem 3. Kapitel des SGB XII (§§ 27–40 SGB XII).[159] Die Eingliederungshilfe wird an behinderte Menschen geleistet mit dem Ziel, die Folgen der Behinderung zu beseitigen oder zu mildern und den behinderten Menschen in die Gesellschaft zu integrieren.[160] Die Hilfe zur Pflege leistet behinderten und kranken Menschen bei gewöhnlichen und regelmäßig wiederkehrenden Verrichtungen im Alltag Hilfe durch Zurverfügungstellung von häuslichen Pflegekräften, Hilfsmitteln, teilstationärer Pflege, Kurzzeitpflege und stationärer Pflege.[161] Die Hilfe zum Lebensunterhalt ist subsidiär gegenüber der Eingliederungshilfe und Hilfe zur Pflege und dient der Schließung von Bedarfslücken.[162]

Die Subsidiarität dieser Leistungen zeigt sich an dem bestehenden Übergangsanspruch des Sozialleistungsträgers nach § 94 SGB XII.[163] Danach geht der Unterhaltsanspruch des behinderten Menschen als Unterhaltsberechtigter gegen den Unterhaltspflichtigen auf den Sozialleistungsträger über, sodass dieser den Unterhaltsanspruch, begrenzt auf die Höhe der durch ihn erbrachten Sozialhilfeleistungen, gegenüber dem Unterhaltspflichtigen im eigenen Namen geltend machen kann.[164] Dieser gesetzliche Forderungsübergang ist jedoch bei volljährigen behinderten Unterhaltsberechtigten gegenüber ihren Eltern hinsichtlich Leistungen der Eingliederungshilfe und der Hilfe zur Pflege gemäß § 94 II 1 SGB XII begrenzt auf einen Betrag in Höhe von monatlich 26 EUR.[165] Für Leistungen der Hilfe zum Lebensunterhalt geht die Forderung gemäß § 94 II 1 SGB XII in Höhe

---

159 *Lettmaier,* in: Soergel, § 1602, Rn. 27.

160 § 53 I 1, III 1 SGB XII.

161 § 61 I 1, II 1 SGB XII.

162 *Grube,* in: Grube/Wahrendorf, SGB XII, Rn. 19 f.; *Schindler,* in: Ruby/Schindler/Wirich, Das Behindertentestament, § 2, Rn. 8.

163 *Born,* in: MüKo, § 1602, Rn. 30; *Klinkhammer,* in: Wendl/Dose, Das Unterhaltsr. in der familienrichterl. Praxis, § 8, Rn. 8; *v. Koppenfels-Spies* ,in: Knickrehm/Kreikebohm/Waltermann, § 94 SGB XII, Rn. 1; *Reinken,* in: Bamberger/Roth, § 1602, Rn. 33.

164 *Born,* in: MüKo, § 1602, Rn. 30; *Hußmann,* in: Heiß/Born, Unterhaltsrecht, 16. Kap., Rn. 44; *v. Koppenfels-Spies,* in: Knickrehm/Kreikebohm/Waltermann, § 94 SGB XII, Rn. 4.

165 *Hußmann,* in: Heiß/Born, Unterhaltsrecht, 16. Kap., Rn. 28; *v. Koppenfels-Spies,* in: Knickrehm/Kreikebohm/Waltermann, § 94 SGB XII, Rn. 8.

von 20 EUR monatlich über.[166] Der Subsidiarität der Sozialleistungen steht nicht entgegen, wenn ein Forderungsübergang nach § 94 SGB XII im Einzelfall nicht oder nicht vollständig stattfindet.[167] Dies ist beispielsweise der Fall, wenn der von § 94 I SGB XII vorausgesetzte Unterhaltsanspruch des Betroffenen lediglich aufgrund der Zurechnung eines fiktiven Einkommens des Unterhaltsverpflichteten bejaht wurde.[168] Fiktives Einkommen ist solches, das der Unterhaltspflichtige nicht tatsächlich bezieht, das er jedoch in zumutbarer Weise erzielen könnte.[169] Im Sozialleistungsrecht bleibt fiktives Einkommen im Gegensatz zum Unterhaltsrecht unberücksichtigt[170], sodass die Voraussetzungen des Überleitungsanspruchs nach § 94 SGB XII mangels Unterhaltsanspruch nicht vorliegen. Unabhängig von dem fehlenden Überleitungsanspruch führen die Sozialleistungen dennoch nicht zu einer Bedürftigkeitsminderung des Unterhaltsberechtigten, da die fehlende Überleitbarkeit an deren Subsidiarität nichts ändert.[171]

4. Unterhaltspflichtige Personen

Der Gesetzgeber geht davon aus, dass mit Volljährigkeit des Kindes dessen Betreuungsbedarf endet, sodass ab diesem Zeitpunkt auch die in § 1606 III 2 aufgestellte Regel der Gleichwertigkeit von Bar- und Betreuungsunterhaltsleistungen nicht mehr anwendbar ist.[172] Vielmehr sind ab diesem Zeitpunkt beide Elternteile gemäß § 1606 III 1 entsprechend ihrer Einkommens- und Vermögensverhältnisse barunterhaltspflichtig.[173] Dies gilt auch für volljährige behinderte Kinder, die tatsächlich

---

166 *Hußmann*, in: Heiß/Born, Unterhaltsrecht, 16. Kap., Rn. 28; *v. Koppenfels-Spies*, in: Knickrehm/Kreikebohm/Waltermann , § 94 SGB XII, Rn. 8.

167 *Born*, in: MüKo, § 1602, Rn. 45; *Klinkhammer*, in: Wendl/Dose, Das Unterhaltsr. in der familienrichterl. Praxis, § 8, Rn. 8; *Reinken*, in: Bamberger/Roth, § 1602, Rn. 33.

168 BGH, Urt. v. 31.05.2000 (XII ZR 119/98) = NJW-RR 2000, 1385 (1386); *Lettmaier*, in: Soergel, § 1602, Rn. 27; *Reinken*, in: Bamberger/Roth, § 1602, Rn. 33.

169 *Graba*, FamRZ 2001, 1257; *Lettmaier*, in: Soergel, § 1602, Rn. 51.

170 BGH, Urt. v. 31.05.2000 (XII ZR 119/98) = NJW-RR 2000, 1385 (1386); *Lettmaier*, in: Soergel, § 1602, Rn. 27; *Reinken*, in: Bamberger/Roth, § 1602, Rn. 33.

171 *Born*, in: MüKo, § 1602, Rn. 45; *Klinkhammer*, in: Wendl/Dose, Das Unterhaltsr. in der familienrichterl. Praxis, § 8, Rn. 8; vgl. *Reinken*, in: Bamberger/Roth, § 1602, Rn. 33.

172 BGH, Urt. v. 02.03.1994 (XII ZR 215/92) = NJW 1994, 1530; *Born*, in: MüKo, § 1606, Rn. 26; *Büttner*, NJW 1999, 2315 (2323); *Erdrich*, in: Scholz/Kleffmann/Doering-Striening, Teil I, Rn. 168.

173 *Born*, in: MüKo, § 1606, Rn. 9; *Klinkhammer*, in: Wendl/Dose, Das Unterhaltsr. in der familienrichterl. Praxis, § 2, Rn. 560 ff.

noch der Betreuung eines Elternteils bedürfen.[174] Eine analoge Anwendung des § 1606 III 2 auf volljährige behinderte Kinder scheidet aus.[175]

Gleiches gilt auch bereits vor Erreichen der Volljährigkeit für den Mehrbedarf des behinderten Kindes. Auch hier ist der betreuende Elternteil neben dem barunterhaltspflichtigen Elternteil anteilig zur Deckung des Mehrbedarfs berufen.[176] Der Grund ist, dass der Mehrbedarf als zusätzliche außergewöhnliche Belastung von dem in § 1606 III 2 aufgestellten Regelfall abweicht.[177]

In den vorgenannten Fällen ist daher auch der betreuende Elternteil barunterhaltspflichtig gegenüber dem Kind[178], wobei dessen Betreuungsleistungen als Naturalunterhalt gewertet werden.[179] Zusätzlich kann unter Berücksichtigung der Betreuungsleistungen die Haftungsquote der Eltern für den Barunterhalt, die sich regelmäßig nach den Erwerbs- und Vermögensverhältnissen der Eltern richtet (§ 1606 III 1), zugunsten des betreuenden Elternteils verschoben werden.[180] Dies ist bei der Betreuung behinderter Kinder geboten, da eine Behinderung des Kindes neben erhöhtem finanziellem Bedarf, der insbesondere in unterhaltsrechtlichem Mehrbedarf besteht, auch erhöhten Betreuungsaufwand mit sich bringt.[181]

---

174 *Born*, in: MüKo, § 1606, Rn. 26; *Niepmann/Schwamb*, Die Rspr. zur Höhe des Unterhalts, Teil 2, Rn. 956.

175 Vgl. BGH, Urt. v. 09.01.2002 (XII ZR 34/00) = FamRZ 2002, 815 (816 f.); *Kodal*, in: Göppinger/Wax, Unterhaltsrecht, Fn. 31.

176 BGH, Urt. v. 27.04.1983 (IVb ZR 378/81) = FamRZ 1983, 689 (689 f.); OLG München, Beschl. v. 17.10.1990 (4 WF 203/90) = FamRZ 1991, 347; OLG Köln, Urt. v. 18.11.1999 (14 UF 55/99) = NJW 2000, 1201; *Götsche*, FamRB 2004, 264.

177 BGH, Urt. v. 27.04.1983 (IVb ZR 378/81) = FamRZ 1983, 689 (689 f.); OLG München, Beschl. v. 17.10.1990 (4 WF 203/90) = FamRZ 1991, 347.

178 KG, Urt. v. 17.01.2003 (25 UF 14/02) = FamRZ 2003, 1864; *Erdrich*, in: Scholz/Kleffmann/Doering-Striening, Teil I, Rn. 168; *Niepmann/Schwamb*, Die Rspr. zur Höhe des Unterhalts, Teil 2, Rn. 956.

179 *Niepmann/Schwamb*, Die Rspr. zur Höhe des Unterhalts, Teil 2, Rn. 956.

180 BGH, Urt. v. 05.06.1985 (IVb ZR 24/84) = FamRZ 1985, 917 (919); KG, Urt. v. 17.01.2003 (25 UF 14/02) = FamRZ 2003, 1864 (1865); *Born*, in: MüKo, § 1606, Rn. 26, 33; *Niepmann/Schwamb*, Die Rspr. zur Höhe des Unterhalts, Teil 2, Rn. 956.

181 BGH, Urt. v. 27.04.1983 (IVb ZR 378/81) = FamRZ 1983, 689 (690); BGH, Urt. v. 05.06.1985 (IVb ZR 24/84) = FamRZ 1985, 917 (919); *Born*, in: MüKo, § 1606, Rn. 26, 33; *Kodal*, in: Göppinger/Wax, Unterhaltsrecht, Unterhaltsrecht, Rn. 1648; *Seiler*, in: Gerhardt/v. Heintschel-Heinegg/Klein, Hdb. des Fachanwalts FamR, Kap. 6, Rn. 348.

B) Die Ausgleichungspflicht nach §§ 2050 ff., 2316 BGB

Die Vorschriften über die erbrechtliche Ausgleichungspflicht nach §§ 2050 ff., 2316 regeln den Ausgleich unter Abkömmlingen von bestimmten zu Lebzeiten erhaltenen Zuwendungen bei der Nachlassauseinandersetzung nach dem Tod eines Elternteils.[182] Das Vermögen des Erblassers wird regelmäßig nicht erst zum Zeitpunkt seines Todes verteilt, sondern bereits zu Lebzeiten in Form von Zuwendungen. Diese Zuwendungen schmälern das Vermögen des Erblassers, sodass bei Eintritt des Erbfalls der Nachlass entsprechend reduziert ist.[183] Die Konsequenz ist, dass diejenigen Abkömmlinge, die keine oder geringwertigere Zuwendungen zu Lebzeiten erhalten haben, aufgrund ihres dadurch verringerten Erbteilwertes benachteiligt sind. Um unter Berücksichtigung dieser lebzeitigen Zuwendungen eine Gleichbehandlung der Abkömmlinge zu erreichen, wurden die Regelungen über die Ausgleichungspflicht in das BGB mit aufgenommen[184].

I. Die Voraussetzungen der Ausgleichungspflicht nach §§ 2050 ff. BGB

Auch wenn die Anwendung der Ausgleichungsvorschriften nach §§ 2050 ff., 2316 von vielen Testatoren für die eigene Verteilung des Vermögens gewünscht wird, kommt die Ausgleichung nur bei Vorliegen der nachfolgend behandelten Voraussetzungen in Betracht.

1. Ausgleichungsberechtigte und -verpflichtete

Da die Ausgleichungspflicht die Gleichbehandlung unter Abkömmlingen bezweckt[185], kommt sie nur zur Anwendung, wenn mehrere Stämme i.S.v. § 1924 III vorhanden sind.[186] Sie begünstigt und verpflichtet ausschließlich Abkömmlinge und die für sie berufenen Ersatzerben (§§ 2050, 2051, 2053) und greift daher weder im Verhältnis zum Ehegatten des Erblassers noch im Verhältnis zu dessen

---

182 Vgl. *Schlüter/Röthel*, Erbrecht, § 32, Rn. 87 f.; *Wolf*, in: Soergel, § 2050, Rn. 1.

183 *Thubauville*, MittRhNotK 1992, 289 (290).

184 *Ann*, in: MüKo, § 2055, Rn. 1; *Bayer*, in: Erman, § 2050, Rn. 1; *Lange*, Die Ordnung der gesetzlichen Erbfolge, S. 88; *Lange*, Erbrecht, § 61, Rn. 139; *Muscheler*, Erbrecht Bd. I, Rn. 1362.

185 *Ann*, in: MüKo, § 2050, Rn. 1; *Brox/Walker*, Erbrecht, Rn. 528; *Muscheler*, Erbrecht Bd. I, Rn. 1362.

186 *Bothe*, in: Damrau/Tanck, § 2050, Rn. 3; *Erker / Oppelt*, in: Scherer, Münchner Anwhdb. ErbR, § 26, Rn. 71; *Weirich*, Erben und Vererben, Rn. 209.

Eltern noch zu sonstigen Erben ein.[187] Andere Erben als Abkömmlinge werden von der Ausgleichungspflicht nicht tangiert, denn vor Durchführung der Ausgleichung werden deren Erbteile vom Nachlass abgezogen.[188] Erst danach wird die Ausgleichung zwischen den nachfolgend benannten ausgleichungsberechtigten und -verpflichteten Personen durchgeführt.[189]

a) Abkömmlinge

Nach §§ 2050, 2052 sind grundsätzlich die Abkömmlinge des Erblassers zur Ausgleichung berechtigt und verpflichtet. Abkömmlinge sind die mit dem Erblasser in gerader Linie absteigend verwandten Personen.[190] In gerader Linie verwandt sind gemäß § 1589 I 1 Personen, deren eine von der anderen abstammt.[191] Absteigend in gerader Linie verwandt mit dem Erblasser sind daher dessen Kinder, Enkelkinder, Urenkel usw.[192] Unerheblich ist, ob es sich um leibliche oder angenommene, eheliche oder nichteheliche Abkömmlinge handelt.[193]

b) Ausgleichungsverpflichteter bei Wegfall eines Abkömmlings

Sofern ein Abkömmling vor oder nach dem Tod des Elternteils wegfällt (§§ 1924, 1938, 1953, 2344, 2346)[194], ist der an seine Stelle tretende Abkömmling zur Ausgleichung verpflichtet, so wie es der weggefallene Abkömmling gewesen wäre (§ 2051 I). Dieser an die Stelle des weggefallenen Abkömmlings tretende Abkömmling des Erblassers ist primär ein in gerader Linie mit dem weggefallenen Abkömmling verwandter Abkömmling und damit Enkel, Urenkel etc. des Erblassers (§ 1924 III). Hat der weggefallene Abkömmling selbst keine Abkömmlinge hinterlassen, so tritt ein in der Seitenlinie mit dem weggefallenen Abkömmling

---

187 *Bothe,* in: Damrau/Tanck, § 2050, Rn. 3; *Weidlich,* in: Palandt, § 2050, Rn. 1 f.; *Wolf,* in: Soergel, § 2050, Rn. 5 f.

188 *Ann,* in: MüKo, § 2055, Rn. 3; *Brox/Walker,* Erbrecht, Rn. 537; Rißmann, Die Erbengemeinschaft, § 6, Rn. 7; *Weidlich,* in: Palandt, § 2055, Rn. 2.

189 *Ann,* in: MüKo, § 2055, Rn. 3; *Brox/Walker,* Erbrecht, Rn. 537; *Weidlich,* in: Palandt, § 2055, Rn. 2.

190 BGH, Urt. v. 14.12.1988 (IVa ZR 231/87) = NJW 1989, 2197 (2198); *Weidlich,* in: Palandt, § 1924, Rn. 7.

191 BGH, Urt. v. 14.12.1988 (IVa ZR 231/87) = NJW 1989, 2197 (2198).

192 *Bothe,* in: Damrau/Tanck, § 2050, Rn. 3; *Weidlich,* in: Palandt, § 1924, Rn. 7; *Wolf,* in: Soergel, § 2050, Rn. 5.

193 *Bothe,* in: Damrau/Tanck, § 2050, Rn. 3; *Wolf,* in: Soergel, § 2050, Rn. 5.

194 *Bothe,* in: Damrau/Tanck, § 2051, Rn. 2; *Weidlich,* in: Palandt, § 2051, Rn. 1.

verwandter Abkömmling des Erblassers an dessen Stelle, sofern beide Elternteile verstorben sind (§ 1925 III 1).

Vereinigen sich in demjenigen, der an die Stelle des weggefallenen Abkömmlings tritt, ein eigener Erbteil nach dem Erblasser sowie der Erbteil, der von dem weggefallenen Abkömmling übergeht, so gilt letzterer für die Ausgleichungspflicht als besonderer Erbteil (§§ 1935 3. Var., 2095 3. Var.).[195] Das bedeutet beispielsweise, dass der zur Erbschaft Berufene maximal den der Ausgleichungspflicht unterfallenden Erbteil herausgeben muss (§ 2056), auch wenn ihm aufgrund des weiteren Erbteils noch positives Nachlassvermögen zur Verfügung steht.[196]

Stirbt der Abkömmling, nachdem er bereits Erbe nach dem verstorbenen Elternteil geworden ist, aber bevor die Ausgleichung durchgeführt wurde, dann geht die hinsichtlich des Erbteils nach dem Elternteil bestehende Ausgleichungspflicht auf die Erben des Abkömmlings über, unabhängig davon, ob es sich bei den Erben um Abkömmlinge des Erblassers handelt.[197]

c) Ersatzerben

Auch der durch den Erblasser für den weggefallenen Abkömmling eingesetzte Ersatzerbe (§ 2096) ist gemäß § 2051 II im Zweifel in gleicher Weise zur Ausgleichung verpflichtet, wie es der weggefallene Abkömmling gewesen wäre, auch wenn er kein Abkömmling des Erblassers ist.[198] So wie den Ersatzerben die Ausgleichungspflicht trifft, soweit auch der weggefallene Abkömmling zur Ausgleichung verpflichtet gewesen wäre, kommt ihm auch dasjenige zugute, was der weggefallene Abkömmling aufgrund einer Ausgleichungspflicht eines anderen Abkömmlings erhalten hätte.[199]

d) Entferntere und angenommene Abkömmlinge

Alle Zuwendungen, die der Erblasser an entferntere Abkömmlinge getätigt hat, sind gemäß § 2053 I Alt. 1 nur zur Ausgleichung zu bringen, wenn der Erblasser

---

195 *Ann*, in: MüKo, § 2051, Rn. 4; *Lohmann*, in: Bamberger/Roth, § 2051, Rn. 2; *Wolf*, in: Soergel, § 2051, Rn. 2.

196 *Leipold*, in: MüKo, § 1935, Rn. 9; *Weidlich*, in: Palandt, § 1935, Rn. 3.

197 *Bothe*, in: Damrau/Tanck, § 2051, Rn. 7; *Löhnig*, in: Staudinger, § 2051, Rn. 4; *Weidlich*, in: Palandt, § 2051, Rn. 1; *Wolf*, in: Soergel, § 2051, Rn. 2.

198 *Bothe*, in: Damrau/Tanck, § 2051, Rn. 8; *Löhnig*, in: Staudinger, § 2051, Rn. 6; *Wolf*, in: Soergel, § 2051, Rn. 5.

199 *Ann*, in: MüKo, § 2051, Rn. 6; *Löhnig*, in: Staudinger, § 2051, Rn. 7; *Wolf*, in: Soergel, § 2051, Rn. 5.

die Ausgleichung spätestens zum Zeitpunkt der Zuwendung angeordnet und der den Zuwendungsempfänger von der Erbfolge ausschließende Abkömmling erst nach der Zuwendung wegfällt (§§ 1924, 1938, 1953, 2344 oder 2346).[200] Dasselbe gilt für eine Zuwendung an einen als Ersatzerben eingesetzten Abkömmling des Erblassers vor Wegfall des in erster Linie als Erben gesetzlich berufenen oder letztwillig eingesetzten Abkömmlings.[201] Auch die Zuwendungen, die an einen Abkömmling getätigt wurden, bevor er als Kind nach §§ 1741 ff. angenommen wurde, sind gemäß § 2053 II nur dann zur Ausgleichung zu bringen, wenn der Erblasser die Ausgleichungspflicht bei der Zuwendung angeordnet hat.[202]

Im Anwendungsbereich des § 2053 ist daher immer eine Ausgleichungsanordnung erforderlich.[203] Dies gilt selbst dann, wenn es sich bei den Zuwendungsobjekten um solche nach § 2050 I oder II handelt, die grundsätzlich von Gesetzes wegen ausgleichungspflichtig sind.[204] Der Grund dafür ist, dass der dem Erblasser bei Vorliegen der Voraussetzungen der Ausgleichungspflicht grundsätzlich unterstellte Gleichbehandlungswille für seine Abkömmlinge dann nicht unterstellt werden kann, wenn bei der Zuwendung ein den Zuwendungsempfänger von der Erbfolge ausschließender Abkömmling vorhanden ist.[205] Es müsste dann vorausgesetzt werden, dass der Erblasser mit dem Wegfall dieses Abkömmlings rechnet. Eine solche Vermutung hat der Gesetzgeber jedoch nicht vorgesehen.[206]

2. *Die Ausgleichung bei gesetzlicher und gewillkürter Erbfolge*

Die Ausgleichungspflicht ist im Erbrecht für drei Fälle vorgesehen, einmal für den Fall, dass die Abkömmlinge gesetzliche Erben des Erblassers werden (§ 2050), weiterhin für den Fall, dass sie auf dasjenige eingesetzt werden, was sie nach dem gesetzlichen Erbrecht erhalten würden (§ 2052 Alt. 1) und für den Fall, dass sie zueinander im Verhältnis der gesetzlichen Erbfolge erben (§ 2052 Alt. 2). Dem

---

200 *Ann,* in: MüKo, § 2053, Rn. 2; *Bothe,* in: Damrau/Tanck, § 2053, Rn. 2; *Löhnig,* in: Staudinger, § 2053, Rn. 2.

201 *Ann,* in: MüKo, § 2053, Rn. 4; *Bothe,* in: Damrau/Tanck, § 2053, Rn. 2; *Löhnig,* in: Staudinger, § 2053, Rn. 4.

202 *Löhnig,* in: Staudinger, § 2053, Rn. 2; *Lohmann,* in: Bamberger/Roth, § 2053, Rn. 3; *Weidlich* , in: Palandt, § 2053, Rn. 1.

203 *Bayer,* in: Erman, § 2053, Rn. 1; *Löhnig,* in: Staudinger, § 2053, Rn. 2; *Wrede,* in: Große-Wilde/Ouart, § 2053, Rn. 1.

204 *Ann,* in: MüKo, § 2053, Rn. 1; *Lohmann,* in: Bamberger/Roth, § 2053, Rn. 1.

205 *Ann,* in: MüKo, § 2053, Rn. 1; *Lohmann,* in: Bamberger/Roth, § 2053, Rn. 1.

206 *Bayer,* in: Erman, § 2053, Rn. 1; *Bothe,* in: Damrau/Tanck, § 2053, Rn. 1; *Lohmann,* in: Bamberger/Roth, § 2053, Rn. 1; *Wrede,* in: Große-Wilde/Ouart, § 2053, Rn. 1.

Erblasser wird dabei unterstellt, dass er in diesen Fällen sein Vermögen gleichmäßig unter den Abkömmlingen verteilt sehen wollte.[207] Für diese Vermutung ist kein Raum, wenn der Erblasser hinsichtlich seiner Abkömmlinge in einer letztwilligen Verfügung abweichend von der gesetzlichen Erbfolge testiert hat.[208] In dem Fall hat sich der Erblasser konkrete Gedanken über die Verteilung seines Vermögens gemacht, sodass davon auszugehen ist, dass sich sein dazu gebildeter Wille in der letztwilligen Verfügung widerspiegelt.[209]

a) Die Ausgleichung bei gesetzlicher Erbfolge

Anders ist dies, wenn der Erblasser keine letztwillige Verfügung getroffen hat, sodass die gesetzliche Erbfolge eintritt. In dem Fall hat sich der Erblasser nicht konkret mit der Verteilung seines Vermögens auseinandergesetzt, sondern sich für die gesetzliche Erbfolge mit der damit verbundenen Vererbung des Vermögens zu gleichen Teilen entschieden bzw. dies in Kauf genommen (§ 1924 IV).

b) Die Ausgleichung bei gewillkürter Erbfolge

Die Möglichkeit der Ausgleichung ist auch bei der gewillkürten Erbfolge gemäß § 2052 eröffnet, wenn der Erblasser seine Abkömmlinge auf dasjenige einsetzt, was sie im Wege der gesetzlichen Erbfolge erhalten würden oder wenn er ihre Erbteile so bestimmt, dass sie im Verhältnis zueinander das erhalten, was sie bei gesetzlicher Erbfolge erhalten würden (§ 2052). Der Erblasser entscheidet sich dabei in seiner letztwilligen Verfügung für die Geltung der gesetzlichen Erbfolge mit allen Folgen, die aus ihr resultieren, und damit auch für die Ausgleichungspflicht, die bei gesetzlicher Erbfolge gemäß § 2050 Anwendung findet.[210] Die Ausgleichungspflicht gilt auch, wenn die Abkömmlinge i.S.d. § 2052 als Nacherben berufen sind.[211]

Setzt der Erblasser nur einen Teil seiner Abkömmlinge auf den gesetzlichen Erbteil ein und trifft er hinsichtlich seiner anderen Abkömmlinge anderweitige

---

207 BGH, 04.07.1975 (IV ZR 3/74), BGHZ 65, 75 = BGH NJW 1975, 1831 (1832); *Bothe,* in: Damrau/Tanck, § 2050, Rn. 1; *Lange,* Erbrecht, § 61, Rn. 139; *Thubauville,* MittRhNotK *1992,* 289 (291); *Weimar,* JR 1967, 97; *Weirich,* Erben und Vererben, Rn.209.

208 *Ann,* in: MüKo, § 2050, Rn. 1; *Lange/Kuchinke,* Erbrecht, § 15 III 1; *Muscheler,* Erbrecht Bd. I, Rn. 1362.

209 *Ann,* in: MüKo, § 2050, Rn. 1; *Lange/Kuchinke,* Erbrecht, § 15 III 1; *Muscheler,* Erbrecht Bd. I, Rn. 1362.

210 Vgl. RG, Urt. v. 01.10.1917 (Rep. IV 182/17) = RGZ 90, 419 (421).

211 *Ann,* in: MüKo, § 2052, Rn. 2; *Weidlich* , in: Palandt, § 2052, Rn. 1; *Wolf,* in: Soergel, § 2052, Rn. 2.

letztwillige Verfügungen, so ist im Zweifel anzunehmen, dass die erbrechtliche Ausgleichung nur unter den Abkömmlingen stattfinden soll, die auf den gesetzlichen Erbteil eingesetzt wurden.[212] Die Ausgleichung ist selbst dann nicht zwingend ausgeschlossen, wenn zugunsten eines Abkömmlings ein Vorausvermächtnis angeordnet wurde, die Abkömmlinge im Übrigen jedoch zu gleichen Teilen als Erben eingesetzt wurden.[213] Maßgeblich ist allein der Wille des Erblassers, der auf Grundlage seiner letztwilligen Verfügung oder aus sonstigen Umständen zu ermitteln ist.[214] Die Ausgleichungsvorschriften sind danach dann nicht anwendbar, wenn der ermittelte Erblasserwille auf einen Ausgleich durch das Vorausvermächtnis für lebzeitige Zuwendungen zugunsten der anderen Abkömmlinge zielte.[215]

3. Ausgleichungspflichtige Zuwendungen

Nicht alle Zuwendungen von Eltern an deren Kinder unterfallen der Ausgleichungspflicht. Vielmehr beschränkt sich die Ausgleichungspflicht auf die in § 2050 genannten Zuwendungen. Dabei unterscheidet das Gesetz zwischen solchen Zuwendungen, die von Gesetzes wegen zur Ausgleichung zu bringen sind (§ 2050 I und II) und solchen, die nur bei entsprechender Anordnung durch den Erblasser der Ausgleichungspflicht unterfallen (§ 2050 III).[216]

a) Ausstattung

Zuwendungen, die in Form der Ausstattung an die Abkömmlinge geleistet werden, sind von Gesetzes wegen zur Ausgleichung zu bringen, es sei denn der Erblasser hat eine ausgleichungsausschließende Anordnung getroffen (§ 2050 I). Auch für die erbrechtliche Vorschrift des § 2050 I ist die Legaldefinition der Ausstattung gemäß der familienrechtlichen Norm des § 1624 I heranzuziehen.[217] Danach ist Ausstattung alles, „was einem Kind mit Rücksicht auf seine Lebensstellung zur Begründung oder zur Erhaltung der Wirtschaft oder der Lebensstellung von dem Vater oder der Mutter zugewendet wird.“[218]

---

212 RG, Urt. v. 01.10.1917 (Rep. IV 182/17) = RGZ 90, 419 (420); *Wolf*, in: Soergel, § 2052, Rn. 4.

213 RG, Urt. v. 01.10.1917 (Rep. IV 182/17) = RGZ 90, 419 (420).

214 RG, Urt. v. 01.10.1917 (Rep. IV 182/17) = RGZ 90, 419 (422).

215 RG, Urt. v. 01.10.1917 (Rep. IV 182/17) = RGZ 90, 419 (422 f.).

216 *Ann*, in: MüKo, § 2050, Rn. 1; *Kerscher/Tanck*, ZEV 1997, 354; *Mayer*, ZEV 1996, 441.

217 *Hilbig-Lugani*, in: Staudinger, § 1624, Rn. 6; *Schindler*, ZEV 2006, 389 (390); *Weidlich*, in: Palandt, § 2050, Rn. 7.

218 § 1624 I.

Zur Erfüllung des Ausstattungsbegriffes i.S.d. § 2050 I müssen daher die nachfolgenden drei Tatbestandsvoraussetzungen vorliegen. Erstens muss grundsätzlich eine Zuwendung der Eltern an ihr Kind vorliegen, wobei abweichend von § 1624 I auch eine Zuwendung an einen Enkel oder Urenkel in Form der Ausstattung möglich ist.[219] In dem Fall ist für die Ausgleichungspflicht die Vorschrift des § 2053 zu beachten.[220]

Zweitens muss Anlass der Zuwendung die Eheschließung oder die Begründung einer eigenen Lebensstellung des Begünstigten sein.[221] Dabei ist es unerheblich, ob die vorgenannten Anlässe noch bevorstehen oder bereits erfolgt sind, jedenfalls dürfen sie nicht völlig fernliegend sein.[222]

Drittens muss die Zuwendung dem Zweck der Begründung oder Erhaltung der Wirtschaft oder Lebensstellung des Kindes dienen.[223] Andere Nebenzwecke schaden nicht, sofern die Existenzgründung oder Erhaltung das Hauptmotiv für die Zuwendung ist.[224]

Handelt es sich bei der Zuwendung um eine Ausstattung, tritt die Ausgleichungspflicht nach § 2050 I ein, ohne dass weitere Tatbestandsmerkmale vorliegen müssen. Insbesondere ist es für die Erfüllung des Begriffes der Ausstattung unerheblich, ob deren Wert das die Vermögensverhältnisse des Erblassers entsprechende Maß übersteigt.[225] Dem steht auch nicht entgegen, dass die Norm des § 1624 I auf die Angemessenheit der Zuwendung abstellt. Liegen die vorgenannten Voraussetzungen vor, erfüllt die Zuwendung den Ausstattungsbegriff,

---

219 OLG Karlsruhe, Urt. v. 27.04.2011 (6 U 137/09) = ZEV 2011, 531, 532 m. zust. Anm. *Ruby/Schindler* ZEV 2011, 524, 526; *Ann,* in: MüKo, § 2050, Rn. 14; *Löhnig,* in: Staudinger, § 2050, Rn. 21; *Schindler,* ZEV 2006, 389 (390); *Weidlich,* in: Palandt, § 2050, Rn. 7.

220 *Ann,* in: MüKo, § 2050, Rn. 14; *Löhnig,* in: Palandt, § 2050, Rn. 7; *Schindler,* ZEV 2006, 389 (390); *Löhnig,* in: Staudinger, § 2050, Rn. 21.

221 *Gernhuber/Coester-Waltjen,* Familienrecht, § 56, Rn. 2; *Kerscher/Tanck,* ZEV 1997, 354.

222 *Gernhuber/Coester-Waltjen,* Familienrecht, § 56, Rn. 2; *Kerscher/Tanck,* ZEV 1997, 354.

223 *Hilbig-Lugani,* in: Staudinger, § 1624, Rn. 12.

224 BGH, Urt. v. 26.05.1965 (IV ZR 139/64) = NJW 1965, 2056 f.; OLG Karlsruhe, Urt. v. 27.04.2011 (6 U 137/09) = ZEV 2011, 531, 532 ; *Gernhuber/Coester-Waltjen,* Familienrecht, § 56, Rn. 2; *Jacob,* AcP 207, 198 (219); *Schindler,* ZEV 2006, 389 (391).

225 *Ann,* in: MüKo, § 2050, Rn. 16; *Tanck/Lenz,* in: Rißmann, Die Erbengemeinschaft, § 6, Rn. 13; a.A. *Bothe,* in: Damrau/Tanck, § 2050, Rn. 23.

auch wenn sie das den Umständen entsprechende Maß übersteigt.[226] Die Angemessenheit der Ausstattung ist im Rahmen des § 1624 I lediglich Voraussetzung für den Eintritt der Rechtsfolge, die in der Nichtanwendbarkeit des Schenkungsrechts besteht, nicht jedoch Bestandteil der Legaldefinition.[227]

Die von Gesetzes wegen eintretende Ausgleichungspflicht kann gemäß § 2050 I letzter HS. von dem Erblasser durch Anordnung ausgeschlossen werden.[228] Diese formfreie Anordnung nach § 2050 I muss spätestens im Zeitpunkt der Zuwendung erklärt werden.[229] Eine nachträgliche Anordnung unterfällt der Norm des § 2050 I nicht, sondern muss durch Verfügung von Todes wegen entweder als Vorausvermächtnis oder als entsprechend erhöhte Erbeinsetzung zugunsten des Zuwendungsempfängers getroffen werden.[230]

b) Zuwendungen nach § 2050 II BGB

Nach § 2050 II unterfallen der Ausgleichungspflicht „Zuschüsse, die zu dem Zwecke gegeben worden sind, als Einkünfte verwendet zu werden" und „Aufwendungen für die Vorbildung zu einem Beruf". Wie bei der Ausstattung nach § 2050 I tritt die Ausgleichungspflicht nach § 2050 II von Gesetzes wegen ein.[231] Da Absatz 2 des § 2050 eine unselbstständige Modifizierung der Regelung in § 2050 I ist, kann der Erblasser auch hinsichtlich der in § 2050 II genannten Ausgleichungsobjekte entsprechend § 2050 I die Ausgleichung durch Anordnung ausschließen.[232]

---

226 *Kerscher/Tanck,* ZEV 1997, 354 (355); ex.c. *Knodel,* ZErb 2006, 225 (226), der von übermäßiger Ausstattung spricht; *v. Sachsen-Gessaphe,* in: MüKo, § 1624, Rn. 1, 6; a.A. *Schindler,* ZEV 2006, 389 (391); *Wrede,* in: Große-Wilde/Ouart, § 2050, Rn. 20.

227 *Hilbig-Lugani,* in: Staudinger, § 1624, Rn. 13; *v. Sachsen-Gessaphe,* in: MüKo, § 1624, Rn. 1, 6.

228 *Ann,* in: MüKo, § 2050, Rn. 20 f.; *Lange,* Erbrecht, § 61, Rn. 161; *Thubauville,* MittRhNotK 1992, 289 (296).

229 *Ann,* in: MüKo, § 2050, Rn. 21; *Bothe,* in: Damrau/Tanck, § 2050, Rn. 13, 16; *Mayer,* ZEV 1996, 441 (442); *Weidlich,* in: Palandt, § 2050, Rn. 3.

230 RG, Urt. v. 01.10.1917 (Rep. IV 182/17) = RGZ 90, 419 (421 f.); *Mayer,* ZEV 1996, 441 (443 f.); *Mohr,* ZEV 1999, 257 (261); *Tanck/Lenz,* in: Rißmann, Die Erbengemeinschaft, § 6, Rn. 47.

231 *Kerscher/Tanck,* ZEV 1997, 354; *Muscheler,* Erbrecht Bd. I Rn. 1370; *Thubauville,* MittRhNotK 1992, 289 (296).

232 *Ann,* in: MüKo, § 2050, Rn. 28; *Flechtner,* in: Burandt/Rojahn , § 2050, Rn. 35; *Thubauville,* MittRhNotK 1992, 289 (296).

Die Modifizierung des § 2050 II zu § 2050 I besteht darin, dass nach § 2050 II ausschließlich das Übermaß der dort genannten Zuwendungsobjekte der Ausgleichungspflicht unterfällt[233], während die Ausstattung gemäß § 2050 I nach überwiegender Ansicht insgesamt ausgleichungspflichtig ist.[234]

Ob die Zuschüsse oder die Aufwendungen für die Berufsausbildung übermäßig sind, ist eine Frage des richterlichen Ermessens[235], die unter Heranziehung der Gesamtumstände für jeden Einzelfall gesondert entschieden werden muss.[236] Die Zuwendung übersteigt das die Vermögensverhältnisse des Erblassers entsprechende Maß, wenn dieser bei ex ante-Betrachtung und reeller Einschätzung zu dem Schluss kommen muss, dass er nach seinen Vermögensverhältnissen nicht in der Lage sein wird auch seinen anderen Abkömmlingen Zuschüsse oder Berufsausbildungskosten in gleichem Maße zuzuwenden.[237] Unerheblich ist, ob ein Abkömmling einen höheren Wert erhalten hat als der andere.[238] Maßgeblich ist vielmehr, ob der Erblasser im Zeitpunkt der ersten Zuwendung voraussichtlich in der Lage war auch seinen anderen Abkömmlingen Zuwendungen in derselben Höhe zukommen zu lassen.[239]

aa) Zuschüsse als ergänzende Einkünfte

Zuschüsse sind wiederkehrende Leistungen, die über einen gewissen Zeitraum erbracht werden und zur Bestreitung des laufenden Lebensunterhalts bestimmt

---

233 *Ann,* in: MüKo, § 2050, Rn. 23; *Flechtner,* in: Burandt/Rojahn , § 2050, Rn. 30; *Thubauville,* MittRhNotK 1992, 289 (296).

234 *Ann,* in: MüKo, § 2050, Rn. 16; *Erker/Oppelt,* in: Scherer, Münchner Anwhdb. ErbR, § 26, Rn. 73; *Flechtner,* in: Burandt/Rojahn , § 2050, Rn. 33; *Juchem,* in: Frieser, FA-Komm. ErbR, § 2050, Rn. 6; *Thubauville,* MittRhNotK 1992, 289 (296); *Weidlich,* in: Palandt, § 2050, Rn. 7; *Wolf,* in: Soergel, § 2050, Rn. 13; a.A. *Progl,* ZErb 2008, 10 (14), der § 2050 II Var. 2 BGB als Grundtatbestand des § 2050 BGB begreift, sodass das Tatbestandsmerkmal des Übermaßes für sämtliche in der Norm genannten Zuwendungen vorliegen muss.

235 *Bothe,* in: Damrau/Tanck, § 2050, Rn. 30; *Löhnig,* in: Staudinger, § 2050, Rn. 26.

236 *Ann,* in: MüKo, § 2050, Rn. 26; *Bothe,* in: Damrau/Tanck, § 2050, Rn. 30; *Flechtner,* in: Burandt/Rojahn , § 2050, Rn. 33; *Löhnig,* in: Staudinger, § 2050, Rn. 26.

237 *Ann,* in: MüKo, § 2050, Rn. 26; *Flechtner,* in: Burandt/Rojahn , § 2050, Rn. 33; *Löhnig,* in: Staudinger, § 2050, Rn. 26.

238 *Ann,* in: MüKo, § 2050, Rn. 26; *Bothe,* in: Damrau/Tanck, § 2050, Rn. 32; *Dieckmann,* FamRZ 1988, 712 (714); *Flechtner,* in: Burandt/Rojahn , § 2050, Rn. 33; *Weidlich,* in: Palandt, § 2050, Rn. 9.

239 *Ann,* in: MüKo, § 2050, Rn. 26; *Dieckmann,* FamRZ 1988, 712 (714).

sind.[240] Sie müssen mit der Zweckbestimmung zugewendet werden als Einkünfte verwendet zu werden.[241] Einmalige Leistungen unterfallen nicht der Ausgleichungspflicht nach § 2050 II[242], können jedoch als sonstige Zuwendung (§ 2050 III) der Ausgleichungspflicht unterzogen werden.[243]

bb) Aufwendungen für die Vorbildung zu einem Beruf

Unter Aufwendungen für die Vorbildung zu einem Beruf ist zunächst der Ausbildungsunterhalt (§ 1610 II) zu verstehen. Dieser ist jedoch nicht auszugleichen, da die Ausgleichung von Berufsausbildungskosten gemäß § 2050 II auf das Übermaß beschränkt ist.

Um die Frage, ob eine übermäßige Leistung i.S.d. § 2050 II vorliegt, beantworten zu können, ist zunächst das Maß der Leistung zu bestimmen. Sodann schließt sich eine Prognose an, ob der Zuwendende in der Lage sein wird, auch seinen anderen Abkömmlingen eine Leistung in demselben Maße zuzuwenden.[244] Grundsätzlich ist dazu eine konkrete Betrachtung vorzunehmen, das heißt der konkrete Wert der Leistung ist zu ermitteln und zu erforschen, ob es dem Zuwendenden möglich sein wird eine Leistung mit demselben Wert an die übrigen Abkömmlinge zu erbringen. Ist hingegen eine Kindesunterhaltsleistung betroffen, sind bei der Bestimmung des Maßes die Wertungen des Unterhaltsrechts zu berücksichtigen. Dies führt dazu, dass eine abstrakte Betrachtung vorzunehmen ist. Kindesunterhaltsleistungen und damit auch der Berufausbildungsunterhalt bemessen sich u.a. nach dem Bedarf des Kindes und der Leistungsfähigkeit der Eltern.[245] Indem der Bedarf des Kindes nach der Düsseldorfer Tabelle in Abhängigkeit von der Anzahl der Unterhaltsberechtigten bestimmt wird, wird – von Mangelfällen abgesehen – sichergestellt, dass der Unterhaltspflichtige bei Unterhaltzahlung davon ausgehen kann, dass er den Elementarunterhaltsbedarf eines jeden Kindes in voller Höhe decken kann. Dies bedeutet nicht, dass jedes Kind Elementarunterhaltsleistungen in derselben Höhe erhält. Ein Kind niedrigerer

---

240 *Flechtner*, in: Burandt/Rojahn , § 2050, Rn. 31; *Löhnig, in: Staudiner, § 2050,* Rn. 25; *Muscheler*, Erbrecht Bd. I, Rn. 1375.

241 *Bothe,* in: Damrau/Tanck, § 2050, Rn. 25; *Weidlich,* in: Palandt, § 2050, Rn. 8.

242 *Bothe,* in: Damrau/Tanck, § 2050, Rn. 25; *Flechtner,* in: Burandt/Rojahn , § 2050, Rn. 31; *Weidlich,* in: Palandt, § 2050, Rn. 8.

243 *Bothe,* in: Damrau/Tanck, § 2050, Rn. 25.

244 *Ann,* in: MüKo, § 2050, Rn. 26; *Flechtner,* in: Burandt/Rojahn , § 2050, Rn. 33; *Löhnig,* in: Staudinger, § 2050, Rn. 26.

245 RG, Urt. v. 03.06.1926 (IV 21/26) = RGZ 114, 52 (53 f.); *Bothe,* in: Damrau/Tanck, § 2050, Rn. 26, 28, 31; *Weimar,* JR 1967, 97.

Altersstufe erhält geringere Elementarunterhaltszahlungen als ein Kind einer höheren Altersstufe. Auch bei einer Gesamtabrechnung der Unterhaltsleistungen an die verschiedenen Kinder können sich Unterschiede ergeben, beispielsweise wenn sich das Gehalt des Unterhaltspflichtigen nach der Geburt des ersten Kindes derart erhöht, dass eine Einstufung in eine höhere Gehaltsstufe erfolgt. Die jüngeren Kinder erhalten durch den Wechsel der Gehaltsstufe von Anfang an entsprechend höhere Unterhaltszahlungen als das Erstgeborene, sodass sie im Ergebnis insgesamt höhere Unterhaltsleistungen erhalten haben als das Erstgeborene. Darauf, ob ein Abkömmling höhere Leistungen erhalten hat als der andere kommt es jedoch für die Frage, ob eine übermäßige Leistung vorliegt, nicht an[246] und damit nicht auf den konkreten Wert der Unterhaltsleistung. Geht es um eine Elementarkindesunterhaltsleistung ist allein maßgeblich, dass der in Abhängigkeit von der Anzahl der Unterhaltberechtigten bestimmte Elementarunterhaltsbedarf eines jeden Kindes gedeckt wird. Kindesunterhaltsleistungen sind daher grundsätzlich nicht übermäßig i.S.d. § 2050 II.[247]

Durch die Beschränkung der Ausgleichungspflicht auf das Übermaß sind bei Bestehen einer Ausbildungsunterhaltspflicht daher nur solche Leistungen zur Ausgleichung zu bringen, die über den Berufsausbildungsunterhalt hinausgehen.[248] Dazu ist zunächst zu klären, welche Leistungen von dem Ausbildungsunterhalt nach § 1610 erfasst werden, um die der Ausgleichung unterliegenden Aufwendungen für die Vorbildung zu einem Beruf i.S.d. § 2050 II bestimmen zu können. Die Eltern sind verpflichtet, ihrem Kind eine dem Leistungswillen und den Neigungen und Begabungen des Kindes entsprechende Ausbildung zu gewähren.[249] Hat das Kind eine angemessene Ausbildung genossen, sind die Eltern in der Regel nicht verpflichtet, dem Kind eine andere Ausbildung oder Fortbildung zu finanzieren.[250] Vielmehr trifft das Kind nach der abgeschlossenen

---

246 *Ann*, in: MüKo, § 2050, Rn. 26; *Bothe*, in: Damrau/Tanck, § 2050, Rn. 32; *Dieckmann*, FamRZ 1988, 712 (714); *Flechtner*, in: Burandt/Rojahn , § 2050, Rn. 33; *Weidlich*, in: Palandt, § 2050, Rn. 9.

247 RG, Urt. v. 03.06.1926 (IV 21/26) = RGZ 114, 52 (53 f.); *Bothe*, in: Damrau/Tanck, § 2050, Rn. 26, 28, 31; *Schlüter/Röthel*, Erbrecht, § 32, Rn. 96; *Weimar*, JR 1967, 97.

248 Vgl. RG, Urt. v. 03.06.1926 (IV 21/26) = RGZ 114, 52 (53 f.); *Bothe*, in: Damrau/Tanck, § 2050, Rn. 26, 31; *Weimar*, JR 1967, 97.

249 *Roßmann*, in: Kleffmann/Soyka, Praxishdb. Unterhaltsrecht, Kap. 3, Rn. 82.

250 BGH, Urt. v. 14.07.1999 (XII ZR 230/97) = NJW-RR 2000, 593 (594); *Engler/Kaiser*, in: Staudinger, § 1610, Rn. 103; *Macco*, in: Göppinger/Wax, Unterhaltsrecht, Rn. 258.

Ausbildung eine Erwerbsobliegenheit, um sich selbst zu unterhalten.[251] Als übermäßige Aufwendungen für die Berufsausbildung denkbar sind demnach grundsätzlich Kosten für den Besuch einer Universität nach abgeschlossener Berufsausbildung, Übernahme von Promotionskosten, Kosten für eine Umschulung oder die Finanzierung einer weiteren Ausbildung.[252]

Andererseits bedeutet es nicht, dass sämtliche oberhalb der Unterhaltspflicht erbrachten Leistungen übermäßig sind.[253] Ferner liegen selbst dann nicht zwangsläufig übermäßige Aufwendungen vor, wenn ohne eine Unterhaltspflicht geleistet wird.[254] Vielmehr kommt es auch in diesen Fällen auf die Vermögensverhältnisse des Erblassers an und ob dieser bei realistischer Betrachtung zum Zeitpunkt der Tätigung der Aufwendungen davon ausgehen konnte, dass er imstande ist, auch den anderen Abkömmlingen Ausbildungsunterhalt in demselben Maße zuteilwerden zu lassen.[255]

c) Andere Zuwendungen

Die Norm des § 2050 III enthält einen Auffangtatbestand, nach dem Zuwendungen in die Ausgleichungspflicht einbezogen werden können, die von § 2050 I oder II nicht erfasst werden.[256] Um eine Ausgleichungspflicht nach § 2050 III herbeizuführen, ist jedoch eine entsprechende Ausgleichungsanordnung erforderlich.[257]

II. Durchführung der Ausgleichung

Die Durchführung der Ausgleichung bestimmt sich nach § 2055. Zunächst wird der zum Zeitpunkt des Erbfalls[258] vorhandene Nachlass um die Verbindlichkeiten

---

251 *Born,* in: MüKo, § 1602, Rn. 12; *Engler/Kaiser,* in: Staudinger, § 1610, Rn. 99 i.V.m. *Engler,* in: Staudinger, § 1602, Rn. 105.

252 *Ann,* in: MüKo, § 2050, Rn. 25; *Bothe,* in: Damrau/Tanck, § 2050, Rn. 31; *Flechtner,* in: Burandt/Rojahn , § 2050, Rn. 32; *Weimar,* JR 1967, 97; *Wolf,* in: Soergel, § 2050, Rn. 15.

253 RG, Urt. v. 03.06.1926 (IV 21/26) = RGZ 114, 52 (53 f.).

254 RG, Urt. v. 03.06.1926 (IV 21/26) = RGZ 114, 52 (53 f.).

255 *Ann,* in: MüKo, § 2050, Rn. 26; *Flechtner,* in: Burandt/Rojahn , § 2050, Rn. 33; *Löhnig,* in: Staudinger, § 2050, Rn. 26.

256 *Ann,* in: MüKo, § 2050, Rn. 30; *Wolf,* in: Soergel, § 2050, Rn. 18.

257 *Ann,* in: MüKo, § 2050, Rn. 31;*Muscheler,* Erbrecht Bd. I, Rn. 1379; *Thubauville,* MittRhNotK 1992, 289 (296).

258 BGH, Urt. v. 30.10.1985 (IVa ZR 26/84) = NJW 1986, 931 (932); *Bayer,* in: Erman, § 2055, Rn. 2; *Lohmann,* in: Bamberger/Roth, § 2055, Rn. 4; *Meincke,* AcP 178 (1978),

nach § 1967 bereinigt.[259] Anschließend werden die Erbteile derjenigen Erben vom Nachlass abgezogen, die nicht an der Ausgleichung beteiligt sind, sodass letztlich nur noch der unter den von der Ausgleichung betroffenen Abkömmlingen aufzuteilende Nachlass übrig bleibt.[260] Erst dann werden sämtliche ausgleichungspflichtige Zuwendungen der Abkömmlinge dem danach noch vorhandenen Nachlasswert hinzuaddiert.[261] Dabei ist der Wert der Zuwendung zum Zeitpunkt der Leistung an den jeweiligen Abkömmling maßgeblich (§ 2055 II), wobei dieser aufgrund des Kaufkraftschwundes auf den Wert zum Zeitpunkt des Erbfalls zu indexieren ist.[262] Aus diesem sog. „fiktiven Nachlass", d.h. verbleibender Nachlasswert plus Zuwendungen, werden sodann die Erbteile der Abkömmlinge berechnet.[263] Von dem Erbteil eines jeden Abkömmlings wird der Wert von dessen jeweiliger Zuwendung in Abzug gebracht.[264] Der danach etwaig verbleibende positive Wert bildet den Erbteilswert des betroffenen Abkömmlings.[265] Sofern sich nach Abzug des Zuwendungswertes der Betrag „null" oder ein negativer Wert ergibt, erhält der Abkömmling nichts mehr aus dem Nachlass.[266] Er ist jedoch bei einem negativen Wert, wenn also der Zuwendungswert, den er von dem Erblasser erhalten hat, seinen Erbteil übersteigt, nicht verpflichtet, den fehlenden Betrag herauszuzahlen (§ 2056 S. 1).[267] Der betreffende Abkömmling wird in diesem Fall bei der Wertverteilung des Nachlasses unberücksichtigt

45, 59 f.; a.A. *Ann*, in: MüKo, § 2055, Rn. 12; *Krug*, ZEV 2000, 41, 43 bzgl. der Erbteilung, nicht jedoch für die Pflichtteilsberechnung (§ 2316); *Löhnig*, in: Staudinger, § 2055, Rn. 1; *Peter*, BWNotZ 1986, 28, 30; *Seemüller*, Die fortgesetzte Erbengemeinschaft (Diss.), S. 92 ff.; *Wolf*, in: Soergel, § 2055, Rn. 1.

259 BGH, Urt. v. 30.10.1985 (IVa ZR 26/84) = NJW 1986, 931 (932); *Löhnig*, in: Staudinger, § 2055, Rn. 1; *Wolf*, in: Soergel, § 2055, Rn. 1.

260 *Brox/Walker*, Erbrecht, Rn. 537; *Kerscher/Tanck*, ZEV 1997, 354 (357); *Leipold*, Erbrecht, Rn. 751; *Scherer*, in: *Sudhoff*, Unternehmensnachfolge, § 14, Rn. 27; *Wolf*, in: Soergel, § 2055, Rn. 1.

261 BGH, Urt. v. 30.10.1985 (IVa ZR 26/84) = NJW 1986, 931 (932); *Brox/Walker*, Erbrecht, Rn. 537; *Wolf*, in: Soergel, § 2055, Rn. 1.

262 BGH, Urt. v. 04.07.1975 (IV ZR 3/74) = NJW 1975, 1831 (1832); *Kerscher/Tanck*, ZEV 1997, 354 (357); *Leipold*, Erbrecht, Rn. 751.

263 *Nieder*, in: Nieder/Kössinger/Kössinger, § 2, Rn. 283; *Scherer*, in: *Sudhoff*, Unternehmensnachfolge, § 14, Rn. 27.

264 BGH, Urt. v. 30.10.1985 (IVa ZR 26/84) = NJW 1986, 931 (932); *Brox/Walker*, Erbrecht, Rn. 537; *Kerscher/Tanck*, ZEV 1997, 354 (357); *Leipold*, Erbrecht, Rn. 751.

265 *Leipold*, Erbrecht, Rn. 752; *Wolf*, in: Soergel, § 2056, Rn. 2.

266 *Flechtner*, in: Burandt/Rojahn, § 2056, Rn. 9.

267 *Brox/Walker*, Erbrecht, Rn. 537; *Kerscher/Tanck*, ZEV 1997, 354 (357); *Wolf*, in: Soergel, § 2055, Rn. 8, § 2056, Rn. 2.

gelassen (§ 2056 S. 2).[268] Letzteres hat jedoch keinen Einfluss auf die sonstigen Miterbenrechte des betreffenden Abkömmlings, die sich nach der gesetzlichen Erbquote bzw. im Fall des § 2052 nach der Quote bestimmen, zu der der Erblasser den Abkömmling als Erben berufen hat.[269]

III. Ausgleichung im Pflichtteilsrecht nach § 2316 BGB

Die Ausgleichung hat gemäß § 2316 Einfluss auf die Pflichtteilsberechnung der Abkömmlinge.[270]

1. Die Pflichtteilsberechnung nach § 2316 I BGB

Der Pflichtteil berechnet sich gemäß § 2316 I 1 nach dem gesetzlichen Erbteil unter Berücksichtigung der Ausgleichungspflicht. Es werden danach zunächst die Erbteile der Abkömmlinge unter Anwendung der Ausgleichungsregelungen nach §§ 2050 ff. ermittelt, um sodann die ermittelten Erbteile zur Berechnung des Pflichtteils nach § 2303 I 2 zu halbieren.[271] Unerheblich ist, ob die neben dem pflichtteilsberechtigen Abkömmling vorhandenen Abkömmlinge zu Erben berufen, enterbt sind, die Erbschaft ausgeschlagen haben oder für erbunwürdig erklärt wurden (§ 2310 S. 1).[272] Wichtig ist jedoch, dass neben dem pflichtteilsberechtigten Abkömmling mindestens ein weiterer Abkömmling eines anderen Stammes vorhanden ist, der nicht auf sein Erbe nach § 2346 I verzichtet hat (§ 2316 I 2).[273] Ein Pflichtteilsverzicht (§ 2346 II) ist hingegen unschädlich, da dieser – anders als der Erbverzicht – keinen Einfluss auf die gesetzliche Erbfolge und die Pflichtteilsquoten der übrigen Abkömmlinge hat.[274]

---

268 *Brox/Walker,* Erbrecht, Rn. 537; *Kerscher/Tanck,* ZEV 1997, 354 (357); *Meincke,* AcP 178 (1978), 45 (46).

269 *Bothe,* in: Damrau/Tanck, §§ 2055, 2056, Rn. 12; *Brox/Walker,* Erbrecht, Rn. 537; *Kerscher/Tanck,* ZEV 1997, 354 (357); *Löhnig,* in: Staudinger, § 2055, 13 ff., 2056, Rn. 5; *Wolf,* in: Soergel, § 2055, Rn. 2.

270 *Lange,* in: MüKo § 2316, Rn. 1; *Weidlich,* in: Palandt, § 2316, Rn. 1 ff.

271 *Dieckmann,* in: Soergel, § 2316, Rn. 10; *Lange,* in: MüKo, § 2316, Rn. 13 f.; *Leipold,* Erbrecht, Rn. 836; *Lenz-Brendel,* in: Damrau/Tanck, § 2316, Rn. 1.

272 *Lange,* in: MüKo, § 2316, Rn. 4; *Weidlich,* in: Palandt, § 2316, Rn. 1.

273 Siehe Wortlaut des § 2316 I 1: „wenn mehrere Abkömmlinge vorhanden sind"; *Lange,* in: MüKo, § 2316, Rn. 4; *Weidlich,* in: Palandt, § 2316, Rn. 1.

274 *Lange,* in: MüKo, § 2316, Rn. 5; *Weidlich,* in: Palandt, § 2346, Rn. 16.

2. *Die Unbeachtlichkeit einer ausgleichungsausschließenden Anordnung*

Der Erblasser kann nach § 2050 I anordnen, dass Ausstattungen (§ 2050 I), Zuschüsse mit der Zweckbestimmung, als Einkünfte verwendet zu werden, und Aufwendungen für die Vorbildung zu einem Beruf (§ 2050 II) nicht zur Ausgleichung zu bringen sein sollen. Für die Pflichtteilsberechnung ist eine solche Anordnung jedoch gemäß § 2316 III unbeachtlich.[275]

a) *Die Anordnung zur Ausschließung der Ausgleichung*

Eine Anordnung für die Aufhebung der Ausgleichung ist für die Pflichtteilsberechnung der Abkömmlinge nach § 2316 III unbeachtlich. Entgegen dem Wortlaut des § 2316 III, der sich ausschließlich auf Zuwendungen nach § 2050 I und damit auf Ausstattungen nach § 1624 I bezieht, geht die h.M. davon aus, dass sämtliche der Ausgleichung unterfallenden Zuwendungen i.S.v. § 2050 I-III von der Regelung des § 2316 III (analog) umfasst sind[276]. Für die Pflichtteilsberechnung ist die Ausgleichungspflicht von Ausstattungen nach § 2050 I und Zuschüssen und Berufsausbildungsaufwendungen nach § 2050 II daher unabhängig von einer etwaigen anderweitigen Erblasseranordnung immer zu berücksichtigen.[277] Auch wenn der Erblasser die Ausgleichung von sonstigen Zuwendungen nach § 2050 III einmal angeordnet hat, kann er dies für die Pflichtteilsberechnung nicht mehr rückgängig machen.[278]

Zweifel an der analogen Anwendung der Norm des § 2316 III auf Zuwendungen nach § 2050 II und III sind nunmehr deshalb begründet, weil sich der Gesetzgeber im Rahmen der Erbrechtsreform 2009 ausführlich mit den

---

275 *Ann*, in: MüKo, § 2050, Rn. 21; *Dieckmann*, in: Soergel, § 2316, Rn. 6; *Kerscher/Tanck*, ZEV 1997, 354 (356); *Lange*, Erbrecht, § 61, Rn. 162; *Thubauville*, MittRhNotK 1992, 289 (296).

276 *Greiff*, in: Planck, § 2316, Rn. 7; *Keim*, ZEV 2008, 161 (165); *Lange*, in: MüKo, § 2316, Rn. 8, 12; *Mayer*, ZErb 2007, 130 (137); *Mohr*, ZEV 1999, 257 (261); *Nieder*, in: Nieder/Kössinger/Kössinger, § 2, Rn. 232 f.; *Schaal/Grigas*, BWNotZ 2008, 2 (3); *Schlüter*, in: Bamberger/Roth, § 2316, Rn. 6; *Thubauville*, MittRhNotK 1992, 289 (298); *Weidlich*, in: Palandt, § 2316, Rn. 2.

277 *Ann*, in: MüKo, § 2050, Rn. 21; *Dieckmann*, in: Soergel, § 2316, Rn. 6; *Kerscher/Tanck*, ZEV 1997, 354 (356); *Lange*, Erbrecht, § 61, Rn. 162; *Thubauville*, MittRhNotK 1992, 289 (296).

278 *Dieckmann*, in: Soergel, § 2316, Rn. 6; *Lange*, in: MüKo, § 2316, Rn. 12; *Lenz-Brendel/Tanck*, in: *Mayer* et.al., Hdb. Pflichtteilsrecht, § 6, Rn. 69; *Nieder*, in: Nieder/Kössinger/Kössinger, § 2, Rn. 279; *Schmid*, BWNotZ 1971, 29, 34; *Thubauville*, MittRhNotK 1992, 289, (298); a.A. *Ebenroth/Bacher/Lorz*, JZ 1991, 277, 283.

Ausgleichungsregelungen der §§ 2050 ff., 2316 befasst hat[279], auf eine Klarstellung im Wortlaut des § 2316 III jedoch verzichtet hat. Insofern ist fraglich, ob hier noch von einer Planwidrigkeit der vorhandenen Regelungslücke zur Begründung der Analogie des § 2316 III für die Einbeziehung der Vorschriften des § 2050 II, III ausgegangen werden kann. Während eine Klarstellung im Wortlaut des § 2316 III für Zuschüsse und Bildungsaufwendungen nach § 2050 II nicht erforderlich war, da es sich bei dieser Regelung lediglich um eine unselbständige Ergänzung des § 2050 I handelt[280], wäre für die Einbeziehung der hier relevanten sonstigen Zuwendungen nach § 2050 III eine klärende Formulierung in § 2316 III erforderlich gewesen.[281]

Es handelt sich bei § 2316 III jedoch lediglich um eine deklaratorische Norm, deren Inhalt sich bereits aus den Grundsätzen des Pflichtteilsrechts ergibt[282]. Eine anderweitige Anordnung und damit der Wille des Erblassers ist im Anwendungsbereich des § 2316 III unbeachtlich, weil das Pflichtteilsrecht nicht durch gewillkürte Erklärung des Erblassers entzogen oder beschränkt werden kann.[283] Das Pflichtteilsrecht garantiert u.a. den Abkömmlingen des Erblassers eine Mindestteilhabe am Nachlass.[284] Eine ausgleichungspflichtige Zuwendung erhöht den Nachlass fiktiv[285] und demgemäß auch den Pflichtteil der nicht ausgleichungspflichtigen Abkömmlinge. Diese durch die Ausgleichung einmal erfolgte

---

279 BT-Drucks. 16/8954, S. 5 f.; BT-Drucks. 16/13543, S. 5, 7, 12.

280 Prot. V, S. 890; *Dieckmann*, in: Soergel, § 2316, Rn. 6; *Lange*, Erbrecht, § 90, Rn. 117; *Lenz-Brendel*, in: Damrau/Tanck, § 2316, Rn. 6; *Otte*, in: Staudinger, § 2316, Rn. 9, 14; *Röthel*, in: Erman, § 2316, Rn. 6; *Thubauville*, MittRhNotK 1992, 289 (296); *Weidlich*, in: Palandt, § 2316, Rn. 2.

281 So auch *Bonefeld*, ZErb 2008, 67 (73 f.), der den Schluss zieht, dass durch Ausgleichungsanordnungen Pflichtteilsreduzierungen ohne die Voraussetzungen des Pflichtteilsverzichts oder der Pflichtteilsunwürdigkeit möglich sind und *Ebenroth/Bacher/Lorz*, JZ 1991, 277 (283).

282 Prot. V, 892; *Greiff*, in: Planck, § 2316, Rn. 7; *Johannsen*, in: RGRK, § 2316, Rn. 16.

283 Prot. V S. 892; BVerfG, Beschl. v. 19.04.2005 (1 BvR 1644/00, 1 BvR 188/03) = DNotZ 2006, 60 (60, 63); *Lange*, in: MüKo, § 2316, Rn. 7, 12; *Mayer*, ZEV 1996, 441 (443); *Thubauville*, MittRhNotK 1992, 289 (298), a.A. *Ebenroth/Bacher/Lorz*, JZ 1991, 277, 283; *Lange/Kuchinke*, Erbrecht, § 37, Fn. 341.

284 BVerfG, Beschl. v. 19.04.2005 (1 BvR 1644/00) = NJW 2005, 1561(1562 f.); *Lange*, Erbrecht, § 83, Rn. 1; *Müller, G.* in: Burandt/Rojahn, § 2303, Rn. 2; *Weidlich*, in: Palandt, § 2303, Rn. 1.

285 *Flechtner*, in: Burandt/Rojahn, § 2055, Rn. 11; *Lange*, Erbrecht, § 61, Rn. 167; *Lange/Kuchinke*, Erbrecht, § 15 III; *Löhnig*, in: Staudinger, § 2055, Rn. 2; *Weidlich*, in: Palandt, § 2055, Rn. 2.

Erhöhung des gesetzlichen Erbteils wird als feste und unwandelbare Größe angesehen. Eine nachträgliche Ausschließung der Ausgleichungspflicht würde die erfolgte Erhöhung des gesetzlichen Erbteils leugnen und damit in die gesetzlich festgelegte Höhe des Pflichtteils als Hälfte des gesetzlichen Erbteils (§ 2303 I 2) eingreifen[286]. Als eine dem Pflichtteil immanente Regelung wird § 2316 III daher auch zukünftig trotz fehlender Klarstellung im Wortlaut auf nach § 2050 III ausgleichungspflichtige Zuwendungen anzuwenden sein.

b) *Alternativen zur Ausschließung der Ausgleichung durch Anordnung*

Um die Folgen einer bestehenden Ausgleichung zu beseitigen, steht dem Erblasser die Möglichkeit zur Verfügung, durch Anordnung eines Vermächtnisses zugunsten des Zuwendungsempfängers einen entsprechenden Ausgleich herbeizuführen.[287] Diese Möglichkeit wird jedoch begrenzt durch das Pflichtteilsrecht der anderen Abkömmlinge, das durch dieses Vermächtnis nicht beeinträchtigt werden kann (§ 2318 III).[288] Beeinträchtigt das ausgesetzte Vermächtnis den Pflichtteil der anderen Abkömmlinge, ist dies nur – abgesehen vom Fall des Vorliegens von Pflichtteilsentziehungsgründen (§ 2333) – durch einen (entsprechend beschränkten) Pflichtteilsverzicht (§ 2346) möglich.[289]

Um zumindest im Hinblick auf sonstige Zuwendungen i.S.d. § 2050 III die ggf. ungewollte Pflichtteilsfernwirkung der einmal angeordneten Ausgleichung zu vermeiden, besteht für den Erblasser die Möglichkeit, sich bei der Zuwendung die Ausgleichung lediglich vorzubehalten.[290] Bei dem bloßen Vorbehalt der Ausgleichung werden entgegen der endgültigen Ausgleichungsanordnung nach § 2050 III die Pflichtteile der nicht durch die Zuwendung begünstigten Abkömmlinge noch nicht erhöht.[291] Die Erhöhung des Pflichtteils der anderen

---

286 *Greiff,* in: Planck, § 2316, Anm. 7; *Lange,* Erbrecht, § 90, Rn. 118; vgl. *Mayer,* ZEV 2007, 556; *Thubauville,* MittRhNotK 1992, 289, 298; vgl. *Weidlich,* in: Palandt, § 2316, Rn. 1 f.; a.A. *Otte,* in: Staudinger, § 2316, Rn. 13.

287 RG, Urt. v. 01.10.1917 (Rep. IV 182/17) = RGZ 90, 419 (422); *Lenz-Brendel,* in: Damrau/Tanck, § 2316, Rn. 9; *Lenz-Brendel/Tanck,* in: *Mayer* et.al., Hdb. Pflichtteilsrecht, § 6, Rn. 60; *Mayer,* ZEV 1996, 441 (443).

288 *Lenz-Brendel/Tanck,* in: *Mayer* et.al., Hdb. Pflichtteilsrecht, § 6, Rn. 69; *Nieder,* in: Nieder/Kössinger/Kössinger, § 2, Rn. 279.

289 *Lange,* in: MüKo, § 2316, Rn. 10; *Lenz-Brendel,* in: Damrau/Tanck, § 2316, Rn. 9; *Lenz-Brendel/Tanck,* in: *Mayer* et.al., Hdb. Pflichtteilsrecht, § 6, Rn. 69.

290 *Bothe,* in: Damrau/Tanck, § 2050, Rn. 12; *Flechtner,* in: Burandt/Rojahn, § 2050, Rn. 39; *Thubauville,* MittRhNotK. 1992, 289 (297).

291 *Mayer,* ZEV 1996, 441 (443).

Abkömmlinge erfolgt erst, sofern die spätere endgültige Anordnung erfolgt.[292] Der bloße Vorbehalt der Ausgleichungsanordnung birgt jedoch die Gefahr des späteren Vergessens der endgültigen Ausgleichungsanordnung oder des vorzeitigen Versterbens, bevor die Vermögensverteilung unter den Abkömmlingen geklärt und eine Entscheidung über eine endgültige Ausgleichungsanordnung getroffen wurde.[293]

Ferner besteht die Möglichkeit, eine letztwillige Verfügung zu errichten und darin entweder entgegen § 2052 die Abkömmlinge in einem anderen Verhältnis zueinander als Erben einzusetzen oder die Anwendbarkeit der Zweifelsregelung nach § 2052 durch Ausräumung der Zweifel an einer gewünschten Ausgleichungspflicht durch deren ausdrücklichen Ausschluss zu verhindern.[294] Durch beide Varianten wird die Durchführung der Ausgleichung ausgeschlossen.

3. *Die Behandlung von Mehrempfang im Pflichtteilsrecht*

Ein Pflichtteilsanspruch nach § 2316 scheidet aus, wenn die ausgleichungsverpflichteten Abkömmlinge Zuwendungen erhalten haben, die dem Wert ihres Erbteils entsprechen oder diesen übersteigen.[295] Zur Herauszahlung des Mehrempfangs gemäß § 2056 S. 1 sind sie nicht verpflichtet.[296] Möchte der Abkömmling, der keine oder geringwertigere lebzeitige Zuwendungen erhalten hat, die fehlende Kompensation des Mehrempfangs nicht akzeptieren, verbleibt ihm lediglich die Möglichkeit, einen Pflichtteilsergänzungsanspruch nach § 2325 geltend zu machen.[297] Dieser kommt jedoch nur dann in Betracht, wenn die Zuwendung in einer Schenkung besteht.[298] Handelt es sich bei der Zuwendung um

---

292 *Dieckmann,* in: Soergel, § 2316, Rn. 6; *Lenz-Brendel/Tanck,* in: *Mayer* et.al., Hdb. Pflichtteilsrecht, § 6, Rn. 69; *Nieder,* in: Nieder/Kössinger/Kössinger, § 2, Rn. 279; *Schmid,* BWNotZ 1971, 29, 34; *Thubauville,* MittRhNotK 1992, 289, (298); a.A. *Ebenroth/Bacher/Lorz,* JZ 1991, 277, 283.

293 Vgl. *Mayer,* ZEV 1996, 441 (443).

294 *Peter,* BWNotZ 1986, 28 (33).

295 Vgl. *Fröhler,* BWNotZ 2010, 94 (101); *Löhnig,* in: Staudinger, § 2056, Rn. 1.

296 RG, Urt. v. 09.11.1911 (Rep. IV 92/11) = RGZ 77, 282 (283); *Bayer,* in: Erman, § 2056, Rn. 1; *Bothe,* in: Damrau/Tanck, §§ 2055, 2056, Rn. 11; *Brox/Walker,* Erbrecht, Rn. 537, 561; *Löhnig,* in: Staudinger, § 2056, Rn. 1; *Lohmann,* in: Bamberger/Roth, § 2056, Rn. 1; *Wolf,* in: Soergel, § 2056, Rn. 2.

297 *Lange,* in: MüKo, § 2316, Rn. 10; *Nieder,* in: Nieder/Kössinger/Kössinger, § 2, Rn. 249, 287.

298 RG, Urt. v. 09.11.1911 (Rep. IV 92/11) = RGZ 77, 282 (283 f.); *Bayer,* in: Erman, § 2056, Rn. 1; *Bothe,* in: Damrau/Tanck, §§ 2055, 2056, Rn. 16; *Löhnig,* in: Staudinger, § 2056, Rn. 3; *Wolf,* in: Soergel, § 2056, Rn. 2.

eine Ausstattung oder eine sonstige Zuwendung der in § 2050 bezeichneten Art ohne Schenkung zu sein, kommt auch ein Pflichtteilsergänzungsanspruch nicht in Betracht.[299]

4. *Der Zusatzpflichtteil aufgrund Ausgleichungspflicht*

Die Vorschrift des § 2316 II ergänzt die Vorschrift des § 2305 zum sog. Zusatzpflichtteil.[300] Nach § 2305 kann der Pflichtteilsberechtigte die Ergänzung seines Erbteils verlangen, wenn dieser unterhalb der Hälfte seines gesetzlichen Erbteils liegt (Unterschreitung der Pflichtteilsquote).[301] Die Vorschrift des § 2316 II erweitert diese Regelung ausdrücklich um den Fall, dass der Erbteil zwar bei Außerachtlassung der Ausgleichungsregelungen nach §§ 2050 ff. der Hälfte des gesetzlichen Erbteils des Betroffenen entspricht, bei Berücksichtigung der Ausgleichungspflichten der anderen Abkömmlinge die Pflichtteilshöhe (§ 2303 I 2) jedoch unterschritten wird (Unterschreitung des Wertes des Pflichtteils).[302] Der Pflichtteilsberechtigte kann danach auch den bei Berücksichtigung der Ausgleichung wertmäßig fehlenden Teil zur Hälfte des gesetzlichen Erbteils (§§ 2303 I 2, 2316 II) verlangen.[303]

5. *Anrechnung und Ausgleichung im Pflichtteilsrecht*

Das Verhältnis der Anrechnung nach § 2315 und der Ausgleichung im Pflichtteilsrecht nach § 2316 wird durch die Vorschrift des § 2316 IV für den Fall geregelt, dass eine Zuwendung beiden Vorschriften unterfällt.[304] Die Normen der Ausgleichung und der Anrechnung verfolgen zur Berechnung des Pflichtteils

299 RG, Urt. v. 09.11.1911 (Rep. IV 92/11) = RGZ 77, 282 (283 f.); *Löhnig*, in: Staudinger, § 2056, Rn. 3; *Wolf*, in: Soergel, § 2056, Rn. 2.

300 Vgl. BGH, Urt. v. 09.12.1992 (IV ZR 82/92) = BGB, NJW 1993, 1197 f.; *Lange*, in: MüKo, § 2316, Rn. 29; *Müller, G.* in: Burandt/Rojahn , § 2316, Rn. 31; *Weidlich*, in: Palandt, § 2316 Rn. 6.

301 *Müller, G.* in: Burandt/Rojahn , § 2305, Rn. 5 f.; *Otte*, in: Staudinger, § 2305, Rn. 1; *Weidlich*, in: Palandt, § 2305, Rn. 1.

302 BGH, Urt. v. 09.12.1992 (IV ZR 82/92) = BGB, NJW 1993, 1197 f.; *Dieckmann*, in: Soergel, § 2316, Rn. 17; *Lange*, in: MüKo, § 2316, Rn. 29; *Otte*, in: Staudinger, § 2316, Rn. 28.

303 *Lange*, in: MüKo, § 2316, Rn. 29; *Müller, G.* in: Burandt/Rojahn, § 2316, Rn. 30 f.; *Weidlich*, in: Palandt, § 2316, Rn. 6.

304 *Lange*, in: MüKo, § 2316, Rn. 1; *Otte*, in: Staudinger, § 2316, Rn. 30.

unterschiedliche Ansätze.[305] Die Ausgleichungsvorschrift nach § 2316 I 1 setzt bei der Berechnung des Erbteils an.[306] Erst nachdem die Ausgleichung im Rahmen der Erbteilsberechnung durchgeführt wurde, wird das Ergebnis zur Ermittlung des Pflichtteils halbiert.[307] Bei der Anrechnung wird der Wert der Zuwendung erst von dem zuvor ermittelten Pflichtteilswert subtrahiert.[308]

a) *Auswirkungen der Kumulation von Anrechnung und Ausgleichung*

Für den Fall, dass eine Zuwendung sowohl auszugleichen als auch anzurechnen ist, bestimmt § 2316 IV, dass zunächst die Ausgleichung nach § 2316 I 1 durchzuführen ist und danach die Hälfte des Zuwendungswertes auf den so ermittelten Pflichtteilsanspruch anzurechnen ist.[309] Da der Pflichtteil gemäß § 2303 I 2 in der Hälfte des gesetzlichen Erbteils besteht, ist der unter Berücksichtigung der Ausgleichung errechnete Erbteil zur Bestimmung des Pflichtteils zu halbieren. Weil die Durchführung der Ausgleichung vor Halbierung für die Berechnung des Pflichtteils erfolgt, führt die Ausgleichung im Pflichtteilsrecht dazu, dass lediglich die Hälfte einer Zuwendung an einen Abkömmling ausgeglichen wird.[310] Dies soll an folgendem Beispiel verdeutlicht werden: Ein Erblasser hinterlässt einen Nachlasswert in Höhe von 800.000,00 EUR. Der Erblasser wird beerbt von seinen beiden Kindern (A und B), von denen eines (B) bereits zu Lebzeiten eine ausgleichungspflichtige Zuwendung in Höhe von 100.000,00 EUR erhalten hat. Der Erbteil von A beträgt daher 450.000,00 EUR, während der Erbteil von B unter Ausgleichung der bereits erhaltenen Zuwendung 350.000,00 EUR beträgt. Der Erbteil des B ist daher um 100.000,00 EUR geringer als der des A, sodass die lebzeitige Zuwendung an B zu 100 % ausgeglichen wurde. Halbiert man hingegen nunmehr die Erbteile von A und B, um deren Pflichtteile zu berechnen, ergibt sich ein Pflichtteil des A in

---

305 Vgl. *Brox/Walker,* Erbrecht, Rn. 561; *Mayer,* in: *Mayer* et.al., Hdb. Pflichtteilsrecht, § 11, Rn. 99.

306 Vgl. *Brox/Walker,* Erbrecht, Rn. 561; *Mayer,* in: *Mayer* et.al., Hdb. Pflichtteilsrecht, § 11, Rn. 61.

307 *Brox/Walker,* Erbrecht, Rn. 561; *Dieckmann,* in: Soergel, § 2316, Rn. 10; *Lange,* in: MüKo, § 2316, Rn. 13 f.; *Leipold,* Erbrecht, Rn. 836; *Lenz-Brendel,* in: Damrau/Tanck, § 2316, Rn. 1.

308 *Brox/Walker,* Erbrecht, Rn. 561; *Lenz-Brendel,* in: Damrau/Tanck, § 2315, Rn. 9; *Lindner/Bund,* in: Frieser, FA-Komm. ErbR, § 2315, Rn. 8.

309 *Brox/Walker,* Erbrecht, Rn. 561; *Lange,* in: MüKo, § 2316, Rn. 30, 32; *Lenz-Brendel,* in: Damrau/Tanck, § 2316, Rn. 19.

310 *Mayer,* in: *Mayer* et.al., Hdb. Pflichtteilsrecht, § 11, Rn. 71; *Otte,* in: Staudinger, § 2316, Rn. 30; *Sturm/Sturm,* in: FS von Lübtow, 1991, S. 294; *Thubauville,* MittRhNotK 1992, 289 (299 f.).

Höhe von 225.000,00 EUR und ein Pflichtteil des B in Höhe von 175.000,00 EUR. Die Wertdifferenz beider Pflichtteile beträgt lediglich 50.000,00 EUR, sodass aufgrund der Halbierung der unter Berücksichtigung der Ausgleichung berechneten Erbteile lediglich der hälftige Zuwendungswert ausgeglichen wird.

Die Bestimmung des § 2316 IV bewirkt, dass die nach Durchführung der Ausgleichung nicht ausgeglichene Hälfte des Zuwendungswertes im Wege der Anrechnung berücksichtigt wird[311], wodurch bei der gesetzlichen Erbfolge eine vollständige Gleichstellung der Abkömmlinge erreicht wird.[312] Die Beschränkung der Anrechnung nach Durchführung der Ausgleichung auf die Hälfte des Zuwendungswertes in § 2316 IV verhindert, dass die Zuwendung zu Lasten des Zuwendungsempfängers anderthalbfach berücksichtigt wird. Dies wäre der Fall, wenn die Anrechnung nach § 2315 I noch einmal bezüglich des vollen Zuwendungswertes durchgeführt werden würde.[313] Im obigen Beispiel würde eine vollständige Anrechnung des Zuwendungswertes dazu führen, dass B ein Pflichtteil in Höhe von 75.000,00 EUR zustehen würde. Sein Pflichtteil hätte sich daher bereits um 50.000,00 EUR aufgrund der Ausgleichung und um weitere 100.000,00 EUR aufgrund der Anrechnung reduziert und damit insgesamt um 150.000,00 EUR und somit um 50.000,00 EUR mehr als der Wert der Zuwendung in Höhe von 100.000,00 EUR betragen hat. Die Vorschrift des § 2316 IV führt dazu, dass die Reduzierung des Pflichtteils aufgrund der Anrechnung ebenfalls lediglich 50.000,00 EUR beträgt und somit zusammen mit der zuvor durchgeführten Ausgleichung der volle Zuwendungswert ausgeglichen wird.

b) Ungewollte Ergebnisse bei der Kombination von Ausgleichung und Anrechnung

Die Anwendung des § 2316 IV kann jedoch dazu führen, dass der zuwendungsempfangende Pflichtteilsberechtigte bei einer gleichzeitigen Anordnung von Ausgleichung und Anrechnung besser steht als wenn ausschließlich die Anrechnung angeordnet worden wäre.[314]

---

311 *Brox/Walker,* Erbrecht, Rn. 561; *Lange,* in: MüKo, § 2316, Rn. 30, 32; *Lenz-Brendel,* in: Damrau/Tanck, § 2316, Rn. 19.

312 *Lange,* in: MüKo, § 2316, Rn. 30, 33; *Lenz-Brendel,* in: Damrau/Tanck, § 2316, Rn. 19; *Sturm/Sturm,* in: FS von Lübtow, 1991, S. 293.

313 *Linder,* in: Frieser, FA-Komm. ErbR, § 2316, Rn. 18; *Otte,* in: Staudinger, § 2316, Rn. 30; *Tanck,* ZErb 2003, 41; *Thubauville,* MittRhNotK 1992, 289 (300).

314 *Linder,* in: Frieser, FA-Komm. ErbR, § 2316, Rn. 19; *Otte,* in: Staudinger, § 2316, Rn. 36; *Sostmann,* MittRhNotK 1976, 479 (494); *Tanck,* ZErb 2003, 41 (42); *Thubauville,* MittRhNotK 1992, 289 (300).

Dies gilt zum einen, wenn neben den Abkömmlingen noch ein Ehegatte als Pflichtteilsberechtigter vorhanden ist.[315] Bei der Anrechnung wird nach § 2315 II 1 der Wert der Zuwendung zum Gesamtnachlass hinzugerechnet, bevor der Erb- oder Pflichtteil des Ehegatten von dem Gesamtnachlass in Abzug gebracht wird.[316] Dies bewirkt, dass der dem Nachlass hinzugerechnete Zuwendungswert durch den anschließenden Abzug des Erb- oder Pflichtteils des Ehegatten bereits um den Ehegattenanteil verringert wird.[317] Folgendes Beispiel soll dies verdeutlichen: Ehegatten leben im Güterstand der Zugewinngemeinschaft und haben zwei Kinder. Der Nachlasswert beträgt 800.000,00 EUR. Der Erblasser hat eine Zuwendung zugunsten eines der Kinder (B) in Höhe von 100.000,00 EUR getätigt. Der fiktive Nachlasswert beträgt daher 900.000 EUR. Der Ehegattenerbteil in Höhe des hälftigen Nachlasswertes (§§ 1931 I, III 1371 I) sowie der an die Abkömmlinge zu verteilende Nachlass beträgt daher jeweils 450.000,00 EUR. Im Vergleich dazu hätte der auf den Ehegatten entfallende Anteil bei einer vorzunehmenden Ausgleichung 400.000,00 EUR (errechnet aus dem nicht erhöhten Nachlasswert in Höhe von 800.000,00 EUR) betragen.

Bei der Ausgleichung wird der Zuwendungswert erst nach Abzug des Ehegattenerbteils zu dem danach verbleibenden Nachlasswert addiert.[318] Der Vergleich des auf den Ehegatten entfallenden Anteils in Höhe von 450.000,00 EUR bei der Anrechnung nach § 2315 und in Höhe von 400.000,00 EUR bei der Ausgleichung zeigt, dass bei der Anrechnung der hälftige Zuwendungswert in Höhe von 50.000,00 EUR (Zuwendungswert gesamt: 100.000,00 EUR) zugunsten des Ehegatten auf den ihm ohne die Anrechnung zustehenden Erbanteil in Höhe von 400.000,00 EUR hinzuaddiert wird. Dies führt dazu, dass dieser hälftige Zuwendungswert bereits nicht mehr für die Verteilung unter den Abkömmlingen zur Verfügung steht und daher deren Pflichtteilsansprüche reduziert.[319] Dies ist der Grund für den im Vergleich zur alleinigen Anrechnung erhöhten Pflichtteilsanspruch des zuwendungsempfangenden Abkömmlings bei einer Kumulation von Anrechnung und Ausgleichung, da auch in diesen Fällen der fiktive

315 *Lange*, in: MüKo, § 2316, Rn. 34; *Tanck*, ZErb 2003, 41 (42); *Thubauville*, MittRhNotK 1992, 289 (300).
316 *Lange*, in: MüKo, § 2316, Rn. 34; *Sostmann*, MittRhNotK 1976, 479 (494); *Thubauville*, MittRhNotK 1992, 289 (300).
317 Vgl. *Lange*, in: MüKo, § 2316, Rn. 34; *Sostmann*, MittRhNotK 1976, 479 (494); *Thubauville*, MittRhNotK 1992, 289 (300).
318 *Lange*, in: MüKo, § 2316, Rn. 34; *Sostmann*, MittRhNotK 1976, 479 (494); *Thubauville*, MittRhNotK 1992, 289 (300).
319 *Tanck*, ZErb 2003, 41 (42).

Nachlasswert nach den Regeln der Ausgleichung gebildet wird. Die Anrechnung wirkt sich in diesen Fällen gemäß § 2316 IV lediglich durch Abzug des hälftigen Zuwendungswertes nach Errechnung des Pflichtteils entsprechend den Ausgleichungsregeln aus.

Der Pflichtteilsberechtigte steht bei der Kumulation von Ausgleichung und Anrechnung im Vergleich zur ausschließlichen Anrechnung der Zuwendung auch dann besser, wenn mehrere Abkömmlinge eine ausgleichungspflichtige Zuwendung erhalten haben.[320] Dies resultiert daraus, dass für die Ausgleichung der fiktive Nachlass durch Hinzurechnung der Zuwendungen sämtlicher Abkömmlinge gebildet wird[321], während für die Anrechnung die Addition des Zuwendungswertes immer nur individuell für den Pflichtteilsberechtigten vorgenommen wird[322], der die Zuwendung erhalten hat.[323] Auch hier soll ein Beispiel der Veranschaulichung dienen: Der Nachlasswert beträgt 600.000,00 EUR. Der Erblasser hinterlässt einen Ehegatten und drei Kinder. Neben der Zuwendung an das Kind A in Höhe von 30.000,00 EUR wurde eine weitere Zuwendung zugunsten des Kindes B in Höhe von 60.000,00 EUR getätigt. Bei der Anrechnung würde der Pflichtteilsanspruch des A unter Berücksichtigung des Ehegattenanteils und der beiden Geschwisterkinder 22.500,00 EUR (315.000,00 EUR [630.000,00 EUR fiktiver Nachlass abzgl. 315.000,00 EUR hälftiger Ehegattenanteil] geteilt durch 3 = 105.000,00 EUR geteilt durch 2 zur Pflichtteilsberechnung = 52.500,00 EUR abzgl. des Zuwendungswertes i.H.v. 30.000,00 EUR = 22.500,00 EUR) betragen. Bei der Kumulation von Ausgleichung und Anrechnung beträgt der Pflichtteil des A 35.000,00 EUR (600.000,00 EUR Nachlasswert abzgl. hälftiger Ehegattenanteil = 300.000,00 EUR plus Zuwendungen i.H.v. 60.000,00 EUR und 30.000,00 EUR = 390.000,00 EUR geteilt durch 3 = 130.000,00 EUR abzgl. 30.000,00 EUR Zuwendung des A = 100.000,00 EUR geteilt durch 2 zur Pflichtteilsberechnung = 50.000,00 EUR abzgl. 15.000,00 EUR hälftigen Zuwendungswertes gemäß § 2316 IV = 35.000,00 EUR). Der Pflichtteilsanspruch des A ist bei Kumulation von Ausgleichung und Anrechnung mit 35.000,00 EUR höher als bei Durchführung allein der Anrechnung, bei der er 22.500,00 EUR beträgt. Der Grund ist, dass A als zuwendungsempfangender

---

320 *Müller, G.* in: Burandt/Rojahn , § 2316, Rn. 36; *Sostmann,* MittRhNotK 1976, 479 (494); *Thubauville,* MittRhNotK 1992, 289 (300).

321 *Mayer,* ZErb 2007, 130 (135); *Müller, G.* in: Burandt/Rojahn , § 2316, Rn. 36.

322 *Lange,* in: MüKo, § 2315, Rn 20; *Nieder,* in: Nieder/Kössinger/Kössinger, § 2, Rn. 296; *Tanck,* ZErb 2000, 3 (4).

323 *Müller, G.* in: Burandt/Rojahn , § 2316, Rn. 36; *Thubauville,* MittRhNotK 1992, 289 (300).

Abkömmling bei der Ausgleichung von der Erhöhung des fiktiven Nachlasswertes durch die zugunsten des B getätigte Zuwendung in Höhe von 60.000,00 EUR profitiert.

c) *Fazit*

Während die Pflichtteilslast für die Erben durch die Ausgleichung nicht gemindert, sondern lediglich zwischen den Pflichtteilsberechtigten umverteilt wird[324], führt die Anrechnungspflicht nach § 2315 zu einer Reduzierung der Pflichtteilslast und damit zu einer Entlastung der Erben.[325] Aus Sicht des Pflichtteilsschuldners ist die Kombination von Ausgleichungs- und Anrechnungspflicht hinsichtlich derselben Zuwendung nachteilig, da diesem die Anrechnungsbestimmung (§ 2315 I) aufgrund der Bestimmung in § 2316 IV lediglich zur Hälfte zugutekommt. Seine Pflichtteilslast reduziert sich danach lediglich um den hälftigen Wert.[326]

IV. Alternative Gestaltungsmöglichkeiten zur Ausgleichung und deren Nachteile

Liegen die Voraussetzungen der Ausgleichung nicht vor, kann ein ähnliches Ergebnis wie mit der Ausgleichung nach §§ 2050 ff. durch Anordnung von (Voraus-) Vermächtnissen zugunsten der zu Lebzeiten nicht durch Zuwendungen begünstigten Abkömmlinge erzielt werden.[327] Hat eines der drei Kinder (A) des nicht verheirateten Erblassers eine Zuwendung in Höhe von 30.000,00 EUR erhalten, kann eine Gleichstellung durch Vorausvermächtnisse zugunsten der anderen beiden Kinder (B und C) in Höhe von jeweils 30.000,00 EUR erreicht werden. Der Nachteil gegenüber der Ausgleichung besteht jedoch darin, dass eine Schmälerung des Pflichtteils des durch die lebzeitige Zuwendung begünstigten Erben – anders als bei der Ausgleichung (§ 2316) – nicht möglich ist.[328] Würde der Nachlass im obigen Beispiel 60.000,00 EUR betragen, hätte der durch die lebzeitige Zuwendung begünstigte Abkömmling A einen Pflichtteilsanspruch

---

324 *Dieckmann*, in: Soergel, § 2316, Rn. 3; *Lange*, in: MüKo, § 2316, Rn. 1; *Mayer*, ZErb 2007, 130 (136); *Nieder*, in: Nieder/Kössinger/Kössinger, § 2, Rn. 307; *Schmid*, BWNotZ 1971, 29 (35); *Sostmann*, MittRhNotK 1976, 479 (493).

325 *Dieckmann*, in: Soergel, § 2316, Rn. 1; *Nieder*, in: Nieder/Kössinger/Kössinger, § 2, Rn. 297; *Schmid*, BWNotZ 1971, 29 (35); *Sostmann*, MittRhNotK 1976, 479 (493).

326 *Lange*, in: MüKo, § 2316, Rn. 33 f.; *Thubauville*, MittRhNotK 1992, 289 (300).

327 *Löhnig*, in: Staudinger, § 2050, Rn. 35; *Lohmann*, in: Bamberger/Roth, § 2050, Rn. 10.

328 *Löhnig*, in: Staudinger, § 2050, Rn. 35; *Lohmann*, in: Bamberger/Roth, § 2050, Rn. 10; *Mohr*, ZEV 1999, 257 (261).

in Höhe von 10.000,00 EUR. A könnte daher aufgrund der Beschwerung mit den Vorausvermächtnissen den ihm hinterlassenen Erbteil nach § 2306 I ausschlagen und seinen Pflichtteil verlangen. B und C bekämen daher im Wege des Vorausvermächtnisses aufgrund des zuvor zu befriedigenden Pflichtteilsanspruchs[329] des A lediglich jeweils 25.000,00 EUR. A hätte damit im Ergebnis in Höhe von insgesamt 40.000,00 EUR (Zuwendung in Höhe von 30.000,00 EUR zzgl. Pflichtteil in Höhe von 10.000,00 EUR) an dem Vermögen des Erblassers partizipiert, während B und C lediglich jeweils 25.000,00 EUR erhalten hätten. Bei Ausgleichung der Zuwendung nach § 2050 hätte A hingegen keinen Pflichtteilsanspruch mehr und B und C würden jeweils 30.000,00 EUR erhalten, sodass alle drei Kinder gleichgestellt wären. Um im obigen Beispiel dasselbe Ergebnis wie mit der Ausgleichung zu erreichen, hätte der Erblasser mit A einen Erb- oder Pflichtteilsverzichtsvertrag nach § 2346 schließen müssen.[330]

C) Die Reduzierung des Pflichtteils des behinderten Abkömmlings zur Erhaltung des Familienvermögens

I. Das Motiv für die Reduzierung des Pflichtteils von behinderten Menschen

Der Sozialleistungsträger sorgt für die Grundversorgung des behinderten Abkömmlings erst unter der Voraussetzung, dass dieser selbst nicht oder nicht ausreichend in der Lage ist, aus seinem eigenen Einkommen oder Vermögen seinen Lebensunterhalt zu bestreiten (§§ 2 I, 19 I, 27 I SGB XII).[331] Erhält der behinderte Abkömmling durch eine Erbschaft oder im Wege des Pflichtteils einen gewissen Anteil an dem Vermögen seiner Eltern, muss er diesen Vermögenswert zunächst zur Bestreitung seines Lebensunterhalts einsetzen, bevor er einen Anspruch auf Sozialleistungen erhält.[332] Hat der Leistungsträger bereits Sozialleistungen erbracht, kann er den Erbteil des behinderten Abkömmlings pfänden[333]

---

329 *Lange*, in: MüKo, § 2306, Rn. 20.

330 RG, Urt. v. 01.10.1917 (Rep. IV. 182/17) = RGZ 90, 419 (422); *Lohmann*, in: Bamberger/Roth, § 2050, Rn. 10.

331 *Bengel/Spall*, in: Scherer, Münchner Anwhdb. ErbR, § 41, Rn. 3; *Kössinger, R.*, in: Nieder/Kössinger/Kössinger, § 21, Rn. 65; *Lange/Kuchinke*, Erbrecht, § 35 IV 6 a; *Schindler*, in: Ruby/Schindler/Wirich, Das Behindertentestament, § 2, Rn. 9.

332 *Kössinger, R.*, in: Nieder/Kössinger/Kössinger, § 21, Rn. 66; *Lange/Kuchinke*, Erbrecht, § 35 IV 6 a; *Schindler*, in: Ruby/Schindler/Wirich, Das Behindertentestament, § 2, Rn. 2, 33, 35.

333 *Kössinger, R.*, in: Nieder/Kössinger/Kössinger, § 21, Rn. 66.

bzw. den Pflichtteilsanspruch – gemäß § 93 I 4 SGB XII unabhängig von dessen Pfändungsbeschränkung nach § 852 I ZPO – gemäß § 93 I, II SGB XII auf sich überleiten.[334] Der erhaltene Vermögenswert aus dem Nachlass der Eltern bringt dem behinderten Abkömmling daher regelmäßig keinen zusätzlichen Vorteil.[335] Insofern ist es aus Sicht der Familie sinnvoll, den Pflichtteil des behinderten Abkömmlings zwecks Erhaltung des Familienvermögens zu reduzieren.

II. Das „klassische" Behindertentestament

In der Praxis hat sich bei der Nachfolgeplanung von Eltern behinderter Kinder das klassische Behindertentestament[336] als Gestaltungsmittel durchgesetzt.[337] Das von der Rechtsprechung anerkannte[338] klassische Behindertentestament enthält eine Kombination der Gestaltungsmittel der nicht befreiten Vorerbschaft sowie der Dauertestamentsvollstreckung mit Verwaltungsanweisung.[339] Es hat zum Ziel, das Familienvermögen vor dem Zugriff des Sozialleistungsträgers zu schützen sowie die Steigerung der Lebensqualität des behinderten Abkömmlings durch regelmäßige Zuwendungen nach dem Tod der Eltern sicherzustellen.[340]

Beim klassischen Behindertentestament wird der behinderte Abkömmling neben dem überlebenden Ehegatten als von den Beschränkungen der §§ 2113 ff. nicht befreiter Vorerbe eingesetzt.[341] Verbunden wird die Anordnung der nicht

334 BGH, Urt. v. 19.10.2005 (IV ZR 235/03) = ZEV 2006, 76; *Dieckmann,* in: Soergel, § 2306, Rn. 29; *Lange/Kuchinke,* Erbrecht, § 35 IV 6 a; *Nieder,* NJW 1994, 1264 (1265); *Reimann,* DNotZ 1992, 241 (246); *Schindler,* in: Ruby/Schindler/Wirich, Das Behindertentestament, § 2, Rn. 36.

335 *Kössinger, R.*, in: Nieder/Kössinger/Kössinger, § 21, Rn. 69.

336 Die übrigen Gestaltungsvarianten des Behindertentestaments, z.B. die Vor- und Nachvermächtnislösung, die „ausgehöhlte Vorerbschaft" etc., werden in dieser Arbeit nicht behandelt, da sie für die Zwecke dieser Arbeit keinen zusätzlichen Erkenntnisgewinn liefern.

337 *Dietz/Spall,* ZEV 2012, 456 (456, 460 f.); *Spall,* MittBayNot 2001, 249 (249 f.).

338 BGH, Urt. v. 21. 3. 1990 (IV ZR 169/89) = DNotZ 1992, 241; BGH, Urt. v. 20. 10. 1993 (IV ZR 231/92) = DNotZ 1994, 380.

339 *Dreher/Görner,* NJW 2011, 1761; *Keim,* DNotZ 2014, 895; *Schindler,* in: Ruby/Schindler/Wirich, Das Behindertentestament, § 3, Rn. 11; *Spall,* MittBayNot 2001, 249.

340 *Kössinger, R.*, in: Nieder/Kössinger/Kössinger, § 21, Rn. 68; *Ruby,* in: Ruby/Schindler/Wirich, Das Behindertentestament, § 1, Rn. 1f.; *Spall,* MittBayNot 2001, 249 (250).

341 *Dreher/Görner,* NJW 2011, 1761; *Keim,* DNotZ 2014, 895; *Schindler,* in: Ruby/Schindler/Wirich, Das Behindertentestament, § 3, Rn. 11, 34; *Spall,* MittBayNot 2001, 249.

befreiten Vorerbschaft für den behinderten Abkömmling mit der Dauertestamentsvollstreckung (§ 2209 S. 1) über den von ihm ererbten Nachlass.[342]

Die Dauertestamentsvollstreckung verhindert, dass der behinderte Abkömmling oder dessen Gläubiger (beispielsweise der Sozialleistungsträger) auf den Nachlass zugreifen können.[343] Der behinderte Abkömmling wird dadurch wegen Unmöglichkeit vor der Verpflichtung zum Verbrauch des ererbten Nachlasses nach § 2 II SGB XII bewahrt und der Sozialleistungsträger an dem Zugriff auf das Nachlassvermögen nach § 2214 gehindert.[344]

Während der behinderte Abkömmling als Erbe und auch der Sozialleistungsträger als dessen Gläubiger nach § 2214 an dem Zugriff auf den Nachlass gehindert sind, hat der Erbe jedoch grundsätzlich einen pfändbaren Anspruch gegen den Testamentsvollstrecker auf Auskehrung der Nachlasserträge.[345] Diese Auskehrung der Nachlasserträge wird im Rahmen des Behindertentestaments durch eine entsprechende Verwaltungsanordnung des Erblassers an den Testamentsvollstrecker gemäß § 2216 II 1 gesteuert.[346] Bei dieser Gestaltung darf der Testamentsvollstrecker regelmäßig lediglich Auskehrungen in einer Höhe vornehmen, die unterhalb der Grenze des Schonvermögens nach § 90 SGB XII sowie unterhalb der anrechenbaren Einkommensgrenze liegen.[347] Dadurch wird sichergestellt, dass der behinderte Abkömmling neben dem Bezug von Sozialleistungen finanziellen Spielraum für über die Grundversorgung hinausgehende Annehmlichkeiten hat.[348]

Den Zugriff auf die Nachlasssubstanz verhindert auch die zusätzlich angeordnete nicht befreite Vorerbschaft des behinderten Abkömmlings nach § 2115 S. 1, § 773 ZPO.[349] Das weitere Ziel der zusätzlich angeordneten Vor- und Nacherbschaft ist der Erhalt des Familienvermögens über den Tod des behinderten

---

342 *Dreher/Görner,* NJW 2011, 1761; *Keim,* DNotZ 2014, 895; *Schindler,* in: Ruby/Schindler/Wirich, Das Behindertentestament, § 3, Rn. 11, 14; *Spall,* MittBayNot 2001, 249.

343 *Kössinger, R.,* in: Nieder/Kössinger/Kössinger, § 21, Rn. 96; *Schindler,* in: Ruby/Schindler/Wirich, Das Behindertentestament, § 3, Rn. 14.

344 *Schindler,* in: Ruby/Schindler/Wirich, Das Behindertentestament, § 2, Rn. 39.

345 *Reimann,* ZEV 2010, 8 (10); *Zimmermann,* in: MüKo, §2216, Rn. 7.

346 *Limmer,* in: Tiedtke/Kanzleiter , Erbrechtsberatung 2007, 43 (57 ff.); *Zimmermann,* in: MüKo, § 2216, Rn. 15, 17.

347 *Bengel,* ZEV 1994, 29 (30); *Schindler,* in: Ruby/Schindler/Wirich, Das Behindertentestament, § 3, Rn. 20.

348 *Kössinger, R.,* in: Nieder/Kössinger/Kössinger, § 21, Rn. 97.

349 *Kössinger, R.,* in: Nieder/Kössinger/Kössinger, § 21, Rn. 69.

Abkömmlings hinaus.[350] Die Anordnung der Vor- und Nacherbschaft verhindert, dass der von dem erstversterbenden Elternteil im Wege der Vorerbschaft auf den behinderten Abkömmling übergegangene Vermögenswert als dessen Nachlass auf seine eigenen Erben übergeht, sodass ein Zugriff des Sozialleistungsträgers nach § 102 SGB XII möglich wäre.[351]

Ein wesentlicher Nachteil des Behindertentestaments bestand bislang darin, dass entgegen dem meist vorgetragenen Wunsch der Testierenden eine gegenseitige Alleinerbeneinsetzung der Eltern unter Hinauszögern der erbrechtlichen Beteiligung des behinderten Abkömmlings nicht möglich war. Die Regelungen des Behindertentestaments sollten nach dem Wunsch der Eltern erst nach dem Tod des letztversterbenden Elternteils eingreifen. Dies hätte jedoch dazu geführt, dass der behinderte Abkömmling bzw. der Sozialleistungsträger, sofern dieser zu diesem Zeitpunkt bereits Leistungen an den behinderten Abkömmling erbracht hat, nach dem Tod des Erstversterbenden den Pflichtteilsanspruch hätte geltend machen können. Aus diesem Grund wurde dazu geraten, den behinderten Abkömmling bereits nach dem Tod des Erstversterbenden zumindest in Höhe seines Pflichtteils[352] als nicht befreiten Vorerben neben dem überlebenden Ehegatten einzusetzen.[353] Dies ist seit der Anerkennung des durch den behinderten Abkömmling erklärten Pflichtteilsverzichts nach § 2346 II durch den BGH[354] zumindest für geschäftsfähige behinderte Abkömmlinge nicht mehr nötig. In diesen Fällen kann der behinderte Abkömmling auf seinen Pflichtteil nach dem erstversterbenden Elternteil verzichten, sodass sich die Eltern als gegenseitige Alleinerben einsetzen und die Regelung des Behindertentestaments nach dem Tod des Letztversterbenden eingreifen lassen können.[355]

---

350 OVG Saarland, Urt. v. 17.03.2006 (3 R 2/05) = ZErb 2006, 275 (281); *Kössinger, R.*, in: Nieder/Kössinger/Kössinger, § 21, Rn. 91.

351 OVG Saarland, Urt. v. 17.03.2006 (3 R 2/05) = ZErb 2006, 275 (281); *Kössinger R.*, in: Nieder/Kössinger/Kössinger, § 21, Rn. 91.

352 Die Einsetzung auf eine Quote oberhalb des Pflichtteils ist seit Änderung des § 2306 Abs. 1 mit Wirkung vom 01.01.2010 nicht mehr notwendig, da das Unterschreiten des halben gesetzlichen Erbteils seither nicht mehr zum automatische Wegfall der angeordneten Beschwerung führt (BGBl. I, S. 3142). Die Erbquote sollte jedoch zumindest dem Pflichtteil entsprechen, da der Sozialleistungsträger ansonsten unabhängig von der Ausschlagung den bestehenden Pflichtteilsrestanspruch nach § 2305 auf sich überleiten kann (*Mayer*, ZEV 2010, 2 (3)).

353 *Limmer*, in: Tiedtke/Kanzleiter , Erbrechtsberatung 2007, 43 (63); *Schindler*, in: Ruby/Schindler/Wirich, Das Behindertentestament, § 3, Rn. 55.

354 BGH, Urt. v. 19. 1. 2011 (IV ZR 7/10) = DNotZ 2011, 381.

355 *Krauß*, in: Heckschen/Herrler/Starke, Beck'sches Notarhandbuch, A.V., Rn. 119.

III. Die Rechtsprechung zum Behindertentestament und zum Pflichtteilsverzicht durch den behinderten Abkömmling

Die Gestaltung des klassischen Behindertentestaments ist inzwischen durch die höchstrichterliche Rechtsprechung anerkannt, die eine Sittenwidrigkeit der durch diese Gestaltung erfolgenden Pflichtteilsreduzierung des behinderten Abkömmlings ablehnt.[356] Eine sittenwidrige Benachteiligung bestehe weder in Bezug auf den behinderten Abkömmling noch im Hinblick auf den Sozialleistungsträger.[357] Ausgangspunkt dieses Ergebnisses ist die Testierfreiheit, die es dem Erblasser ermögliche, in den Grenzen des Pflichtteilsrechts frei von Todes wegen über seine Vermögensnachfolge zu entscheiden und dabei auch einzelne Stämme gegenüber anderen zu bevorzugen.[358] Dies gelte unabhängig davon, ob dem behinderten Abkömmling zu Lebzeiten höhere finanzielle Leistungen zuteilwurden als den übrigen Abkömmlingen.[359] Die Sittenwidrigkeit gegenüber dem behinderten Abkömmling lehnte der BGH in seinem Urteil v. 21. 3. 1990 u.a. deshalb ab, weil der Erblasser sich bereits zu Lebzeiten persönlich für die Pflege seines Abkömmlings aufgeopfert habe, anstatt ihn in ein Heim zu geben.[360] Auch in dem Urteil des BGH vom 20.10.1993 zieht dieser die lebzeitige Versorgung des Abkömmlings – trotz dessen Unterbringung in einem Heim – heran, um die Sittenwidrigkeit zu verneinen.[361] Neben der Versorgung zu Lebzeiten seien die Erblasser bestrebt gewesen durch die Gestaltung eines Behindertentestaments auch für die Zeit nach ihrem Tod die finanzielle Versorgung der Abkömmlinge über die Sozialleistungen hinaus sicherzustellen.[362] Gegenüber dem Sozialleistungsträger liege keine Benachteiligung in sittenwidriger Weise vor, da es den Eltern nicht zuzumuten sei, die Interessen des Sozialleistungsträgers vor diejenigen ihres behinderten Abkömmlings zu stellen.[363] Es stelle sich umgekehrt die Frage, ob Eltern eines behinderten Abkömmlings

356 BGH, Urt. v. 21. 3. 1990 (IV ZR 169/89) = DNotZ 1992, 241; BGH, Urt. v. 20. 10. 1993 (IV ZR 231/92) = DNotZ 1994, 380.

357 BGH, Urt. v. 21. 3. 1990 (IV ZR 169/89) = DNotZ 1992, 241 (242 f.); BGH, Urt. v. 20. 10. 1993 (IV ZR 231/92) = DNotZ 1994, 380 (380 ff.).

358 BGH, Urt. v. 21. 3. 1990 (IV ZR 169/89) = DNotZ 1992, 241 (242); BGH, Urt. v. 20. 10. 1993 (IV ZR 231/92) = DNotZ 1994, 380 (382).

359 BGH, Urt. v. 20. 10. 1993 (IV ZR 231/92) = DNotZ 1994, 380 (382).

360 BGH, Urt. v. 21. 3. 1990 (IV ZR 169/89) = DNotZ 1992, 241 (243).

361 BGH, Urt. v. 20. 10. 1993 (IV ZR 231/92) = DNotZ 1994, 380 (382).

362 BGH, Urt. v. 21. 3. 1990 (IV ZR 169/89) = DNotZ 1992, 241 (243); BGH, Urt. v. 20. 10. 1993 (IV ZR 231/92) = DNotZ 1994, 380 (382).

363 BGH, Urt. v. 21. 3. 1990 (IV ZR 169/89) = DNotZ 1992, 241 (244).

nicht sogar gehalten seien, in Anbetracht der Begrenztheit staatlicher Leistungen die Versorgung ihres behinderten Abkömmlings auf gleichbleibendem Niveau durch gezielte Gestaltung der Vermögensnachfolge auch für die Zukunft sicherzustellen.[364] Würde der Einsatz des aus dem Nachlass stammenden Vermögenswertes zugunsten des Sozialleistungsträgers nach dem Tod der Eltern verlangt, ergäbe sich ein Wertungswiderspruch zu der sozialrechtlichen Handhabung zu Lebzeiten der Eltern.[365] Zu deren Lebzeiten sehe das Sozialleistungsrecht (damals § 91 BSHG, heute § 94 SGB XII) nämlich nur einen sehr begrenzten Rückgriff für erbrachte Sozialleistungen vor.[366]

---

364 BGH, Urt. v. 21. 3. 1990 (IV ZR 169/89) = DNotZ 1992, 241 (244).
365 BGH, Urt. v. 21. 3. 1990 (IV ZR 169/89) = DNotZ 1992, 241 (244).
366 BGH, Urt. v. 21. 3. 1990 (IV ZR 169/89) = DNotZ 1992, 241 (244).

3. Teil Elementarunterhaltsleistungen als ausgleichungspflichtige Zuwendungen

Im vorherigen Kapitel wurden die Voraussetzungen und Rechtsfolgen der Ausgleichungsvorschriften im Einzelnen dargestellt. Ungeklärt blieb hingegen bislang, ob auch Leistungen, die auf einer gesetzlichen Verpflichtung beruhen als „Zuwendung" i.S.v. §§ 2050, 2316 qualifiziert werden können oder ob darunter lediglich freiwillige Leistungen zu verstehen sind.

A) Abgrenzung zu anderen rechtlichen Verpflichtungen

Rechtliche Verpflichtungen lassen sich zur Klärung der hier aufgeworfenen Frage in drei Kategorien einteilen, nämlich in vertragliche Verpflichtungen, gesetzliche Unterhaltspflichten und sonstige gesetzliche Verpflichtungen.[367] Eine vertragliche Verpflichtung schließt das Vorliegen einer „Zuwendung" i.S.d. § 2050 nicht aus. Eine Schenkung aufgrund eines zuvor geschlossenen Schenkungsvertrages nach §§ 516 I, 518 I 1 BGB beispielsweise ist unstreitig als „Zuwendung" i.S.d. § 2050 anzusehen.[368] Etwas anderes gilt für Zuwendungen, denen eine Gegenleistung gegenübersteht. Diese können richtigerweise nicht als „Zuwendung" i.S.d. § 2050 bezeichnet werden.[369] Am deutlichsten wird dies, wenn man sich einen Abkömmling vorstellt, der im Betrieb der Eltern gegen ein entsprechendes Entgelt mitarbeitet. Würde auch die Auszahlung des Arbeitslohns an den Abkömmling unter den Begriff der „Zuwendung" i.S.d. § 2050 fallen und die Ausgleichungspflicht eingreifen, würde der Arbeitslohn des betreffenden Abkömmlings vom Wert seines Erbanteils abgezogen. Dies, obwohl der betreffende Abkömmling im Gegensatz zu den anderen Abkömmlingen eine dem Arbeitslohn entsprechende Gegenleistung durch Einsatz seiner Arbeitskraft erbracht hat. Die Ausgleichung würde in dem Fall entgegen ihres Zweckes[370] gerade zur Ungleichbehandlung der Abkömmlinge führen.

367 Vgl. *Schmitz,* Ausgleichung unter Miterben (Diss.), S. 111.

368 *Ann,* in: MüKo, § 2050, Rn. 8; *Kregel,* in: RGRK, § 2050, Rn. 14; *Stürner,* in: Jauernig, § 2050, Rn. 6; ex.c. *Weidlich,* in: Palandt, § 2050, Rn. 5.

369 Motive V, S. 704; *Kregel,* in: RGRK, § 2050, Rn. 17; *Muscheler,* Erbrecht Bd. I, Rn. 1372.

370 *Ann,* in: MüKo, § 2055, Rn. 1; *Bayer,* in: Erman, § 2050, Rn. 1; *Lange,* Die Ordnung der gesetzlichen Erbfolge, S. 88; *Lange,* Erbrecht, § 61, Rn. 139; *Muscheler,* Erbrecht Bd. I, Rn. 1362.

Auch in dem Fall, in dem eine Rückzahlungspflicht des an den Abkömmling zugewendeten Geldes vereinbart wurde, besteht kein Bedarf für die Anwendung der Ausgleichungsregeln.[371] Selbst wenn die Rückzahlung zum Zeitpunkt des Todes des Erblassers noch nicht vollständig erfolgt ist, bleibt der Rückzahlungsanspruch bestehen und geht gemäß § 1922 I auf die Erbengemeinschaft über. Sofern dem Abkömmling der Geldbetrag zinslos zur Verfügung gestellt wurde, kann lediglich der Zinsvorteil als Zuwendung i.S.d. § 2050 gewertet werden.[372] Der gewährte Geldbetrag selbst stellt keine Zuwendung i.S.d. § 2050 dar, denn aufgrund der Rückzahlungsverpflichtung hat der Abkömmling keine Leistung erhalten, die ihn gegenüber seinen Geschwistern besser gestellt bzw. den zu teilenden Nachlass geschmälert hat.

Die vorstehenden Beispiele zeigen, dass der Zuwendungsbegriff i.S.d. § 2050 aus funktionaler Sicht des § 2050 zu definieren ist. Eine Zuwendung ist daher eine Leistung, durch die dem Abkömmling auf Kosten des künftigen Nachlasses ein Vermögensvorteil zufließt.[373] Das Merkmal „auf Kosten des künftigen Nachlasses" schließt Leistungen, für die eine Gegenleistung oder Rückzahlungsverpflichtung vereinbart wurde, aus. Ob diese Definition zu ergänzen ist durch die Einschränkung, dass die Leistung nicht auf einer gesetzlichen Verpflichtung beruhen darf, bleibt jedenfalls im Hinblick auf gesetzliche Kindesunterhaltspflichten zu prüfen.

Sonstige gesetzliche Verpflichtungen sind erkennbar nicht als Zuwendung i.S.d. § 2050 zu werten.[374] Beispielhaft wird dies nachfolgend an Schadensersatz- und Schmerzensgeldansprüchen nach § 823 i.V.m. §§ 249 ff. sowie an Erlösherausgabeansprüchen nach §§ 681 S. 2, 667, 816 II demonstriert. Haben Eltern ihrem Abkömmling einen Schaden zugefügt und daher aus § 823 Schadensersatz oder Schmerzensgeld zu leisten, würde es dem Sinn und Zweck des Schadensersatzrechtes widersprechen, wenn die Schadensersatz- oder Schmerzensgeldleistung dem Abkömmling später von seinem Erb- oder Pflichtteilsanspruch im Wege der Ausgleichung abgezogen würde.[375] Ein Schadensersatzanspruch bzw. Schmerzensgeldanspruch dient nicht nur im Deliktsrecht der Wiedergutmachung und dem Ausgleich für einen entstandenen Schaden oder erlittene

---

371 RG, Urt. v. 03.07.1902 (120/1902 IV.) = RG JW 1902, Beil. 11, S. 266 Nr. 198; *Kregel*, in: RGRK, § 2050, Rn. 17; *Muscheler*, Erbrecht Bd. I, Rn. 1371.

372 *Kregel*, in: RGRK, § 2050, Rn. 14.

373 Vgl. *Thubauville*, MittRhNotK 1992, 289 (292).

374 *Löhnig*, in: Staudinger, § 2050, Rn. 19; *Muscheler*, Erbrecht Bd. I, Rn. 1371; *Sostmann*, MittRhNotK 1976, 479 (480); *Wolf*, in: Soergel, § 2050, Rn. 9.

375 Vgl. *Schmitz*, Ausgleichung unter Miterben (Diss.), S. 111.

Schmerzen.[376] Dementsprechend stehen diese Ansprüche dem Abkömmling zusätzlich zu seinem Erb- und Pflichtteilsanspruch zu und sind nicht von diesem abzuziehen, da ansonsten die durch die Erfüllung des Anspruches eingetretene Kompensation rückwirkend entfallen würde. Auch andere gesetzliche Verpflichtungen wie beispielsweise Erlösherausgabeansprüche nach §§ 681 S. 2, 667 oder § 816 II dienen der Zuordnung von Vermögenswerten zu demjenigen, dem sie nach der gesetzlichen Regelung gebühren.[377] Haben die Eltern aufgrund eines solchen Erlösherausgabeanspruchs den Erlös an ihren Abkömmling herauszugeben, wird deren Nachlass dadurch nicht geschmälert, da der Erlös eine gesetzliche Zahlungsschuld der Eltern darstellt. Es fehlt daher an einer sachlichen Rechtfertigung die Erlösherausgabe der Ausgleichungspflicht zu unterwerfen[378].

Im Gegensatz zu gesetzlichen Unterhaltsleistungen der Eltern an ihr Kind beruhen sonstige gesetzliche Verpflichtungen auf einem Grund, der außerhalb der Beziehung zwischen Eltern und Kind liegt. Diese Verpflichtungen können daher in selbigem Maße jeder dritten Person gegenüber entstehen[379]. Es ist daher konsequent, wenn Leistungen, die aufgrund sonstiger gesetzlicher Verpflichtungen erbracht werden, nicht der Ausgleichung unterfallen können. Wäre dies anders, würden Abkömmlinge, die einen Anspruch gegen ihre Eltern aus einer diese treffenden sonstigen gesetzlichen Verpflichtung haben, gegenüber dritten Personen benachteiligt, da die Ausgleichung ausschließlich zwischen Abkömmlingen durchgeführt werden kann (§ 2050).[380] Eine dritte Person muss sich die erhaltene Leistung daher nicht auf den eigenen Erb- oder Pflichtteil im Wege der Ausgleichung anrechnen lassen, während der Abkömmling die erlangte Leistung im Wege der Ausgleichung zumindest zum Teil durch Reduktion seines Erb- oder Pflichtteilsanspruchs wieder verlieren würde. Für eine solche Ungleichbehandlung von Abkömmlingen und dritten Personen fehlt es an einem sachlichen Grund.

Die gesetzliche Unterhaltspflicht gegenüber dem Abkömmling hingegen stützt sich genau wie das Recht der Ausgleichung gerade auf das Verhältnis zwischen Eltern und Kind (§§ 2050, 1601 BGB).[381] Die Gruppe der Anspruchsberechtigten

---

376 *Grüneberg*, in: Palandt, Vorb v § 249, Rn. 2 und § 253, Rn. 4; *Oetker*, in: MüKo, § 249, Rn. 1 f., 8; *Thüsing*, ZRP 2001, 126 ff.

377 *Schwab*, in: MüKo, § 816, Rn. 70; *Seiler*, in: MüKo, § 667, Rn. 1.

378 Vgl. *Muscheler*, Erbrecht Bd. I, Rn. 1371.

379 Vgl. *Schmitz*, Ausgleichung unter Miterben (Diss.), S. 111.

380 Vgl. *Schmitz*, Ausgleichung unter Miterben (Diss.), S. 111.

381 Vgl. *Ann*, in: MüKo, § 2050, Rn. 2; *Born*, in: MüKo, § 1601, Rn. 1; *Brudermüller*, in: Palandt, § 1601, Rn. 1; *Hahn/Reinken*, in: Bamberger/Roth, § 1601, Rn. 2; *Lohmann, Ilse*, in: Bamberger/Roth, § 2050, Rn. 4 f.; *Weidlich*, in: Palandt § 2050, Rn. 2.

für den Kindesunterhalt deckt sich mit der Gruppe der Ausgleichungsverpflichteten, sodass die Einbeziehung der aufgrund gesetzlicher Unterhaltspflicht erbrachten Zuwendungen in die Ausgleichungsregelungen im Gegensatz zu den sonstigen rechtlichen Verpflichtungen einer genaueren Untersuchung bedarf.[382]

B) Unterhaltszahlungen als Zuwendungen i.S.d. §§ 2050 ff., 2316 BGB

Würden Unterhaltsleistungen als Zuwendungen i.S.d. § 2050 qualifiziert, wäre potentiell jeder der Abkömmlinge zur Ausgleichung verpflichtet. Jeder Abkömmling hat regelmäßig zu Lebzeiten der Eltern Kindesunterhaltszahlungen nach §§ 1601 ff. erhalten. Insofern wäre bei Vorliegen der übrigen Ausgleichungsvoraussetzungen zunächst eine komplizierte Berechnung der Unterhaltshöhe und -dauer vorzunehmen. Dies ist in der Praxis kaum möglich und in hohem Maße streitanfällig. Daneben wären die sonstigen erhaltenen Leistungen eines jeden Abkömmlings zu berücksichtigen. Erst danach könnte die Auseinandersetzung des Nachlasses betrieben werden.

Andererseits würde gerade dies zur größtmöglichen Gleichbehandlung der Abkömmlinge führen, wenn jede nur denkbare an sie erbrachte Leistung der Eltern, gleichgültig ob sie freiwillig oder aufgrund entsprechender Verpflichtung erfolgte, zur Ausgleichung zu bringen wäre. Damit würde der Zweck der Ausgleichungsvorschriften, die Gleichbehandlung der Abkömmlinge, umfassend erreicht.[383]

Ob Unterhaltszahlungen Zuwendungen i.S.d. § 2050 sein können und damit der Ausgleichung unterliegen können, wird im Folgenden erörtert.

I. Unterhaltszahlungen als Ausstattung

Wären Unterhaltszahlungen Ausstattungen i.S.d. § 2050 I, wären sie automatisch zur Ausgleichung zu bringen, soweit der Erblasser keine ausgleichungsausschließende Anordnung trifft.[384] Eine Subsumtion von Unterhaltszahlungen unter den

382 So auch *Löhnig*, in: Staudinger, § 2050, Rn. 17, 19 und *Muscheler*, Erbrecht Bd. I, Rn. 1371 f., die zwar gesetzliche Unterhaltsleistungen als Zuwendung i.S.d. § 2050 begreifen, nicht aber Leistungen gegen Rückzahlungsverpflichtung oder aufgrund Verbindlichkeit, a.A. nur freiwillige Leistungen: *Ann*, in: MüKo, § 2050, Rn. 8; *Kregel*, in: RGRK, § 2050, Rn. 17; *Thubauville*, MittRhNotK 1992, 289 (292); *Wolf*, in: Soergel, § 2050, Rn. 9.

383 *Ann*, in: MüKo, § 2050, Rn. 1; *Flechtner*, in: Burandt/Rojahn , § 2050, Rn. 1; *Meincke*, AcP 178, 45 (67); *Mohr*, ZEV 1999, 257 (259).

384 § 2050 I.

Begriff der Ausstattung ist jedoch ausgeschlossen, da die Ausstattung anders als Unterhaltsleistungen nach §§ 1601 ff. nicht auf einer gesetzlichen Pflicht beruht.[385]

Aus der Definition des Ausstattungsbegriffes, wonach Ausstattung ist, „was einem Kind mit Rücksicht auf seine Verheiratung oder auf die Erlangung einer selbständigen Lebensstellung zur Begründung oder zur Erhaltung der Wirtschaft oder der Lebensstellung von dem Vater oder der Mutter zugewendet wird", geht noch nicht hervor, dass es sich dabei nicht auch um Unterhaltsleistungen handeln kann.[386] Vielmehr werden auch Unterhaltsleistungen, insbesondere in der Form des Ausbildungsunterhalts nach § 1610 II ebenfalls zu dem in der Definition genannten Zweck geleistet, dem Abkömmling zu einer selbständigen Lebensstellung zu verhelfen.[387]

Aus der weiteren Formulierung in § 1624 I: „auch wenn eine Verpflichtung nicht besteht", könnte ferner geschlossen werden, dass im Umkehrschluss Ausstattungen denkbar sind, die auf einer Verpflichtung beruhen.[388] Dies ist jedoch nicht der Fall. Eine Ausstattung beruht nicht auf einer gesetzlichen Verpflichtung, sondern auf einer causa sui generis.[389] Die vorgenannte Formulierung soll lediglich deutlich machen, dass die Ausstattung, auch wenn sie ebenso wie die Schenkung nicht auf einer gesetzlichen Verpflichtung beruht, dennoch keine Schenkung ist und demnach grundsätzlich nicht den Rechtsfolgen des Schenkungsrechts unterfällt.[390]

Aus der vorgenannten Gesetzesformulierung wird teilweise geschlossen, dass eine Ausstattung auch aufgrund einer gesetzlichen Unterhaltspflicht geleistet werden könne.[391] Dies wird mit einer bestehenden Ungleichbehandlung zwischen

---

385 Motive IV, S. 717 f.; *Czeguhn*, in: NK-BGB FamR, § 1624, Rn. 1, 5; *Flechtner*, in: Burandt/Rojahn , § 2050, Rn. 19; *Jakob*, AcP 207, 198 (200, 218); *Kerscher/Tanck*, ZEV 1997, 354 (355); *Krug*, in Krug/Zwißler, Familienrecht und Erbrecht, Rn. 461; *Lohmann*, in: Bamberger/Roth, § 1624, Rn. 1; a.A. *Schindler*, ZEV 2006, 389 (390); *Schmitz*, Ausgleichung unter Miterben (Diss.), S. 59 f.

386 § 1624 I.

387 OLG Naumburg, Urt. v. 26.10.1999 (3 WF 142/99) = FamRZ 2001, 440; *Brudermüller*, in: Palandt, § 1610, Rn. 19.

388 *Schmitz*, Ausgleichung unter Miterben (Diss.), S. 59.

389 *Gernhuber/Coester-Waltjen*, Familienrecht, § 56, Rn. 7; *Hilbig-Lugani*, in: Staudinger, § 1624, Rn. 1; *Jakob*, AcP 207, 198 (200); *Kerscher/Tanck*, ZEV 1997, 354; *Sailer*, NotBZ 2002, 81.

390 Motive IV, S. 717 f.; *Hilbig-Lugani*, in: Staudinger, § 1624, Rn. 25; *Kerscher/Tanck*, ZEV 1997, 354 (355); *Sailer*, NotBZ 2002, 81 (82).

391 *Schmitz*, Ausgleichung unter Miterben (Diss.), S. 59 f.

Abkömmlingen begründet, die bestünde, wenn eine Unterhaltsleistung nicht auch zugleich eine nach § 2050 I ausgleichungspflichtige Ausstattung sein könnte.[392] Würde einem Abkömmling eine Leistung im Rahmen der Unterhaltspflicht gewährt und einem anderen Abkömmling eine gleichwertige Leistung als Ausstattung zugewendet, ist erstere Leistung grundsätzlich nicht zur Ausgleichung zu bringen, während letztere gemäß § 2050 I von Gesetzes wegen auszugleichen ist.[393] Diese Differenzierung zwischen Unterhaltsleistungen und Ausstattung ist bezüglich der Ausgleichungspflicht jedoch gewollt. Bei Unterhaltsleistungen handelt es sich um solche, die aufgrund einer gesetzlichen Verpflichtung geleistet werden. Die Ausstattung hingegen ist eine über die gesetzliche Unterhaltspflicht hinausgehende zusätzliche freiwillige Leistung.[394] Da sie nicht zur Deckung des täglichen Lebensbedarfes bestimmt ist und nicht auf einer gesetzlichen Unterhaltspflicht beruht, muss sie auch nicht sofort geleistet werden – anders als der Unterhalt, der vom ersten eines Monats ab Geltendmachung zu leisten ist (§ 1613 I). Den Eltern bleibt bei der Ausstattung daher im Unterschied zur Unterhaltsleistung genügend Zeit, um sich zu überlegen, ob und wenn ja in welcher Höhe eine Ausstattung zugewendet werden soll, ob die anderen Abkömmlinge gleichzeitig oder zu einem späteren Zeitpunkt ein entsprechendes Äquivalent erhalten sollen und ob die Ausgleichung nach § 2050 I durchgeführt oder durch entsprechende Anordnung nach § 2050 I ausgeschlossen werden soll.

Bereits der historische Gesetzgeber hat sich bewusst gegen die Begründung einer Verpflichtung zur Ausstattung entschieden und vertrat die Ansicht, dass eine Ausstattung eine freiwillige, nicht auf einer gesetzlichen Verpflichtung beruhende Zuwendung sei.[395]

Auch der BGH bringt in einem Urteil aus dem Jahr 1981 zum Ausdruck, dass Leistungen, die auf einer gesetzlichen Unterhaltspflicht beruhen, nicht als Ausstattung nach § 2050 I zur Ausgleichung zu bringen sind.[396] Zwar stellt der BGH in seinem Urteil nicht auf den Ausstattungsbegriff nach §§ 2050 I, 1624 I ab. Allerdings macht er deutlich, dass er die Ausstattung als eine über die gesetzliche Unterhaltspflicht hinausgehende Leistung begreift, indem er feststellt, dass Eltern

---

392 *Schmitz,* Ausgleichung unter Miterben (Diss.), S. 59 f.

393 *Schmitz,* Ausgleichung unter Miterben (Diss.), S. 59 f.

394 Motive IV, S. 717 f.; *Flechtner,* in: Burandt/Rojahn , § 2050, Rn. 19; *Jakob,* AcP 207, 198 (200, 218); *Kerscher/Tanck,* ZEV 1997, 354 (355); *Lohmann,* in: Bamberger/Roth, § 1624, Rn. 1.

395 Motive IV, S. 717 f.

396 BGH, Urt. v. 30.09.1981 (IVa ZR 127/80) = NJW 1982, 575 (577); *Kasper,* Anrechnung und Ausgleichung im Pflichtteilsrecht (Diss.), S. 22.

bei Finanzierung der Ausbildung ihrer Kinder regelmäßig ihrer gesetzlichen Unterhaltspflicht genügen wollen, nicht jedoch eine darüber hinausgehende Leistung erbringen möchten.[397] Als Folge dürfe im Sinne der Gleichbehandlung der Kinder die Aussteuer als Unterbegriff der Ausstattung[398] dann nicht ausgleichungspflichtig sein, wenn sie anstelle des geschuldeten Ausbildungsunterhalts geleistet werde.[399] Für den BGH besteht daher zwischen Ausstattung und Ausbildungsunterhalt ein Alternativverhältnis und es sind keine Gründe ersichtlich, dass dies nicht auch für andere gesetzliche Unterhaltstatbestände als den Ausbildungsunterhalt gelten sollte.

Wird die Ausstattung in Rentenform als Zuschuss zu den Einkünften gewährt, richtet sich die Ausgleichung, selbst wenn die Tatbestandsmerkmale einer Ausstattung nach § 1624 I erfüllt sind, nicht nach § 2050 Absatz 1, sondern nach dessen Absatz 2.[400] Da Unterhaltsleistungen regelmäßig in Rentenform gewährt werden (§ 1612 I, II), richtet sich ihre erbrechtliche Ausgleichungspflicht daher bereits unabhängig von der Frage der Erfüllung der Ausstattungsqualität nicht nach § 2050 I.

II. Unterhaltszahlungen als ergänzende Einkünfte

Unterhaltsleistungen sind auch nicht als Zuschüsse im Sinne des § 2050 II Alt. 1, die zu dem Zwecke gegeben werden, als Einkünfte verwendet zu werden, zu qualifizieren. Zwar werden Unterhaltszahlungen regelmäßig mit der konkludenten Zweckbestimmung geleistet, als Einkünfte verwendet zu werden, denn sie sollen der Bestreitung des Lebensunterhaltes und nicht der Vermögensbildung dienen.[401] Bereits die Bedeutung des Wortes „Zuschuss“, das als „finanzieller Beitrag, zusätzliche Zahlung“ definiert wird[402], schließt die Einbeziehung von Zahlungen, die auf einer gesetzlichen Unterhaltspflicht beruhen, aus. Gesetzliche Unterhaltsleistungen werden nämlich nicht „zusätzlich“[403] und damit überobligatorisch

397 BGH, Urt. v. 30.09.1981 (IVa ZR 127/80) = NJW 1982, 575 (577).

398 *Schindler*, ZEV 2006, 389 (391).

399 BGH, Urt. v. 30.09.1981 (IVa ZR 127/80) = NJW 1982, 575 (577); *Weidlich*, in: Palandt, § 2050, Rn. 7; a.A. *Lange*, Die Ordnung der gesetzlichen Erbfolge, S. 97 ff.; *Löhnig*, in: Staudinger, § 2050, Rn. 30.

400 RG, Urt. v. 20.04.1912 (Rep. IV 508/11) = RGZ 79, 266 (267); *Ann*, in: MüKo, § 2050, Rn. 14, 24, 27; *Flechtner*, in: Burandt/Rojahn , § 2050, Rn. 22, 33; *Weidlich*, in: Palandt, § 2050, Rn. 7.

401 *Born*, in: MüKo, § 1601, Rn. 1; *Brudermüller*, in: Palandt, Einf v § 1601, Rn. 2.

402 *Wahrig*, Deutsches Wörterbuch, S. 1814.

403 *Wahrig*, Deutsches Wörterbuch, S. 1814.

erbracht, sondern es handelt sich um obligatorische Leistungen. Zudem beschränkt die Regelung des § 2050 II die Ausgleichungspflicht auf das an den Vermögensverhältnissen des Erblassers gemessene Übermaß. Das Bestehen einer gesetzlichen Unterhaltspflicht schließt jedoch regelmäßig das Vorliegen von Übermäßigkeit aus.[404]

Der Ansicht, dass die Ausgleichungspflicht nach § 2050 II auch für geschuldete Zuschüsse wie Unterhaltsleistungen eingreife, da es keine Möglichkeit gäbe, geschuldete Zuschüsse von den Vermögensverhältnissen des Erblassers abhängig zu machen, ist nicht zuzustimmen.[405] Dabei wird verkannt, dass Unterhaltsleistungen dann nicht geschuldet sind, wenn sie die Leistungsfähigkeit des Unterhaltspflichtigen übersteigen.[406] Die Leistungsfähigkeit des Kindesunterhaltsschuldners (§ 1603) richtet sich nach dessen Erwerbs- und Vermögensverhältnissen.[407] Richtig ist zwar, dass bei der Unterhaltsberechnung primär eine Orientierung an dem Einkommen des Unterhaltspflichtigen stattfindet[408], während bei der Beurteilung des Übermaßes nach § 2050 II auf die Vermögensverhältnisse abgestellt wird.[409] Dies relativiert sich jedoch zum einen dadurch, dass die Vermögensverhältnisse maßgeblichen Einfluss auf die Unterhaltsberechnung haben. Hohes Vermögen wirkt sich dadurch auf das Einkommen des Unterhaltspflichtigen aus, dass die aus dem Vermögen gezogenen Erträge als Kapitaleinkünfte das Einkommen des Unterhaltspflichtigen erhöhen.[410] Ferner hat ein aus einem selbstbewohnten Eigenheim bestehendes Vermögen durch die Berücksichtigung des Wohnvorteils Einfluss auf die Einkommensberechnung, indem der durchschnittliche monatliche Mietwert des Eigenheims als Nutzungsvorteil dem Einkommen hinzuaddiert wird.[411] Sodann ist der Unterhaltspflichtige grundsätzlich verpflichtet, zur Bedienung des Unterhalts sein Vermögen einzusetzen.[412] Leistungsunfähigkeit tritt folglich erst ein, wenn der Unterhalt auch

---

404 Siehe 2. Teil B) I. 3. b) bb) Aufwendungen für die Vorbildung zu einem Beruf.

405 *Schindler,* ZEV 2006, 389 (392); *Schmitz,* Ausgleichung unter Miterben (Diss.), S. 87 f.

406 *Born,* in: MüKo, § 1603, Rn. 1; *Brudermüller,* in: Palandt, § 1603, Rn. 2; *Götz,* in: Schnitzler, Anwhdb. FamR, § 7, Rn. 167; *Graba,* in: Johannsen/Henrich, § 1603, Rn. 1.

407 *Götz,* in: Schnitzler, Anwhdb. FamR, § 7, Rn. 168.

408 *Götz,* in: Schnitzler, Anwhdb. FamR, § 7, Rn. 169; *Norpoth,* in: Heiß/Born, Unterhaltsrecht, 12. Kap., Rn. 74.

409 *Ann,* in: MüKo, § 2050, Rn. 26; *Weidlich,* in: Palandt, § 2050, Rn. 9.

410 *Norpoth,* in: Heiß/Born, Unterhaltsrecht, 12. Kap., Rn. 91.

411 *Born,* in: MüKo, § 1603, Rn. 32; *Finke,* FPR 2008, 94.

412 *Born,* in: MüKo, § 1603, Rn. 111; *Graba/Maier,* in: Johannsen/Heinrich, § 1603, Rn. 14.

durch die Verwertung des Vermögens nicht bedient werden kann.[413] Zum anderen ist der Begriff der Vermögensverhältnisse nach § 2050 II, an denen sich die Übermäßigkeit der Zuwendung orientiert, als Gesamtbegriff zu verstehen, der sowohl das Einkommen als auch das Vermögen umfasst.[414] Der historische Gesetzgeber hat gerade davon abgesehen, auf eine Entnahme der Zuwendung aus dem Vermögensstamm des Zuwendenden abzustellen, sondern den Begriff der Vermögensverhältnisse gewählt, um die Einbeziehung von Einkommen und Vermögen in eine Gesamtbetrachtung zur Beurteilung der Übermäßigkeit zu ermöglichen.[415] Regelmäßig ist daher ein Gleichklang zwischen den Vermögensverhältnissen und der Leistungsfähigkeit zu sehen. Gesetzliche Unterhaltsleistungen sind, da sie sich an der Leistungsfähigkeit des Unterhaltspflichtigen orientieren, daher grundsätzlich nicht übermäßig i.S.d. § 2050 II.[416]

III. Unterhaltszahlungen als Aufwendungen für die Vorbildung zu einem Beruf

Unter „Aufwendungen für die Vorbildung zu einem Beruf" (§ 2050 II Alt. 2) sind der Ausbildungsunterhalt nach § 1610 II und solche Leistungen, die über eine „angemessene Vorbildung zu einem Beruf" (§ 1610 II) hinausgehen, zu verstehen.[417] Da sich die Ausgleichungsverpflichtung nach § 2050 II jedoch nur auf das Übermaß an geleisteten Aufwendungen bezieht, wird der Ausbildungsunterhalt selbst nicht von der Ausgleichungspflicht nach § 2050 II erfasst.[418]

Der Grund des Gesetzgebers für die Einbeziehung speziell des übermäßigen Ausbildungsunterhaltes in die Ausgleichungsvorschriften unter Außenvorlassen sonstiger übermäßiger gesetzlicher Unterhaltsleistungen ist unklar. Deutlich wird jedoch, dass es dem Gesetzgeber insbesondere um die Erfassung der Studienkosten ging, aufgrund der diesbezüglich von ihm festgestellten besonderen praktischen Relevanz.[419]

---

413 *Brudermüller,* in: Palandt, § 1603, Rn. 3; *Duderstadt,* FamRZ 1998, 273 (274 f.); *Norpoth,* in: Heiß/Born, Unterhaltsrecht, 12. Kap., Rn. 91.

414 *Schmitz,* Ausgleichung unter Miterben (Diss.), S. 100.

415 Prot. V, S. 891; *Schmitz,* Ausgleichung unter Miterben (Diss.), S. 100; vgl. *Wolf,* in: Soergel, § 2050, Rn. 17.

416 RG, Urt. v. 03.06.1926 (IV 21/26) = RGZ 114, 52 (53 f.); *Bothe,* in: Damrau/Tanck, § 2050, Rn. 26, 28, 31; *Weimar,* JR 1967, 97.

417 RG, Urt. v. 03.06.1926 (IV 21/26) = RGZ 114, 52 (53 f.); *Weimar,* JR 1967, 97.

418 BGH, Urt. v. 30.09.1981 (IVa ZR 127/80) = NJW 1982, 575 (577).

419 Motive V, S. 703.

Auch der Inhalt der Protokolle zum Entwurf des BGB spricht dafür, dass Leistungen, die auf einer gesetzlichen Unterhaltspflicht beruhen, nach dem Willen des Gesetzgebers nicht der Ausgleichungspflicht nach § 2050 II Alt. 2 unterfallen sollen. Betreffend die Kosten der Berufsausbildung nach § 2050 II Alt. 2 heißt es dort, dass diese Kosten nicht sämtlich unter die Ausgleichungspflicht fallen dürften, „da mancherlei Umstände, insbesondere die bessere Veranlagung eines Kindes, es rechtfertigen könnten, demselben eine kostspieligere Ausbildung angedeihen zu lassen als seinen Geschwistern, ohne daß darin immer eine zur Ausgleichung verpflichtende Bevorzugung zu finden sei."[420]

Auch der BGH machte in seiner Entscheidung vom 30.09.1981 deutlich, dass er die im Rahmen einer Unterhaltspflicht gewährten Aufwendungen für die Vorbildung zu einem Beruf nicht als ausgleichungspflichtig erachtet, indem er die Ausgleichung einer Aussteuer bei Nichtgewährung einer Berufsausbildung verneinte.[421] Der BGH wertete die gegenüber der Tochter des Erblassers von diesem erbrachte Aussteuer als Surrogat für die gegen Verletzung der gesetzlichen Unterhaltspflicht nicht gewährte Berufsausbildung.[422] Ist daher die gewährte Aussteuer nicht ausgleichungspflichtig, weil sie als Ersatz für die nicht gewährten Berufsausbildungskosten diente, bedeutet dies im Umkehrschluss, dass auch die im Rahmen der Unterhaltspflicht gewährten Berufsausbildungskosten nicht ausgleichungspflichtig sind.

Die Problematik, die der vorbenannten BGH-Entscheidung zugrunde lag, war die Ungleichbehandlung von (damals noch fast ausschließlich) Töchtern, die die erhaltene Aussteuer nach § 2050 I vollständig zur Ausgleichung bringen mussten, während sich die Ausgleichungspflicht der Söhne, die eine Ausbildung erhielten, nach § 2050 II lediglich auf das Übermaß der Berufsausbildungskosten bezog.[423] Dieses Problem wurde bereits im Jahr 1938 durch den Erbrechtsausschuss der Akademie für Deutsches Recht erkannt, der sich bei dieser Gelegenheit ebenfalls negativ zu der Ausgleichung von Unterhaltsleistungen nach § 2050 II äußerte.[424] Der Lösungsansatz des Erbrechtsausschusses war konträr zu dem des BGH, denn anstelle der Verneinung der Ausgleichung der Ausstattung bei Nichtgewährung einer Berufsausbildung, erwog der Erbrechtsausschuss u.a. auch die Berufsausbildungsaufwendungen vollständig und ohne Beschränkung

420 Prot. V, S. 890.
421 BGH, Urt. v. 30.09.1981 (IVa ZR 127/80) = NJW 1982, 575 (577).
422 BGH, Urt. v. 30.09.1981 (IVa ZR 127/80) = NJW 1982, 575 (577).
423 BGH, Urt. v. 30.09.1981 (IVa ZR 127/80) = NJW 1982, 575.
424 *Lange,* Die Ordnung der gesetzlichen Erbfolge, S. 97.

auf das Übermaß der Ausgleichungspflicht zu unterziehen.[425] Der Erbrechtsausschuss lehnte die Gleichstellung von Ausstattung und Berufsausbildungskosten im Ergebnis jedoch ab.[426] Insbesondere wollte er die Konsequenz der vollständigen Ausgleichung von Berufsausbildungskosten vermeiden, die darin bestünde, dass auch der Teil dieser Kosten, der auf einer gesetzlichen Unterhaltspflicht beruht, zur Ausgleichung zu bringen wäre. Dies führe zu unerfreulichen Abrechnungen, wenn sämtliche Unterhaltsleistungen der Eltern an die verschiedenen Kinder „abgerechnet" werden müssten.[427] In den Beträgen, die die Eltern für die Berufsausbildung ihrer Kinder aufwendeten, komme ihre erzieherische Ermessensausübung zum Ausdruck.[428] Es sei anzunehmen, dass die Eltern ihr Kind nach dessen Fähigkeiten und Interessen förderten, sodass eine vollständige Ausgleichung der Berufsausbildungskosten dieses gegenüber jedem einzelnen Kind ausgeübte Ermessen korrigiere, was nicht gewollt sei.[429]

Wenn nach Vorgesagtem bereits das im Rahmen der Ausbildungsunterhaltspflicht Geleistete aufgrund der fehlenden Übermäßigkeit nicht nach § 2050 II Alt. 2 zur Ausgleichung zu bringen ist, gilt dies erst recht für sonstige in § 2050 II nicht genannte gesetzliche Unterhaltsleistungen nach §§ 1601 ff. Unterhaltsleistungen sind daher weder nach § 2050 I noch nach § 2050 II von Gesetzes wegen zur Ausgleichung zu bringen.

IV. Unterhaltszahlungen als sonstige Zuwendungen

Zu klären bleibt die Frage, ob Unterhaltsleistungen durch entsprechende Erblasseranordnung nach § 2050 III der Ausgleichungspflicht zugänglich gemacht werden können. Ob die Regelung in § 2050 III, die sich auf „andere Zuwendungen" bezieht, so weit zu verstehen ist, dass sämtliche Zuwendungen darunter subsumierbar sind, die nicht von § 2050 I und II erfasst werden und damit auch Unterhaltsleistungen im Wege der Ausgleichungsanordnung der Ausgleichungspflicht unterzogen werden können, ist umstritten. Eine Ansicht, die teilweise[430] sogar als überwiegende Ansicht bzw. herrschende Meinung bezeichnet wird, geht davon aus, dass auch Leistungen, die auf einer gesetzlichen Unterhaltspflicht

425 *Lange,* Die Ordnung der gesetzlichen Erbfolge, S. 98, 100.
426 *Lange,* Die Ordnung der gesetzlichen Erbfolge, S. 98, 100.
427 *Lange,* Die Ordnung der gesetzlichen Erbfolge, S. 98, Fn. 1.
428 *Lange,* Die Ordnung der gesetzlichen Erbfolge, S. 99.
429 *Lange,* Die Ordnung der gesetzlichen Erbfolge, S. 99.
430 Deutsches Notarinstitut, DNotI-Report 2012, 175 (176); *Mayer,* in: Bamberger/Roth, § 2316, Rn. 5; *Müller, G.* in: Burandt/Rojahn , § 2316, Rn. 9.

beruhen, Zuwendungen i.S.v. §§ 2050, 2316 sein können.[431] Eine nicht unerhebliche Gegenmeinung ist jedoch anderer Ansicht und fordert für die Erfüllung des Zuwendungsbegriffs das Merkmal der Freigiebigkeit.[432]

Die Vertreter der Ansicht, nach der auch gesetzliche Unterhaltsleistungen der Ausgleichungspflicht unterfallen können, stützen sich im Wesentlichen auf ein Urteil des Reichsgerichts[433] aus dem Jahr 1910. [434] In diesem Urteil, in dem das Reichsgericht die Vorschrift des § 2050 III als Auffangtatbestand für alle Zuwendungen, auch solche in Form von Unterhaltsleistungen[435], versteht, verkennt es jedoch den entgegenstehenden Willen des Gesetzgebers. Der Gesetzgeber sah es als überflüssig – weil selbstverständlich – an, die Freigiebigkeit der Zuwendung als Tatbestandsmerkmal in § 2050 mit aufzunehmen.[436] Die Vertreter der Ansicht, die die Ausgleichung von Unterhaltsleistungen verneint, berufen sich insofern auf die Motive zum BGB[437], in denen es heißt: „dass Erfüllung einer

---

431 RG, Urt. v. 12.05.1910 (IV 411/09) = RGZ 73, 372 (377); *Bock,* in: NK-BGB ErbR, § 2316, Rn. 11; *Brox/Walter,* Erbrecht, Rn. 535; *Kregel,* in: RGRK, § 2050, Rn. 14; *Löhnig,* in: Staudinger, § 2050, Rn. 17, 31; *Mayer,* in: Bamberger/Roth, § 2316, Rn. 5; *Müller, G.* in: Burandt/Rojahn , § 2316, Rn. 9.

432 Motive, Bd. V, S. 704; RG, Urt. v. 30.06.1902 (131/1902 IV.) = RG, JW 1902, Beil. 11, S. 266, Nr. 198; RG, Urt. v. 29.08.1938 (IV 27/38) = JW 1938, 2971; *Ann,* in MüKo, § 2050, Rn. 30; *Eberl-Borges, in: NK-BGB ErbR,* § 2050, Rn. 7; *Flechtner,* in: Burandt/Rojahn , § 2050, Rn. 17, 37; *Juchem,* in: Frieser, FA-Komm. ErbR, § 2050, Rn. 4; *Kasper,* Anrechnung und Ausgleichung im Pflichtteilsrecht, (Diss.) S. 24 f.(§ 2315); *Lange,* in: MüKo, § 2316, Rn. 11; *Lenz-Brendel/Tanck,* in: *Mayer* et.al., Hdb. Pflichtteilsrecht, § 6, Rn. 55; *Otte,* in: Staudinger, § 2316, Rn. 10 (zumindest für die Regelung des § 2316); *Progl,* ZErb 2008, 10 (14); *Schindler,* ZEV 2006, 389 (393); *Schmitz,* Ausgleichung unter Miterben (Diss.), S. 110 f.; *Schultz,* DAVorm 1984, 713 (715, 717); *Sostmann,* MittRhNotK 1976, 479 (480); *Thubauville,* MittRhNotK 1992, 289 (292); *Werbik,* Lebzeitige Zuwendungen des Erblassers (Diss.), S. 120; *Wolf,* in: Soergel, § 2050, Rn. 9; zweifelnd *Weidlich,* in: Palandt, § 2050, Rn. 10.

433 RG, Urt. v. 12.05.1910 (IV 411/09) = RGZ 73, 372 (377).

434 *Bock,* in: NK-BGB ErbR, § 2316, Rn. 11, Fn. 16; *Brox/Walker,* Erbrecht, Rn. 535, Fn. 122; *Kregel,* in: RGRK, § 2050, Rn. 14; *Löhnig,* in: Staudinger, § 2050, Rn. 17, 31; *Mayer,* in: Bamberger/Roth, § 2316, Rn. 5, Fn. 16; *Müller, G.* in: Burandt/Rojahn , § 2316, Rn. 9.

435 RG, Urt. v. 12.05.1910 (IV 411/09) = RGZ 73, 372 (377).

436 Motive V, S. 704.

437 RG, Urt. v. 30.06.1902 (131/1902 IV.) = RG, JW 1902, Beil. 11, S. 266, Nr. 198; *Ann,* in MüKo, § 2050, Rn. 30, Fn. 99; *Kasper,* Anrechnung und Ausgleichung im Pflichtteilsrecht, (Diss.) S. 23; *Lange,* in: MüKo, § 2316, Rn. 11, Fn. 20; *Otte,* in: Staudinger, § 2316, Rn. 10; *Progl,* ZErb 2008, 10 (14), Fn. 18; *Schmitz,* Ausgleichung unter

Verbindlichkeit keine Zuwendung ist, bedarf einer besonderen Hervorhebung nicht".[438] Nicht zutreffend ist daher die Ansicht, der Gesetzgeber habe bewusst auf die Hinzufügung des Adjektivs „unentgeltlich" zum Begriff der Zuwendung verzichtet, da die Ausgleichung auch für Leistungen, die auf einer gesetzlichen Pflicht beruhen, möglich sein sollte.[439]

Die nachfolgende Auslegung der Vorschrift des § 2050 III stützt die Vertreter der Ansicht, die die gesetzlichen Unterhaltsleistungen nicht als denkbare Ausgleichungsobjekte begreifen.

1. Wortlaut

Der Begriff der „Zuwendung" wird im Duden definiert als „Geld, das jemand jemandem / einer Institution zukommen lässt/schenkt."[440] Für die Erbringung einer Zuwendung stehen daher zwei Handlungsalternativen zur Verfügung, „zukommen lassen" und „schenken". Während letztere Handlungsalternative sowohl nach dem Allgemeinverständnis[441] als auch nach der juristischen Definition[442] zwingend unentgeltlich ist, ist die erste sowohl entgeltlich als auch unentgeltlich denkbar.

Thubauville definiert den Zuwendungsbegriff i.S.d. § 2050 als „jede Hingabe von Vermögensvorteilen durch den Erblasser, die den (künftigen) Nachlass mindert."[443] Dies entspricht dem Begriffsverständnis zahlreicher weiterer Autoren.[444] Die Frage, ob die Leistung, um den Zuwendungsbegriff zu erfüllen, freiwilliger Natur sein muss, wird durch diese Definition nicht beantwortet. Die Verwendung des Indefinitpronomens „jede" in der obigen Definition indiziert zwar, dass sowohl obligatorische als auch fakultative Leistungen als Zuwendung denkbar sind. Die zuvor zitierten Autoren vertreten bei der Frage der Freiwilligkeit der Leistung jedoch unterschiedliche Auffassungen[445], woraus deutlich wird, dass die

Miterben (Diss.), S. 110 f., Fn. 373; *Schultz,* DAVorm 1984, 713 (715, 717), Fn. 15; *Wolf,* in: Soergel, § 2050, Rn. 9, Fn. 26.

438 Motive V, S. 704.

439 *Löhnig,* in: Staudinger, § 2050, Rn. 17.

440 Duden, Bd. 10, S. 4702.

441 Duden, Das Bedeutungswörterbuch, S. 799.

442 § 516 I; *Creifelds/Weber,* Rechtswörterbuch, S. 1044.

443 *Thubauville,* MittRhNotK 1992, 289 (292).

444 *Ann,* in: MüKo, § 2050, Rn. 7 ff.; *Kregel,* in: RGRK, § 2050, Rn. 14, 16; *Mayer J.,* in: Bamberger/Roth, § 2316, Rn. 5; *Weidlich,* in: Palandt, § 2050, Rn. 5.

445 Ausschließlich freiwillige Leitungen: *Ann,* in: MüKo, § 2050, Rn. 8; *Kregel,* in: RGRK, § 2050, Rn. 17; *Thubauville,* MittRhNotK 1992, 289 (292); auch Leistungen, die auf

vorgenannte Definition die Frage der Freiwilligkeit der Leistung letztlich nicht beantworten soll.

Der Begriff der „Zuwendung“ wird im BGB an unterschiedlichen Stellen verwendet. Zum einen bei der Schenkung nach § 516 I, die demnach „eine Zuwendung (ist), durch die jemand aus seinem Vermögen einen anderen bereichert (…) wenn beide Teile darüber einig sind, dass die Zuwendung unentgeltlich erfolgt.“[446] Der Begriff der „Zuwendung“ wird in der Norm des § 516 I zusammen mit dem Adjektiv „unentgeltlich“ verwendet. Aus dem Umkehrschluss ergibt sich, dass der Begriff der „Zuwendung“ selbst keine Aussage darüber trifft, ob Entgeltlichkeit oder Unentgeltlichkeit vorliegt. Vielmehr ist dazu das entsprechende Adjektiv voranzustellen, um über die (Un-)Entgeltlichkeit eine Aussage zu treffen, so wie es in §§ 330 S. 2, 822, 1638 I, 1909 I 2 geschehen ist, die von einer „unentgeltlichen Zuwendung“ bzw. „unentgeltlich zugewendet“ sprechen. Die Neutralität des Begriffs „Zuwendung“ bei der Frage der (Un-)Entgeltlichkeit ist auch dem Rechtswörterbuch von Creifelds zu entnehmen, der bei der Darstellung verschiedener Rechtsgeschäftsarten als eine Rechtsgeschäftsvariante die „Zuwendung, durch die das Vermögen eines anderen – unabhängig von der Frage der Entgeltlichkeit – bereichert wird“[447] beschreibt.

Ferner wurde der Begriff der „Zuwendung“ in der Vorschrift des § 1380 über die „Anrechnung von Vorempfängen“ beim Zugewinnausgleich verwendet.[448] Obwohl das Adjektiv „unentgeltlich“ in dieser Norm fehlt, besteht Einigkeit darüber, dass darunter ausschließlich die „freiwillige Leistung ohne Gegenleistung“[449] zu verstehen ist.[450]

Die Rechtsprechung entwickelte den Begriff der „unbenannten“ oder „ehebedingten Zuwendung“ für Vermögensübertragungen zwischen Ehegatten. Diese „unbenannten Zuwendungen“ zeichnen sich dadurch aus, dass sie zwar objektiv unentgeltlich erbracht werden, es jedoch an der subjektiven Unentgeltlichkeit

---

einer gesetzlichen Pflicht beruhen: *Mayer J.*, in: Bamberger/Roth, § 2316, Rn. 5; zweifelnd *Weidlich*, in: Palandt, § 2050, Rn. 10.

446 § 516.

447 *Creifelds/Weber*, Rechtswörterbuch, S. 1467, 973.

448 § 1380 I.

449 *Brudermüller*, in: Palandt, § 1380, Rn. 3.

450 BGH, Urt. v. 24.02.1983 (IX ZR 42/82) = NJW 1983, 1113 (1114); BGH, Urt. v. 20.12.2000 (XII ZR 237/98) = NJW-RR 2001, 793.

fehlt.[451] Die Leistung wird in diesen Fällen vielmehr in der Erwartung des Bestands der Ehe und daher subjektiv nicht freigiebig erbracht.[452]

Auch im 5. Buch des BGB wird der Begriff der Zuwendung in den Vorschriften §§ 1939 f., 2352 verwendet. Die Vorschrift des § 1939 regelt die Zuwendung in der Form eines Vermächtnisses, während § 1940 klarstellt, dass eine Auflage eine Verpflichtung des Erben oder Vermächtnisnehmers zur Leistung ist, ohne dem Begünstigten dabei zwangsläufig ein Recht auf eine Leistung zuzuwenden. Die Norm des § 2352 räumt dem in einer letztwilligen Verfügung eingesetzten Erben oder Vermächtnisnehmer die Möglichkeit ein, durch Vertrag mit dem Erblasser auf die Zuwendung zu verzichten. Bei allen vorgenannten Normen des 5. Buches handelt es sich um die Verwendung des Begriffes „Zuwendung“ im Sinne von letztwilligen Zuwendungen durch den Erblasser. Es handelt sich in allen Fällen um unentgeltliche Zuwendungen, die weder auf einer gesetzlichen noch auf einer vertraglichen Verpflichtung beruhen. Eine rechtsgeschäftliche Verpflichtung, in bestimmter Weise von Todes wegen zu verfügen, wäre nach § 2302 nichtig. Zwar kann in einem Erbvertrag eine Gegenleistung vereinbart werden (§ 2295), ein Gegenseitigkeitsverhältnis zwischen Zuwendung und Gegenleistung i.S.v. §§ 320 ff. entsteht dadurch jedoch nicht[453].

Zwar ist in allen Fällen der Verwendung des Zuwendungsbegriffes eine unentgeltliche Übertragung gemeint (mit Ausnahme der „unbenannten Zuwendung“, bei der es an der subjektiven Unentgeltlichkeit fehlt). Die Tatsache, dass in den Normen der §§ 330 S. 2, 822, 1638 I, 1909 I 2 das Adjektiv „entgeltlich“ vorangestellt wurde, zeigt jedoch, dass dieses Merkmal sich nicht aus der Bedeutung des Wortes „Zuwendung“ selbst ergibt. Da auch in der hier maßgeblichen Norm des § 2050 III der Begriff der Zuwendung ohne ein entsprechendes erläuterndes Adjektiv verwendet wurde, ist der Wortlaut der Norm unergiebig. Aus dem Fehlen dieser Spezifizierung könnte zwar geschlossen werden, dass sowohl entgeltliche als auch unentgeltliche Zuwendungen von § 2050 III umfasst werden. Allerdings

451 BGH, Urt. v. 26.11.1981 (IX ZR 91/80) = NJW 1982, 1093; BGH, Urt. v. 04.11.1987 (IVb ZR 100/86) = DNotZ 1988, 438 (439); *Uecker,* in: Scholz/Kleffmann/Doering-Striening, Teil C, Rn. 6.

452 *Uecker,* in: Scholz/Kleffmann/Doering-Striening, Teil C Rn. 6.

453 BayObLG, Beschl. v. 28.01.1998 (1Z BR 162–97 und 1Z BR 176–97) = NJW-RR 1998, 729 (730); *Gerken,* BWNotZ 1992, 93; *Leipold,* in: MüKo, § 1941, Rn. 4; *Weidlich,* in: Palandt, § 1941, Rn. 2, § 2295, Rn. 1.

trifft die fehlende Spezifizierung der „Zuwendung" auch auf die Norm des § 1380 I zu, die nach einhelliger Meinung nur freiwillige Leistungen umfasst.[454]

2. *Historische Auslegung*

Der historische Gesetzgeber wollte unter den Begriff der Zuwendung i.S.d. § 2050 III ausschließlich freiwillige Leistungen verstanden wissen, während die Rechtsprechung bislang keine eindeutige Antwort auf die Frage nach ihrem Verständnis des Zuwendungsbegriffes lieferte.

a) Gesetzesmaterialien

Der ursprüngliche Entwurf der 1. Kommission zur Schaffung des BGB beschränkte die Ausgleichungspflicht nach dem heutigen § 2050 III auf „unentgeltliche Zuwendungen (...), wenn sie der Erblasser ohne Verpflichtung hierzu gemacht (...) hat."[455] Durch die Verwendung des Adjektivs „unentgeltlich"[456] zusammen mit der Klarstellung „ohne Verpflichtung gemacht"[457] wurde deutlich, dass die 1. Kommission des BGB Leistungen, die auf einer gesetzlichen Verpflichtung beruhen, nicht in die Ausgleichungsvorschrift einbeziehen wollten.

Von dieser klarstellenden Formulierung wurde bereits in der Beratung der 1. Kommission in der Sitzung vom 08. Juni 1887 Abstand genommen mit der Begründung: „Das Erfordernis der Unentgeltlichkeit der Zuwendung sei nicht absolut aufzustellen, und ebenso wenig brauche hervorgehoben zu werden, daß Erfüllung einer Verbindlichkeit keine Zuwendung sei."[458] Unklar ist, welche Bedeutung es hat, dass das Merkmal der Unentgeltlichkeit keine absolute Voraussetzung der Ausgleichung darstellen solle. Vermutlich sollte damit zum Ausdruck gebracht werden, dass der Zuwendungsbegriff nicht identisch ist mit dem Begriff der Schenkung, denn ferner heißt es in dem Protokoll: „Der Begriff der Zuwendung bestimme sich nach der materiellen, nicht nach der juristischen Wirkung des Aktes, stimme deshalb auch mit dem Begriffe der Schenkung (...)

---

454 BGH, Urt. v. 24.02.1983 (IX ZR 42/82) = NJW 1983, 1113 (1114); BGH, Urt. v. 20.12.2000 (XII ZR 237/98) = NJW-RR 2001, 793; *Brudermüller,* in: Palandt, § 1380, Rn. 3.

455 § 405 des Entwurfes, zit. in: *Jakobs/Schubert,* Die Beratung des BGB, S. 769.

456 § 405 des Entwurfes, zit. in: *Jakobs/Schubert,* Die Beratung des BGB, S. 769.

457 § 405 des Entwurfes, zit. in: *Jakobs/Schubert,* Die Beratung des BGB, S. 769.

458 *Jakobs/Schubert,* Die Beratung des BGB, S. 765, 769; aus den Quellen der Beratung der 2. Kommission über die Ausgleichungsvorschriften geht die Thematisierung dieser Problematik nicht hervor (vgl. *Jakobs/Schubert,* Die Beratung des BGB, S. 803 ff.).

nicht völlig überein."[459] Durch die Streichung der klarstellenden Formulierung aus dem Gesetzestext sollte der Sinn der Norm nicht verändert werden. Der Gesetzgeber erachtete vielmehr die Klarstellung für überflüssig.[460] Dies bestätigt auch die Begründung dieses Entwurfes, worin es heißt: „Für die Ausgleichung des Vorempfanges fehlt der Gegenstand, wenn die Zuwendung auf Grund eines lästigen Titels und nicht aus Liberalität erfolgte."[461]

In den Motiven des BGB wird ausdrücklich herausgestellt, dass das Adjektiv „unentgeltlich" bewusst nicht in den Text des § 2050 eingefügt wurde, um eine Gesetzesumgehung „durch Bestimmung einer minimalen Gegenleistung"[462] zu vermeiden.[463] Die Annahme des Gesetzgebers, die Bestimmung einer minimalen Gegenleistung würde zur Umgehung der Ausgleichungspflicht führen, verwundert, da dem Gesetzgeber bereits damals die „gemischte Schenkung" bekannt war. Letzteres wird aus den Motiven zum Schuldrecht deutlich, in denen es heißt: „Als selbstverständlich erscheint insbesondere, daß, wenn bei einem zweiseitigen Vertrage animo donandi eine den Werth der Gegenleistung übersteigende Leistung vereinbart wird, dieser Betrag, soweit der Werth der Leistung den der Gegenleistung übersteigt, als Schenkung zu beurtheilen ist."[464] Die Vereinbarung einer minimalen Gegenleistung hätte daher bereits damals nicht zu einer Umgehung der Ausgleichungspflicht geführt, da der unentgeltliche Teil der Übertragung als Zuwendung der Ausgleichungspflicht unterfallen wäre. Deutlich wird daraus jedoch, dass nach dem Willen des Gesetzgebers zumindest solche Leistungen, die gegen eine Gegenleistung erbracht wurden, nicht unter den Begriff der Zuwendung fallen.

Letztlich heißt es, dass die „Erfüllung einer Verbindlichkeit keine Zuwendung ist, bedarf einer besonderen Hervorhebung nicht."[465] Diese Formulierung zeigt, dass Leistungen, die aufgrund von gesetzlichen Verbindlichkeiten erbracht werden, nicht als Zuwendungen i.S.v. § 2050 zu qualifizieren sind und damit auch die Erfüllung gesetzlicher Unterhaltspflichten den Zuwendungsbegriff des § 2050 III nicht erfüllt.

---

459 *Jakobs/Schubert,* Die Beratung des BGB, S. 769.
460 *Jakobs/Schubert,* Die Beratung des BGB, S. 769.
461 *v. Schmitt,* Begründung des Entwurfes eines Rechtes der Erbfolge, S. 1096.
462 Motive V, S. 704.
463 Motive V, S. 704.
464 Motive II, S. 287.
465 Motive V, S. 704.

b) Rechtsprechung

Dies hat auch die Rechtsprechung zunächst so gesehen. Nach einem Urteil des Reichsgerichts ist unter dem Zuwendungsbegriff eine „freiwillige Zuwendung von Vortheilen“[466] zu verstehen. Diese müsse nicht vollkommen unentgeltlich sein, es dürfe aber jedenfalls kein Rückforderungsrecht bestehen.[467] Bei dieser Beurteilung stützt sich das Reichsgericht auf die „Entstehungsgeschichte und den Zusammenhang des Gesetzes.“[468]

Die Rechtsauffassung, dass es sich bei der Zuwendung um eine freiwillige Leistung handeln müsse, auf die kein Anspruch besteht, griff das Reichsgericht erneut in seinem Urteil vom 04. Januar 1908 auf, in dem es auf das zuvor zitierte Urteil Bezug nahm, die Problematik jedoch nicht weiter ausführte.[469]

Am 12. Mai 1910 entschied das Reichsgericht davon abweichend in einem Fall, in dem es um die Auskunftserteilung nach § 2057 ging, dass als Zuwendungen „auch solche Leistungen verstanden werden, durch die einer gesetzlichen Pflicht genügt wird.“[470] Zur Begründung, dass selbst entgeltliche Übertragungen Zuwendungen sein können, verweist das Gericht auf die Norm des § 516 I.[471] Ohne, dass dies in dem Urteil weiter ausgeführt wird, beruht dieses Argument wohl darauf, dass nach dem Wortlaut des § 516 I eine Zuwendung dann eine Schenkung ist, wenn sie unentgeltlich erfolgt. Im Umkehrschluss bedeutet dies, dass der Gesetzgeber von der Existenz auch einer entgeltlichen Zuwendung ausgegangen ist. Außerdem stützt sich das Gericht auf den Wortlaut des § 2050 III, in dem es heißt „andere Zuwendungen“. Das Reichsgericht versteht diese Formulierung als Auffangtatbestand der Norm, sodass nach diesem Verständnis sämtliche sonstigen Zuwendungen von § 2050 III erfasst werden, seien sie entgeltlich oder unentgeltlich.[472] Ferner fügt das Gericht hinzu, dass man den Begriff der Unentgeltlichkeit absichtlich in der Norm des § 2050 vermieden habe.[473] Dabei wird übersehen, dass es sich nach dem Willen des Gesetzgebers nicht um eine Abkehr

466 RG, Urt. v. 30.06.1902 (131/1902 IV.) = JW 1902, Beil 11, S. 266, Nr. 198.
467 RG, Urt. v. 30.06.1902 (131/1902 IV.) = JW 1902, Beil 11, S. 266, Nr. 198.
468 RG, Urt. v. 30.06.1902 (131/1902 IV.) = JW 1902, Beil 11, S. 266, Nr. 198.
469 RG, Urt. v. 04.01.1908 (Rep. IV. 251/07) = RGZ, 67, 306 (308).
470 RG, Urt. v. 12.05.1910 (Rep. IV. 411/09) = RGZ 73, 377.
471 RG, Urt. v. 12.05.1910 (Rep. IV. 411/09) = RGZ 73, 377.
472 RG, Urt. v. 12.05.1910 (Rep. IV. 411/09) = RGZ 73, 377; *Schultz*, DAVorm 1984, 713 (716).
473 RG, Urt. v. 12.05.1910 (Rep. IV. 411/09) = RGZ 73, 377.

von der Voraussetzung der Unentgeltlichkeit handelte, sondern der Gesetzgeber diese Klarstellung für überflüssig erachtete.[474]

Teilweise wird vertreten, das Reichsgericht habe in der vorgenannten Entscheidung den erweiterten Zuwendungsbegriff lediglich auf den Auskunftsanspruch nach § 2057 anwenden wollen.[475] Danach beziehe sich der in dem Urteil vertretene weite Zuwendungsbegriff zwar auf den Auskunftsanspruch nach § 2057, nicht jedoch auf die Ausgleichungspflicht nach § 2050.[476] Das bedeute, der nach § 2057 Auskunftsverpflichtete müsse zwar Auskunft auch über die auf einer gesetzlichen Pflicht beruhenden Zuwendungen erteilen, letztlich zur Ausgleichung zu bringen seien gemäß § 2050 jedoch nur die freiwilligen Zuwendungen.[477] Diese Auffassung findet im Urteilstext jedoch keine Bestätigung. Vielmehr nimmt das Reichsgericht an der Stelle, an der es ausdrücklich auch gesetzliche Pflichtleistungen in den Zuwendungsbegriff einbezieht, ausdrücklich auf die Vorschrift nach § 2050 I, II und III Bezug und macht damit deutlich, dass es von einem einheitlichen Zuwendungsbegriff für die Normen der §§ 2050, 2057 ausgeht.[478] Erst im Anschluss, nachdem das Gericht den Zuwendungsbegriff definiert und dessen identische Auslegung in § 2057 und § 2050 herausgestellt hat[479], hebt es hervor, dass der Auskunftspflichtige zur Erfüllung seiner Auskunftspflicht nach § 2057 auch Leistungen anzugeben habe, bei denen zweifelhaft sei, ob es sich um Zuwendungen i.S.d. § 2050 handele, da letztere Entscheidung dem Gericht obliege.[480] Dies stellt jedoch keine Abweichung von der grundsätzlich einheitlichen Definition des Zuwendungsbegriffes nach §§ 2050, 2057 dar, die das Reichsgericht zuvor für beide Normen einheitlich festgestellt hat. Es macht lediglich deutlich, dass der derart definierte Zuwendungsbegriff für die Vorschrift des § 2057 noch einmal erweitert wird.

Scheinbar von dem vorgenannten Urteil aus dem Jahr 1910 abweichend entschied das Reichsgericht im Jahr 1938, dass Leistungen, die gegenüber einem Abkömmling aufgrund „ihm zustehender Rechte“[481] erbracht werden, nicht der

---

474 *Jakobs/Schubert,* Die Beratung des BGB, S. 769.

475 *Ann,* in MüKo § 2050, Fn. 99; *Schultz,* DAVorm 1984, 713 (716); *Thubauville,* MittRhNotK 1992, 289 (292).

476 *Ann,* in MüKo § 2050, Fn. 99; *Schultz,* DAVorm 1984, 713 (716); *Thubauville,* MittRhNotK 1992, 289 (292).

477 *Schultz,* DAVorm 1984, 713 (716).

478 RG, Urt. v. 12.05.1910 (Rep. IV. 411/09) = RGZ 73, 377.

479 RG, Urt. v. 12.05.1910 (Rep. IV. 411/09) = RGZ 73, 377.

480 RG, Urt. v. 12.05.1910 (Rep. IV. 411/09) = RGZ 73, 377 f.

481 RG, Urt. v. 29.08.1938 (IV 27/38) = RG JW 1938, 2971.

Ausgleichungspflicht nach § 2050 unterfallen.[482] In dem Fall ging es um die Frage der Ausgleichung von Arbeitslohn und Gewinnbeteiligungen, die der Sohn aufgrund seiner Mitarbeit im Geschäft des Vaters von letzterem erhalten hatte.[483] Ob das Reichsgericht in dieser Entscheidung wirklich von seiner im Urteil vom 12.05.1910 vertretenen Rechtsauffassung wieder abweichen wollte, bleibt jedoch fraglich, denn auch in dem Urteil aus dem Jahr 1910 vertrat das Reichsgericht nicht, dass jede aufgrund einer gesetzlichen Verpflichtung erbrachte Leistung eine Zuwendung i.S.d. § 2050 ist, sondern es eröffnet lediglich die Möglichkeit, dass es sich auch bei einer solchen Leistung „um eine Zuwendung (nach § 2050) handeln kann".[484] Wie nach der hier eingangs vertretenen Ansicht, nach der Leistungen, die aufgrund einer Gegenleistung erbracht werden, nicht dem Zuwendungsbegriff nach § 2050 unterfallen, schließt dies noch nicht aus, dass Leistungen, die auf bestimmten gesetzlichen Verpflichtungen – wie beispielsweise der Unterhaltspflicht – beruhen, doch der Ausgleichungspflicht nach § 2050 unterfallen können. Ob das Reichsgericht in seinem Urteil vom 29.08.1938 neben Leistungen, die für eine Gegenleistung erbracht werden, auch sonstige gesetzliche Verpflichtungsleistungen von dem Zuwendungsbegriff ausnehmen wollte, wird aus dem Urteil nicht deutlich.

3. Systematik

Die Regelungen der Ausgleichungspflicht nach §§ 2050 ff. befinden sich als erbrechtliche Regelungen im 5. Buch des BGB. Dort sind sie in Abschnitt 2 „Rechtliche Stellung des Erben", Titel 4 „Mehrheit von Erben" zu finden.[485] Der vorbenannte Titel 4 hat zwei Untertitel. Untertitel 1 enthält Vorschriften, die das „Rechtsverhältnis der Erben untereinander" regeln. Diesem Untertitel sind die Ausgleichungsvorschriften zugeordnet. Der weitere Unterabschnitt 2 enthält Regelungen über das „Rechtsverhältnis zwischen den Erben und den Nachlassgläubigern".

a) Untertitel 1: „Rechtsverhältnis der Erben untereinander"

Aus der systematischen Stellung der Ausgleichungsvorschriften könnte gefolgert werden, dass als Ausgleichsobjekte lediglich Vorempfänge, d.h. alle Zuwendungen,

482 RG, Urt. v. 29.08.1938 (IV 27/38) = RG JW 1938, 2971.
483 RG, Urt. v. 29.08.1938 (IV 27/38) = RG JW 1938, 2971.
484 RG, Urt. v. 12.05.1910 (Rep. IV. 411/09) = RGZ 73, 377.
485 *Bothe*, in: Damrau/Tanck, Vorb. zu §§ 2050 ff., Rn. 3.

die im Wege der vorweggenommenen Erbfolge erbracht wurden, in Betracht kommen.[486] Dieses Verständnis ist jedoch, wie sich zeigen wird, nicht zwingend.

Der hier maßgebliche Untertitel 1 beginnt mit der Norm des § 2032, dessen Absatz 1 besagt, dass der Nachlass bei einer Mehrheit von Erben deren gemeinschaftliches Vermögen wird. Die Vorschrift des § 2032 II bestimmt sodann, dass bis zur Auseinandersetzung die Regelungen der §§ 2033–2041 gelten. Die genannten Vorschriften regeln die Verwaltung und die Verfügungsmöglichkeiten der Erben betreffend das gemeinschaftliche Vermögen oder einzelne Nachlassgegenstände. Sodann folgen die Vorschriften betreffend die Erbauseinandersetzung, zu denen letztlich auch die Ausgleichungsvorschriften zählen, da die Ausgleichung im Rahmen der Auseinandersetzung durchzuführen ist.[487]

Letztlich betreffen die Regelungen in dem Unterabschnitt 1 mit Ausnahme der Ausgleichungsvorschriften allesamt den Nachlass als das vom Erblasser stammende und zum Zeitpunkt seines Todes vorhandene Vermögen.[488] Die Ausgleichungsvorschriften beziehen die vom Erblasser zu Lebzeiten an seine Abkömmlinge getätigten „Zuwendungen" in die Erbauseinandersetzung mit ein, die nicht mehr zum Nachlass gehören, da sie diesen gerade geschmälert haben.[489] Die Stellung der Ausgleichungsvorschriften im 5. Buch des BGB mit der Bezeichnung „Erbrecht" und die Tatsache, dass die übrigen Regelungen des Unterabschnittes 1 allesamt den Nachlass betreffen, könnten dafür sprechen, unter den Zuwendungsbegriff ausschließlich solche Leistungen zu fassen, die zumindest im Hinblick auf den Erbfall im Wege der vorweggenommenen Erbfolge geleistet wurden.[490] Unterhaltsleistungen werden nicht im Wege der vorweggenommenen Erbfolge, sondern zur Erfüllung einer Unterhaltspflicht erbracht, sodass diese demnach nicht als Ausgleichungsobjekte in Betracht kämen.

Andererseits bedeutet die Stellung einer Vorschrift im 5. Buch des BGB nicht zwingend, dass die Vorschrift ausschließlich den Nachlass oder Leistungen im Wege der vorweggenommenen Erbfolge betreffen muss. Dies wird durch die

---

486 RG, Urt. v. 30.06.1902 (131/1902 IV.) = RG, JW 1902, Beil. 11, S. 266, Nr. 198; *Ann*, in MüKo, § 2050, Rn. 30, 1; *Schultz*, DAVorm 1984, 713 (717).

487 *Ann*, in: MüKo, § 2055, Rn. 3; *Bertolini*, MittBayNot *1995*, 109 (110); *Bothe*, in: Damrau/Tanck, Vorb. zu §§ 2050 ff., Rn. 1, 3; *Gergen*, in: MüKo, Vorb. zu §§ 2032 ff., Rn. 2.

488 *Lange*, Erbrecht, § 9, Rn. 30; *Stein*, in: Soergel, § 1922, Rn. 13.

489 *Ann*, in: Hausmann/Hohloch, Hdb. d. Erbrechts, Kap. 20, Rn. 188; *Flechtner*, in: Burandt/Rojahn , § 2050, Rn. 1, 14.

490 RG, Urt. v. 30.06.1902 (131/1902 IV.) = RG, JW 1902, Beil. 11, S. 266, Nr. 198; *Ann*, in MüKo, § 2050, Rn. 30, 1; *Schultz*, DAVorm 1984, 713 (717).

ebenfalls dem 5. Buch des BGB zugeordneten Vorschriften der §§ 2286 f., 2325 ff. deutlich, die Schenkungen unter Lebenden betreffen.

Auch die systematische Stellung im vorbenannten Unterabschnitt 1 lässt nicht den eindeutigen Schluss zu, dass die Ausgleichung lediglich Zuwendungen erfasst, die im Wege der vorweggenommenen Erbfolge hingegeben wurden. Die Ausgleichungsvorschriften bilden im Unterabschnitt 1 gerade die Ausnahme, da sie nicht lediglich das Nachlassvermögen, sondern auch Zuwendungen unter Lebenden in die Erbauseinandersetzung einbeziehen.[491] Als Ausnahme weichen diese Vorschriften gerade von dem Regelungsgegenstand der übrigen Normen ab, sodass es denkbar ist, dass sie auch andere Zuwendungen als die der vorweggenommenen Erbfolge erfassen.

Ferner zeigt gerade die Stellung der Ausgleichungsvorschriften in dem Unterabschnitt I, der das Rechtsverhältnis der Erben untereinander betrifft, dass es um Zuwendungen des Erblassers an seine Abkömmlinge gehen muss, die das Rechtsverhältnis der Erben betreffen. Im Fall der Ausgleichung ist die Gruppe der vom Regelungsgehalt betroffenen Erben auf die Abkömmlinge begrenzt.[492] Die gesetzlichen Unterhaltspflichten nach §§ 1601 ff. des Erblassers gegenüber seinen Abkömmlingen betreffen gerade das Verhältnis des Erblassers und seiner Abkömmlinge sowie aufgrund der finanziellen Abhängigkeit der Abkömmlinge von der Leistungsfähigkeit der Eltern bis zur Erreichung der Selbständigkeit auch das Verhältnis der Abkömmlinge untereinander. Das von den Unterhaltsregelungen nach §§ 1601 ff. betroffene Rechtsverhältnis deckt sich daher gerade mit dem der Ausgleichungsregelungen.[493] Dies wiederum spricht für die Erfassung von Unterhaltsleistungen durch die Ausgleichungspflicht nach § 2050.

b) Vergleich mit § 2050 I und II BGB

Während die systematische Stellung der Norm des § 2050 BGB im 5. Buch des BGB unter Abschnitt 2, Titel 4, Unterabschnitt 1 eher für die Einbeziehung von Unterhaltsleistungen in die Ausgleichungspflicht spricht, deutet die Systematik innerhalb der Norm des § 2050 darauf hin, dass Unterhaltsleistungen nicht der Ausgleichungspflicht unterliegen.

---

491 Vgl. *Ann,* in: Hausmann/Hohloch, Hdb. d. Erbrechts, Kap. 20, Rn. 188; *Nieder,* in: Nieder/Kössinger/Kössinger, § 2, Rn. 204, 211.

492 *Bothe,* in: Damrau/Tanck, § 2050, Rn. 3; *Weidlich,* in: Palandt, § 2050, Rn. 1 f.; *Wolf,* in: Soergel, § 2050, Rn. 5 f.

493 Vgl. *Schmitz,* Ausgleichung unter Miterben (Diss.), S. 111.

Etwas anderes würde nur gelten, würde die Regelung in § 2050 III als Auffangtatbestand verstanden.[494] Durch die weite Formulierung „andere Zuwendungen" könnte die Vorschrift des § 2050 III als Auffangtatbestand zu qualifizieren sein, sodass von dieser Regelung sämtliche sonstigen Leistungen von Eltern an ihre Abkömmlinge erfasst wären, die nicht bereits nach § 2050 I und II ausgleichungspflichtig sind.[495] Dies wird bekräftigt durch den Wortlaut des § 2316 III, der die Ausstattung als „eine Zuwendung (der in § 2050 I bezeichneten Art)"[496] umschreibt. Dies impliziert ein Verständnis des Gesetzgebers vom Zuwendungsbegriff als Oberbegriff für die besonderen Zuwendungsarten der Ausstattung (§ 2050 I), Zuschüsse und Aufwendungen (§ 2050 II). Der möglicherweise dagegen vorzubringende Einwand, dass sich die differenzierte Benennung der Zuwendungsobjekte in den Absätzen 1 und 2 des § 2050 bei diesem weiten Verständnis des Zuwendungsbegriffes erübrigen würde, greift insofern nicht, als es sich bei den in § 2050 I und II genannten Zuwendungsobjekten um solche handelt, die unabhängig von einer Anordnung des Erblassers der Ausgleichungspflicht unterfallen.[497] Für die Ausgleichung der „anderen Zuwendungen" ist hingegen eine entsprechende Erblasseranordnung erforderlich[498], sodass selbst bei einem solch weiten Verständnis die Differenzierung zwischen Zuwendungen nach § 2050 I, II und anderen Zuwendungen nach § 2050 III gerechtfertigt wäre. Dies ist jedoch nicht der Fall.

Die Bestimmung des § 2050 III ist im Zusammenhang mit den Absätzen 1 und 2 dieser Norm zu lesen und entsprechend auszulegen.[499] Dabei ist festzustellen, dass es sich bei sämtlichen in § 2050 I und II benannten Ausgleichungsobjekten um freiwillige, d.h. ohne gesetzliche Verpflichtung, geleistete Zuwendungen des Erblassers handelt. Dies betrifft zum einen die Ausstattung nach §§ 2050 I, 1624 I,

---

494 Vgl. RG, Urt. v. 12.05.1910 (IV 411/09) = RGZ 73, 372 (377).

495 Vgl. RG, Urt. v. 12.05.1910 (IV 411/09) = RGZ 73, 372 (377); *Eberl-Borges,* in: NK-BGB ErbR, § 2050, Rn. 14.

496 § 2316 III.

497 *Flechtner,* in: Burandt/Rojahn , § 2050, Rn. 38, § 2316, Rn. 8; *Kerscher/Riedl/Lenz,* Pflichtteilsrecht, § 5, Rn. 24; *Mayer,* in: Bamberger/Roth, § 2316, Rn. 4; *Nieder,* in: Nieder/Kössinger/Kössinger, § 2, Rn. 216 ff.

498 *Ann,* in: MüKo, § 2050, Rn. 31; *Lenz-Brendel/Tanck,* in: *Mayer* et al., Hdb. Pflichtteilsrecht, § 6, Rn. 55; *Nieder,* in: Nieder/Kössinger/Kössinger, § 2, Rn. 220 f.; *Weidlich,* in: Palandt, § 2050, Rn. 10.

499 *Kasper,* Anrechnung und Ausgleichung im Pflichtteilsrecht (Diss.), S. 22 f.; *Schultz,* DAVorm 1984, 713, (717).

die nicht auf einer Verpflichtung, sondern auf einer causa sui generis beruht.[500] Auch Zuschüsse und Berufsausbildungskosten sind nur insoweit ausgleichungspflichtig als sie das den Vermögensverhältnissen des Erblassers entsprechende Maß übersteigen (§ 2050 II).[501] Die Beschränkung auf das Übermaß der Zuwendungen nach § 2050 II bezweckt, dass von dieser Norm lediglich solche Leistungen erfasst werden, die von dem Erblasser freiwillig geleistet wurden.[502] Leistungen, die auf einer gesetzlichen Verpflichtung beruhen, sind regelmäßig nicht übermäßig.[503] Eine Ausnahme besteht hinsichtlich des Schadensersatzanspruches Dritter bei Tötung gemäß § 844 II 1, der regelmäßig in Form einer Geldrente zu leisten und daher als Zuschuss zu qualifizieren ist. Dieser Anspruch kann die Vermögensverhältnisse des Ersatzpflichtigen übersteigen, weil er nicht abhängig ist von der Leistungsfähigkeit des Ersatzpflichtigen, sondern von der des Getöteten.[504] Wie jedoch bereits festgestellt, sind Schadensersatzansprüche von der Ausgleichung ausgeschlossen[505], sodass Zuwendungen i.S.d. § 2050 II immer freiwillig erfolgen[506].

Die Norm des § 2050 II Var. 2 wird teilweise als Grundnorm des § 2050[507] verstanden mit der Konsequenz, dass diese den Maßstab für die Auslegung aller Absätze des § 2050 bildet.[508] Zuwendungen nach § 2050 können danach lediglich zur Ausgleichung gebracht werden, wenn sie das den Vermögensverhältnissen des Erblassers entsprechende Maß übersteigen.[509] Unterhaltsleistungen sind bei diesem Verständnis aus dem Anwendungsbereich der Norm ausgeschlossen, da diese sich an der Leistungsfähigkeit des Unterhaltspflichtigen orientieren und daher die Vermögensverhältnisse des Erblassers nicht übersteigen.[510]

---

500 *Gernhuber/Coester-Waltjen,* Familienrecht, § 56, Rn. 7; *Hilbig-Lugani,* in: Staudinger, § 1624, Rn. 1; *Jakob,* AcP 207, 198 (200); *Kerscher/Tanck,* ZEV 1997, 354; *Sailer,* NotBZ 2002, 81.

501 *Ann,* in: MüKo, § 2050, Rn. 26; *Bothe,* in: Damrau/Tanck, § 2050 Rn. 26, 31; *Löhnig,* in: Staudinger, § 2050 Rn. 26 f.

502 Vgl. *Progl,* ZErb 2008, 10 (14).

503 Vgl. *Progl,* ZErb 2008, 10 (14).

504 BGH, Urt. v. 05.07.1988 (VI ZR 299/87) = NJW-RR 1988, 1238 (1239); *Sprau,* in: Palandt, § 844, Rn. 8.

505 Siehe 3. Teil A) Abgrenzung zu anderen rechtlichen Verpflichtungen.

506 *Löhnig,* in: Staudinger, § 2050, Rn. 29; *Progl,* ZErb 2008, 10 (14); *Schultz,* DAVorm 1984, 713, (717); *Wolf,* in: Soergel, § 2050, Rn. 15, 9; a.A.

507 *Progl,* ZErb 2008, 10 (14); *Schultz,* DAVorm 1984, 713, (717).

508 *Progl,* ZErb 2008, 10 (14).

509 *Progl,* ZErb 2008, 10 (14).

510 *Progl,* ZErb 2008, 10 (14).

Auch der BGH stellt außerhalb des Absatzes 2 des § 2050 zur Beurteilung der Frage, ob eine Ausgleichungspflicht hinsichtlich einer Zuwendung besteht, auf das Übermaß einer Leistung ab.[511] In seinem Urteil vom 30.09.1981 verneinte der BGH die Ausgleichung einer Aussteuer als Unterart der Ausstattung nach § 2050 I, da diese anstelle einer Berufsausbildung gewährt wurde.[512] Der BGH führte zur Begründung an, dass der Gesetzgeber in § 2050 II 2. Var. die Ausgleichung von Berufsausbildungskosten ausdrücklich auf das Übermaß beschränkt habe, um Berufsausbildungskosten, die im Rahmen der Unterhaltspflicht geleistet wurden, von der Ausgleichung auszuschließen.[513] In dem Maße, in dem die Aussteuer den nicht gewährten Unterhaltskosten entspricht, sei diese nicht auszugleichen.[514] Der BGH weicht damit von dem Wortlaut der Vorschrift des § 2050 I ab, nach dem die Ausstattung unabhängig von einer etwaigen Gewährung von Berufsausbildungskosten und unabhängig von einer Übermäßigkeit vollständig zur Ausgleichung zu bringen ist. Vielmehr zieht er für die Anwendung der Vorschrift des § 2050 I die Wertung aus § 2050 II 2. Var. heran.[515]

Auch wenn die Absätze 1 und 2 des § 2050 insofern einen engeren Bezug zueinander aufweisen als Absatz 2 zu Absatz 3 des § 2050, weil Absatz 2 der Vorschrift lediglich ein Unterfall des Absatzes 1 ist[516], ist die Wertung des BGH-Urteils auf § 2050 III übertragbar.[517] Die Norm des § 2050 III verwendet den weiten Begriff „andere Zuwendungen“, der zwar als Auffangtatbestand zu verstehen[518], allerdings auszulegen ist im Lichte der Regelungen in § 2050 I, II[519]. Wird § 2050 II 2. Var. nach Vorgesagtem als Grundtatbestand der Norm verstanden und sind demnach Zuwendungen grundsätzlich nur auszugleichen, sofern sie als übermäßige Leistungen zugewendet wurden, scheiden gesetzliche Unterhaltsleistungen auch im Rahmen des § 2050 III als Zuwendungen aus.

---

511 BGH, Urt. v. 30.09.1981 (Iva ZR 127/80) = BGH, NJW 1982, 575 (577).

512 BGH, Urt. v. 30.09.1981 (Iva ZR 127/80) = BGH, NJW 1982, 575.

513 BGH, Urt. v. 30.09.1981 (Iva ZR 127/80) = BGH, NJW 1982, 575 (577).

514 BGH, Urt. v. 30.09.1981 (Iva ZR 127/80) = BGH, NJW 1982, 575 (577).

515 BGH, Urt. v. 30.09.1981 (Iva ZR 127/80) = BGH, NJW 1982, 575 (577); *Kasper*, Anrechnung und Ausgleichung im Pflichtteilsrecht (Diss.), S. 22.

516 *Flechtner*, in: Burandt/Rojahn , § 2050, Rn. 35; *Wolf*, in: Soergel, § 2050, Rn. 16.

517 *Kasper*, Anrechnung und Ausgleichung im Pflichtteilsrecht (Diss.), S. 22; *Schultz*, DAVorm 1984, 713, (717).

518 Vgl. RG, Urt. v. 12.05.1910 (IV 411/09) = RGZ 73, 372 (377).

519 *Kasper*, Anrechnung und Ausgleichung im Pflichtteilsrecht (Diss.), S. 22 f.; *Schultz*, DAVorm 1984, 713, (717).

c) *Zuwendungsbegriff des § 2315 BGB*

Im Rahmen der systematischen Auslegung des Zuwendungsbegriffes bedarf es neben der Betrachtung der Norm des § 2050 auch der Einbeziehung der Regelung des § 2316, denn auch in dieser Vorschrift wird der ausgleichungsrechtliche Zuwendungsbegriff verwendet.[520] Die Vorschrift des § 2316, die Regelungen zur Ausgleichung im Pflichtteilsrecht enthält, wurde unmittelbar hinter der Vorschrift des § 2315 angeordnet, in der ebenfalls der Zuwendungsbegriff verwendet wird. Die Bedeutung des Zuwendungsbegriffes in § 2315 ist jedoch im Gegensatz zu der des Zuwendungsbegriffes nach § 2316 unstreitig dahingehend zu verstehen, dass ausschließlich freiwillige Leistungen vom Zuwendungsbegriff umfasst sind.[521] Für Unterhaltsleistungen kann die Anrechnung daher nicht gemäß § 2315 I angeordnet werden.[522]

Die gleichlautende Verwendung des Begriffes der Zuwendung in den Vorschriften nach §§ 2315, 2316 als auch die systematische Stellung des § 2316 unmittelbar hinter § 2315 könnten den Schluss der einheitlichen Auslegung des Begriffes der Zuwendung in beiden Normen nahe legen.[523] Eine solche einheitliche Auslegung nahm auch das Reichsgericht in seiner Entscheidung aus dem Jahr 1908 vor, ohne dies jedoch weiter zu begründen.[524] Die einheitliche Auslegung halten einige Stimmen deshalb für geboten, weil die Auslegung des Zuwendungsbegriffes sowohl i.R.d. § 2315 als auch bei Anwendung des § 2316 für die Berechnung des Pflichtteils relevant ist.[525] Der Einfluss auf das Pflichtteilsrecht gebiete nach den Vertretern dieser Ansicht eine einheitliche Auslegung des Zuwendungsbegriffes für beide Normen und zwar dahingehend, dass Zuwendungen lediglich freiwillige Leistungen sein könnten.[526] Der Grund ist, dass

520 *Progl*, ZErb 2008, 10 (13).

521 KG Berlin, Beschl. v. 02.03.1905 (1. J. 195/05) = Jahrbuch der Entsch. d. KG, Bd. 29, Nr. 53, S. 201 (205 f.); *Dieckmann*, in: Soergel, § 2315, Rn. 4; *Lange*, in: MüKo, § 2315, Rn. 7; *Otte*, in: Staudinger, § 2315, Rn. 11, § 2316, Rn. 7; *Schultz*, DAVorm 1984, 713 (715); *Sostmann*, MittRhNotK 1976, 479 (480); *Weidlich*, in: Palandt, § 2315, Rn. 1.

522 KG Berlin, Beschl. v. 02.03.1905 (1. J. 195/05) = Jahrbuch der Entsch. d. KG, Bd. 29, Nr. 53, S. 201 (206); *Dieckmann*, in: Soergel, § 2315, Rn. 4; *Schultz*, DAVorm 1984, 713 (715).

523 *Kasper*, Anrechnung und Ausgleichung im Pflichtteilsrecht (Diss.), S. 24; *Schultz*, DaVorm, S. 713 (717); *Thubauville*, MittRhNotK 1992, 289 (292).

524 RG, Urt. v. 04.01.1908 (Rep. IV 251/07) = RGZ 67, 306 (308).

525 *Kasper*, Anrechnung und Ausgleichung im Pflichtteilsrecht (Diss.), S. 24; *Schultz*, DaVorm, S. 713 (717); *Thubauville*, MittRhNotK 1992, 289 (292).

526 *Kasper*, Anrechnung und Ausgleichung im Pflichtteilsrecht (Diss.), S. 24; *Schultz*, DaVorm, S. 713 (717); *Thubauville*, MittRhNotK 1992, 289 (292).

der Pflichtteil grundsätzlich nicht zur Disposition des Erblassers steht und daher seine Einflussmöglichkeit, die ihm durch die Normen der §§ 2315, 2316 eröffnet wird, restriktiv gehandhabt werden müsse.[527] Die Einbeziehung von Leistungen, die aufgrund einer gesetzlichen Pflicht erbracht werden, eröffne dem Erblasser im Hinblick auf das Pflichtteilsrecht einen zu großen Gestaltungsspielraum.[528] Sie führe dazu, dass Leistungen im Wege der Anrechnung oder Ausgleichung im Pflichtteilsrecht pflichtteilsanspruchsmindernd berücksichtigt würden, obwohl sie ohnehin aufgrund der Leistungspflicht erbracht werden mussten und damit den Nachlass nicht überobligatorisch gemindert haben.[529]

In letzterem Punkt kommt jedoch die unterschiedliche Zweckrichtung der Normen der § 2315 und § 2316 zum Ausdruck. Während § 2315 auf die Reduzierung der Pflichtteilslast durch Anrechnung des Vorempfangs zielt[530], bezweckt § 2316 die Schaffung eines Ausgleichs zwischen den Abkömmlingen durch die Berücksichtigung von lebzeitigen Zuwendungen bei der Ermittlung des Erbteils bzw. Pflichtteils.[531] Es geht bei der Ausgleichung nicht in erster Linie um die Reduzierung des Pflichtteils, sondern um die Gleichstellung der Abkömmlinge.[532] Eine gesetzliche Vorschrift erfüllt keinen Selbstzweck, sondern ist immer vor dem Hintergrund ihres Regelungszieles zu betrachten.[533] Die unterschiedlichen Zielrichtungen der beiden Normen eröffnen die Möglichkeit einer unterschiedlichen Auslegung der Zuwendungsbegriffe.

4. *Sinn und Zweck der Ausgleichungspflicht*

Sinn und Zweck der §§ 2050, 2316 ist die Herstellung einer wirtschaftlich gleichmäßigen Teilhabe der Abkömmlinge am Vermögen des Erblassers.[534] Hinsichtlich der von Gesetzes wegen ausgleichungspflichtigen Zuwendungen nach

527 *Kasper*, Anrechnung und Ausgleichung im Pflichtteilsrecht (Diss.), S. 24; *Progl*, ZErb 2008, 10 (13).

528 *Kasper*, Anrechnung und Ausgleichung im Pflichtteilsrecht (Diss.), S. 24.

529 *Kasper*, Anrechnung und Ausgleichung im Pflichtteilsrecht (Diss.), S. 24.

530 *Martin*, ZBlFG, 14. Jg., 789 (797); *Nieder*, in: Nieder/Kössinger/Kössinger, § 2, Rn. 203.

531 *Martin*, ZBlFG, 14. Jg., S. 789 (797); *Nieder*, in: Nieder/Kössinger/Kössinger, § 2, Rn. 203.

532 *Martin*, ZBlFG, 14. Jg., S. 789 (797); *Nieder*, in: Nieder/Kössinger/Kössinger, § 2, Rn. 203.

533 Vgl. *Puppe*, Kleine Schule des juristischen Denkens, S. 141 ff.

534 RG, Urt. v. 30.06.1902 (131/1902 IV.) = RG, JW 1902, Beil. 11, S. 266, Nr. 198; *Ann*, in: Hausmann/Hohloch, Hdb. d. Erbrechts, Kap. 20, Rn. 188; *Flechtner*, in: Burandt/Rojahn , § 2050, Rn. 1; *Mayer*, ZErb 2007, 130 (131); *Schultz*, DAVorm 1984, 713 (717).

§ 2050 I, II wird dem Erblasser bei fehlender Regelung über die Verteilung seines Vermögens ein entsprechender Gleichbehandlungswille unterstellt.[535] Für § 2050 III gilt diese Vermutung nicht, jedoch ermöglicht diese Norm dem Erblasser durch Anordnung der Ausgleichung die zunächst durch die lebzeitige Zuwendung bewirkte Bevorzugung eines Abkömmlings durch spätere Ausgleichungspflicht zugunsten der anderen Abkömmlinge im Todesfall des Erblassers wieder zu kompensieren.[536]

a) Keine konsequente Verfolgung des Gleichbehandlungszwecks

Eine Gleichbehandlung der Abkömmlinge würde im Rahmen der Möglichkeiten der Ausgleichung am besten erreicht, wenn sämtliche Leistungen unter den Begriff der Zuwendung zu fassen und damit der Ausgleichung zugänglich wären.[537] Die Eltern müssten dann für sämtliche Zuwendungen die Ausgleichung anordnen, damit auch diejenigen Leistungen von der Ausgleichung erfasst würden, die nicht bereits als Ausstattung (§ 2050 I), Zuschuss oder Aufwendung für die Berufsvorbildung (§ 2050 II) zu qualifizieren sind.

Letzteres wird in der Praxis kaum vorkommen, entweder weil die Eltern bei Übergabe der Zuwendungen nicht an die Ausgleichungsanordnung denken[538] oder weil innerhalb einer Familie das Aufrechnen sämtlicher Zuwendungen gegeneinander nicht gewollt ist[539]. Selbst wenn die Möglichkeit der Ausgleichungsanordnung derart umfangreich genutzt würde und sämtliche Leistungen an die Kinder, auch Unterhaltsleistungen, unter den Zuwendungsbegriff subsumierbar wären, würde eine vollständige Gleichstellung der Abkömmlinge nicht erreicht.[540]

Der Herstellung vollständiger Gleichbehandlung steht entgegen, dass gemäß § 2056 S. 1 ein Mehrempfang eines Abkömmlings nicht herauszugeben ist.[541] Dadurch verbleibt es in Höhe des Mehrempfangs bei der Bevorzugung desjenigen Abkömmlings, der die Zuwendung bereits zu Lebzeiten erhalten hat.[542]

---

535 *Ann*, in: MüKo, § 2050, Rn. 1; *Weimar*, JR 1967, 97; *Wolf*, in: Soergel, § 2050, Rn. 1.

536 *Wolf*, in: Soergel, § 2050, Rn. 2, 19.

537 *Werbik*, Lebzeitige Zuwendungen des Erblassers (Diss.), S. 120.

538 Vgl. *Mayer*, ZErb 2007, 130 (131).

539 Vgl. *Lange*, Die Ordnung der gesetzlichen Erbfolge, S. 98, Fn. 1.

540 *Mayer*, ZErb 2007, 130 (131).

541 *Langenfeld/Fröhler*, Testamentsgestaltung, Kap. 2, Rn. 290; *Mayer*, Der Übergabevertrag, §2, Rn. 309; *Mayer*, ZErb 2007, 130 (131); *Mayer* et al., Hdb. Pflichtteilsrecht, § 11, Rn. 50 f.; *Mohr*, ZEV 1999, 257 (259).

542 *Mayer*, ZErb 2007, 130 (131).

Ferner verhindert auch die Differenzierung zwischen von Gesetzes wegen ausgleichungspflichtigen Zuwendungen und solchen, die nur auf Anordnung der Ausgleichung unterzogen werden, eine Gleichbehandlung der Abkömmlinge.[543] Während Ausstattungen, Aufwendungen zur Berufsausbildung und Zuschüsse i.S.d. § 2050 II von Gesetzes wegen auszugleichen sind, bedarf die Ausgleichung von sonstigen Zuwendungen nach § 2050 III einer Ausgleichungsanordnung. Dies führt zu dem Ergebnis, dass derjenige Abkömmling, der zu Lebzeiten eine Ausstattung im Wert von 30.000,00 EUR erhalten hat, diese von Gesetzes wegen ausgleichen muss, während der andere Abkömmling, der eine Weltreise im Wert von 30.000,00 EUR von den Eltern erhalten hat, ohne entsprechende Ausgleichungsanordnung von der Ausgleichungspflicht verschont bleibt. Während die beiden vorbenannten Abkömmlinge ohne die Ausgleichungsvorschrift gleichgestellt wären, führt die Differenzierung innerhalb des § 2050 zwischen den verschiedenen Zuwendungsarten dazu, dass erst durch Anwendung der Ausgleichungsvorschrift eine Ungleichbehandlung eintritt.

Daraus folgt, dass der Gesetzgeber dem Ziel der Gleichbehandlung keine absolute Priorität einräumte, sondern z.B. im Hinblick auf § 2056 die Schaffung von Rechtssicherheit für den Zuwendungsempfänger höher bewertete als das Ziel der Gleichbehandlung.[544] Das Abweichen des Gesetzgebers von dem Ziel der Gleichbehandlung in begründeten Fällen zeigt die fehlende Absolutheit dieses Zieles und rechtfertigt gewisse Leistungen – wie beispielsweise gesetzliche Unterhaltspflichten – von dem Zuwendungsbegriff nach § 2050 III auszunehmen.[545]

b) Keine Nachlassreduzierung i.S.d. § 2050 BGB durch Unterhaltsleistungen

Die Ausgleichungsvorschriften bezwecken, dass Zuwendungen, die zu Minderungen des Nachlasses des Erblassers geführt haben, nach dessen Tod ausgeglichen werden.[546] Zu einer echten Minderung des Nachlasses führen jedoch nur solche Zuwendungen, die nicht aufgrund einer gesetzlichen Verpflichtung geleistet wurden.[547] Bildhaft soll dies an dem Beispiel einer Bilanz verdeutlicht werden: Ein Blick in eine Bilanz zeigt, dass bestehende Leistungspflichten das Vermögen

543 *Mayer,* ZErb 2007, 130 (131).

544 Motive V, S. 709; *Ann,* in: MüKo, § 2056, Rn. 1;. *Jakobs/Schubert,* Die Beratung des BGB, §§ 1922–2385, S. 776.

545 Siehe 3. Teil B) IV. 4. a) Keine konsequente Verfolgung des Gleichbehandlungszwecks.

546 *Flechtner,* in: Burandt/Rojahn, § 2050, Rn. 15, 17.

547 *Kasper,* Anrechnung und Ausgleichung im Pflichtteilsrecht (Diss.), S. 24; *Otte,* in: Staudinger, § 2315, Rn. 11.

– unabhängig von deren Erfüllung – bereits als Passivposten mindern.[548] Das Vermögen besteht daher vereinfacht ausgedrückt im Vermögenswert abzüglich aller bestehender Verbindlichkeiten.[549] Zu einer echten Minderung des Nachlasses, die aus Gründen der Gleichbehandlung der Abkömmling ausgeglichen werden sollte, führen daher allein freiwillige Leistungen des Erblassers.[550] Gesetzlich begründete Verbindlichkeiten mindern demgegenüber quasi als „Passivposten" in der Bilanz des Erblassers von vornherein dessen Vermögen.

Dies wird zusätzlich aus der Tatsache ersichtlich, dass Leistungspflichten nicht mit dem Tod des Leistungspflichtigen erlöschen, sondern als Nachlassverbindlichkeit (§ 1967) fortbestehen[551] und daher vor Erbauseinandersetzung und damit vor Durchführung der Ausgleichung gemäß § 2046 I 1 zu bereinigen sind.[552] Dies gilt nach § 1615 I auch für Unterhalt, der für die Vergangenheit nicht geleistet wurde oder der beim Tod des Erblassers fällig ist. Es wäre sinnwidrig, einen nach § 1615 I über den Tod des Unterhaltspflichtigen hinaus fortbestehenden Unterhaltsanspruch zunächst gemäß § 2046 I aus dem Nachlass zu erfüllen, um ihn dann im Wege der Ausgleichung rechnerisch dem Nachlass wieder zuzuführen und zu berücksichtigen.

c) Konflikt mit den Wertungen des Unterhaltsrechts

Außerdem ist es nicht notwendig, Unterhaltsleistungen unter den Begriff der Zuwendung zu fassen und damit deren Ausgleichung zu ermöglichen, um den durch die Norm des § 2050 verfolgten Zweck der Gleichbehandlung der Abkömmlinge zu erreichen. Vielmehr würde dies zu einer Kollision der Regelung

---

548 *Erle/Helm/Berberich,* in: *Müller/Rödder,* Beck'sches Hdb. d. AG, § 10, Rn. 17; vgl. *Otte,* in: Staudinger, § 2315, Rn. 11.

549 *Erle/Helm/Berberich,* in: *Müller/Rödder,* Beck'sches Hdb. d. AG, § 10, Rn. 15.

550 Motive, Bd. V, S. 704; RG, Urt. v. 30.06.1902 (131/1902 IV.) = RG, JW 1902, Beil. 11, S. 266, Nr. 198; RG, Urt. v. 29.08.1938 (IV 27/38) = JW 1938, 2971; *Eberl-Borges, in: NK-BGB ErbR,* § 2050, Rn. 7; *Flechtner,* in: Burandt/Rojahn , § 2050, Rn. 17, 37; *Juchem,* in: Frieser, FA-Komm. ErbR, § 2050, Rn. 4; *Kasper,* Anrechnung und Ausgleichung im Pflichtteilsrecht (Diss.), S. 24 f.; *Lange,* in: MüKo, § 2316, Rn. 11; *Lenz-Brendel/Tanck,* in: *Mayer* et.al., Hdb. Pflichtteilsrecht, § 6, Rn. 55; *Otte,* in: Staudinger, § 2316, Rn. 7; *Progl,* ZErb 2008, 10 (14); *Schindler,* ZEV 2006, 389 (393); *Schmitz,* Ausgleichung unter Miterben (Diss.), S. 110 f.; *Schultz,* DAVorm 1984, 713 (715, 717); *Sostmann,* MittRhNotK 1976, 479 (480); *Thubauville,* MittRhNotK 1992, 289 (292); *Wolf,* in: Soergel, § 2050, Rn. 9; zweifelnd *Weidlich,* in: Palandt, § 2050, Rn. 10.

551 *Born,* in: MüKo, § 1615, Rn. 5; *Brudermüller,* in: Palandt, § 1615, Rn. 1.

552 *Ann,* in: MüKo, § 2046, Rn. 2; *Eberl-Borges,* Die Erbauseinandersetzung (Habil.), S. 231; *Löhnig,* in: Staudinger, § 2046, Rn. 1.

des § 2050 mit dem Unterhaltsrecht führen. Nach Letzterem richtet sich der Anspruch auf Kindesunterhalt insbesondere nach dem Bedarf des Kindes.[553] Hat ein Kind beispielsweise aufgrund besonderer Begabung einen erhöhten Bedarf und sind die Eltern entsprechend leistungsfähig, sind gegenüber diesem Kind höhere gesetzliche Unterhaltsleistungen zu erbringen als gegenüber einem anderen Kind.[554] Eine dadurch entstehende (scheinbare) Ungleichbehandlung ist dem Unterhaltsrecht immanent und von dem Gesetzgeber so vorgesehen.[555] Da der Bedarf und die Bedürftigkeit von Kindern völlig unterschiedlicher Höhe sein können, kann dies zu unterschiedlich hohen Unterhaltspflichten gegenüber den einzelnen Kindern führen.[556] Im Ergebnis ist eine derartige Bemessung der Unterhaltsansprüche jedoch gerecht, da sie dazu führt, dass der jeweilige Bedarf eines jeden Kindes bei entsprechender Leistungsfähigkeit der Eltern voll gedeckt wird.[557] Die Wertung des Unterhaltsrechts, jedem Kind einen Unterhaltsanspruch in der Höhe zu gewähren, die sein Bedarf unter Vorbehalt der Leistungsfähigkeit der Eltern erfordert, würde bei einer Ausgleichungspflicht, die sich auf sämtliche Unterhaltsleistungen bezieht, durch das Ausgleichungsrecht unterlaufen.[558] Der Abkömmling, der aufgrund seines erhöhten Bedarfs erhöhte Unterhaltsleistungen von seinen Eltern erhalten hat, müsste sich nach dem Tod der Eltern einen entsprechend höheren Wert im Wege der Ausgleichung auf seinen Erbteils-/Pflichtteilswert anrechnen lassen, sodass die am Bedarf orientierten unterschiedlich hohen Unterhaltsleistungen durch die Ausgleichung nivelliert würden.

Der historische Gesetzgeber hat sowohl die das Unterhaltsrechts betreffenden Normen als auch die Ausgleichungsvorschriften gemeinsam im Ursprungs-BGB von 1900 geschaffen.[559] Es ist daher nicht davon auszugehen, dass bei Schaffung dieses einheitlichen und systematischen Gesetzeswerkes eine Wertung aus dem

---

553 OLG Düsseldorf, Urt. v. 05.03.1981 (4 UF 184/80) = FamRZ 1981, 480 (481); *Gernhuber/Coester-Waltjen*, Familienrecht, § 45, Rn. 5, 20.

554 Vgl. Prot. V, S. 890.

555 RG, Urt. v. 03.06.1926 (IV 21/26) = RGZ 114, 52 (53 f.); *Ann*, in: Hausmann/Hohloch, Hdb. d. Erbrechts, Kap. 20, Rn. 193; *Bothe*, in: Damrau/Tanck, § 2050, Rn. 26; *Flechtner*, in: Burandt/Rojahn , § 2050, Rn. 30.

556 *Flechtner*, in: Burandt/Rojahn, § 2050, Rn. 30; *Kath-Zurhorst/Reuter*, in: NK-BGB FamR, § 1610, Rn. 2, 3, 5 f.

557 RG, Urt. v. 03.06.1926 (IV 21/26) = RGZ 114, 52 (53 f.); *Ann*, in: Hausmann/Hohloch, Hdb. d. Erbrechts, Kap. 20, Rn. 193; *Flechtner*, in: Burandt/Rojahn , § 2050, Rn. 30.

558 Vgl. *Schultz*, DAVorm 1984, 713 (717); *Thubauville*, MittRhNotK 1992, 289 (292).

559 Siehe Motive IV, S. 676 ff.; Motive V, S. 698 ff.

Unterhaltsrecht später durch das Erbrecht wieder revidiert werden sollte. Das Unterhaltsrecht mutet dem Unterhaltspflichtigen die Erfüllung seiner Unterhaltspflichten zu, ohne dabei auf die Interessen der etwaigen Erben am Erhalt des Vermögens des späteren Erblassers Rücksicht zu nehmen.[560] Dies führt zu dem Ergebnis, dass auch später im Erbrecht die im Unterhaltsrecht getroffenen Entscheidungen nicht nachträglich wieder aufgehoben werden sollten.

V. Ergebnis

Elementarunterhaltsleistungen kommen wie sonstige Leistungen, die auf einer gesetzlichen Verpflichtung beruhen, als Zuwendungen im Sinne des § 2050 III grundsätzlich nicht in Betracht. Der Gesetzgeber sah von dem Zuwendungsbegriff des § 2050 ausschließlich Leistungen umfasst, die nicht auf einer gesetzlichen Verpflichtung beruhen.[561] Ausschließlich freiwillige Leistungen können daher den Zuwendungsbegriff der §§ 2050, 2316 erfüllen.[562]

Mit Ausnahme des Urteils des Reichsgerichts aus dem Jahr 1910[563] steht einer solchen Auslegung auch die Rechtsprechung nicht entgegen, denn auch die diesem Urteil vorangegangenen und die nachfolgenden Entscheidungen haben die Rechtsprechung des Reichsgerichts aus dem Jahr 1910 nicht bestätigt.[564]

Dies ist auch mit dem Wortlaut des § 2050 III vereinbar, der für die Zuwendung in diesem Sinne weder das Merkmal der Entgeltlichkeit noch das der Unentgeltlichkeit noch der Freiwilligkeit voraussetzt. Vergleichbar mit § 1380 I, dessen Zuwendungsbegriff ebenfalls nach dem Wortlaut neutral ist, unter dem jedoch einheitlich ausschließlich freiwillige Leistungen verstanden werden[565], lässt der Wortlaut des § 2050 III ebenfalls eine solche Auslegung zu.

Die systematische Stellung des § 2050 innerhalb des Gesetzes lässt keinen eindeutigen Rückschluss auf die Frage zu, ob auch Unterhaltsleistungen als Zuwendungen i.S.d. § 2050 zu verstehen sind. Die Systematik innerhalb des § 2050 macht jedoch deutlich, dass es sich bei § 2050 II um den Grundtatbestand handelt, dessen Tatbestandsmerkmal des Übersteigens des den Vermögensverhältnissen des Erblassers entsprechenden Maßes daher für sämtliche Zuwendungen

---

560 *Schultz,* DAVorm 1984, 713 (717).

561 Motive V, S. 704.

562 Motive V, S. 704.

563 RG, Urt. v. 12.05.1910 (IV 411/09) = RGZ 73, 372 (377).

564 *Progl,* ZErb 2008, 10 (13).

565 BGH, Urt. v. 24.02.1983 (IX ZR 42/82) = NJW 1983, 1113 (1114); BGH, Urt. v. 20.12.2000 (XII ZR 237/98) = NJW-RR 2001, 793; *Brudermüller,* Palandt, § 1380, Rn. 3.

nach § 2050 vorliegen muss. Elementarunterhaltsleistungen übersteigen grundsätzlich nicht das die Vermögensverhältnisse des Erblassers entsprechende Maß i.S.d. § 2050 II, da deren geschuldete Höhe von der Anzahl der Unterhaltsberechtigten abhängig ist, sodass – mit Ausnahme von Mangelfällen – bereits durch die Art und Weise der Unterhaltsberechnung gewährleitet ist, dass der Elementarunterhalt gegenüber allen Kindern erfüllt werden kann. Für die Bestimmung des Übermaßes von Unterhaltsleistungen i.S.d. § 2050 II kommt es nicht konkret auf einen Wertvergleich des geleisteten Unterhalts an. Vielmehr ist eine abstrakte Bestimmung vorzunehmen, ob der Elementarunterhalt eines jeden Abkömmlings in voller Höhe erfüllt werden kann. Aus gesetzessystematischen Gründen, wonach auch für Zuwendungen i.S.d. § 2050 II auf das Kriterium des Übermaßes nach § 2050 II zurückzugreifen ist, kommen Elementarunterhaltsleistungen daher nicht als Ausgleichungsobjekte in Betracht.

Dieser Wertung steht die Auslegung des Zuwendungsbegriffes in § 2315 weder entgegen noch stützt sie das gefundene Ergebnis. Die unterschiedlichen Zielrichtungen des § 2315 und des § 2316 lassen eine nach dem Gesetzeszweck differenzierte Auslegung beider Zuwendungsbegriffe zu. Während § 2315 originär der Modifikation des Pflichtteilsanspruches dient[566], regelt § 2316 lediglich die Auswirkungen der Ausgleichung nach § 2050 auf das Pflichtteilsrecht, sodass letztere Vorschrift primär die Herstellung der Gleichbehandlung der Abkömmlinge bezweckt[567].

Der Zweck des § 2050, die Herstellung der Gleichbehandlung aller Abkömmlinge, würde zweifellos am besten erreicht, wenn sämtliche Zuwendungen und damit auch Unterhaltsleistungen zur Ausgleichung gebracht werden könnten und würden. Dies ist jedoch nicht geboten, da das Ausgleichungsrecht – wie insbesondere die fehlende Verpflichtung zur Herauszahlung des Mehrempfangs nach § 2056 zeigt – das Ziel der Gleichbehandlung der Abkömmlinge selbst nicht um jeden Preis verfolgt.[568] Außerdem entspricht die wertmäßig exakte Teilhabe aller Abkömmlinge am gesamten Vermögen des Erblassers nicht dem wahren Zweck des § 2050. Dies wird bereits durch die in der „Begründung des Entwurfes eines Rechtes der Erbfolge“[569] erfolgte Einschätzung zur Herbeiführung der Gleichbehandlung durch das Mittel der Ausgleichung deutlich, die lautet:

„Auch ist absolute Gleichheit herbeizuführen (…) ebenso unmöglich, als die formal herbeigeführte je nach Umständen materiell die größte Ungleichheit

566 *Martin*, ZBlFG, 14. Jg., 789 (797); *Nieder*, in: Nieder/Kössinger/Kössinger, § 2, Rn. 203.
567 *Martin*, ZBlFG, 14. Jg., 789 (797); *Nieder*, in: Nieder/Kössinger/Kössinger, § 2, Rn. 203.
568 *Mayer*, ZErb 2007, 130 (131).
569 *v. Schmitt*, Begründung des Entwurfes eines Rechtes der Erbfolge.

schaffen würde."[570] Die Regelung des § 2050 soll bewirken, dass – sofern der Erblasser nichts Anderweitiges angeordnet hat – eine gerechte Verteilung des Erblasservermögens zwischen dessen Abkömmlingen stattfindet. Grundsätzlich entspricht die gleichmäßige Vermögensverteilung auf alle Abkömmlinge auch einer gerechten Vermögensverteilung. Dies ist jedoch nicht der Fall, wenn aus sachlichen Gründen eine Differenzierung geboten ist. Bereits der in Art. 3 I des Grundgesetzes verankerte Gleichbehandlungsgrundsatz besagt, dass Ungleiches nicht gleich behandelt werden soll.[571] Haben Kinder einen unterschiedlichen hohen Unterhaltsbedarf, stellt dies einen sachlichen Grund dar, um dem Kind mit erhöhtem Unterhaltsbedarf auch erhöhte Unterhaltszahlungen zu leisten. Müssten Kinder mit unterschiedlich hohem Bedarf aufgrund der Ausgleichung ihren individuellen Bedarf im Ergebnis nach dem Tod des Erblassers wieder ausgleichen, würde die sachlich gebotene Differenzierung nachträglich ohne Grund revidiert.

Demnach kommen Leistungen, die auf einer gesetzlichen Elementarunterhaltspflicht beruhen, grundsätzlich nicht als Ausgleichungsobjekte i.S.d. § 2050 in Betracht. Eine Zuwendung ist somit eine nicht auf einer gesetzlichen Verpflichtung beruhende Leistung, durch die dem Abkömmling auf Kosten des künftigen Nachlasses ein Vermögensvorteil zufließt[572].

570 *v. Schmitt,* Begründung des Entwurfes eines Rechtes der Erbfolge, S. 1098.

571 BVerfG v. 17.12.1953 (1 BvR 147) = BVerfGE 3, 58 (135 f.).

572 Vgl. *Thubauville,* MittRhNotK 1992, 289 (292).

4. Teil Pflegeleistungen als ausgleichungspflichtige Zuwendungen

Ob auch Pflegeleistungen gegenüber behinderten Abkömmlingen als Ausgleichungsobjekte ausgeschlossen sind, ist zweifelhaft, obwohl auch diese überwiegend aufgrund entsprechender gesetzlicher Unterhaltspflicht erbracht werden.[573] Im Rahmen des Unterhalts zu erbringende Pflegekosten sind beispielsweise die Kosten für eine Heimunterbringung des behinderten Kindes[574], die behindertengerechte Ausstattung der Wohnung, eine besondere medizinische Versorgung des Kindes, besondere Therapiemaßnahmen, eine Behindertenfreizeit sowie die Kosten für besondere Hilfsmittel wie etwa einen Rollstuhl[575]. Dieser durch finanzielle Leistungen zu deckende Bedarf wird im Folgenden als „Pflegekosten" bezeichnet.

Auch die tatsächliche Pflege des behinderten Kindes im Sinne einer sorgenden Obhut[576], mithin die Versorgung und spezifische Betreuung eines behinderten Menschen, stellt eine Unterhaltsleistung dar.[577] Diese Pflegeleistungen in Form des Betreuungsunterhalts wird im Folgenden „Pflege" genannt.

A) Pflegekosten als ausgleichungspflichtige Zuwendungen

Pflegekosten werden vorliegend zunächst verstanden als sämtliche materielle Leistungen, die Eltern gegenüber ihrem behinderten Abkömmling erbringen, einschließlich Elementarunterhalt und behinderungsbedingter Mehrbedarf. Dieses zunächst weite Verständnis dient dazu, zunächst die gesamten Leistungen, die gegenüber behinderten Abkömmlingen erbracht werden, in die Überlegungen mit einzubeziehen, um diese später einer differenzierten Betrachtung zu unterziehen.

---

573 *Bothe*, in: Damrau/Tanck, § 2050, Rn. 28; *Dieckmann*, in: Soergel, § 2316, Rn. 5.

574 *Brudermüller*, in: Palandt, § 1602, Rn. 6; *Götsche*, FamRB 2004, 264.

575 Vgl. BGH, Urt. v. 27.04.1983 (IVb ZR 378/81) = NJW 1983, 2082 (2083); OLG Hamm, Beschl. v. 11.02.2005 (11 WF 312/04) = FamRZ 2006, 640; *Götsche*, FamRB 2004, 264; *Klinkhammer*, in: Wendl/Dose, Das Unterhaltsr. in der familienrichterl. Praxis, § 2, Rn. 463.

576 Duden Bd. 6, S. 2776.

577 Vgl. *Hänlein*, Heranziehung Unterhaltspflichtiger bei langwährender Pflegebedürftigkeit Volljähriger nach BSHG und BGB (Diss.), S. 11, abrufbar unter: http://nbn-resolving.de/urn:nbn:de:hebis:34-200804302137 4 (Stand: 19.12.2015).

Anders als sonstige Kindesunterhaltsleistungen, die aufgrund erlangter Selbständigkeit und damit einhergehender fehlender Bedürftigkeit des Kindes enden, besteht bei schwerbehinderten Kindern regelmäßig keine Aussicht auf ein vollkommen unabhängiges und auch wirtschaftlich selbständiges Leben.[578] Neben dieser zeitlichen Unbeschränktheit der Kindesunterhaltspflicht tritt die Höhe dieser Unterhaltsleistungen, die regelmäßig Unterhaltsleistungen gegenüber gesunden Kindern aufgrund des behinderungsbedingten Mehrbedarfs übersteigt.[579] Aus diesen Gründen ist bei Pflegekosten, die Eltern für ihre behinderten Kinder erbringen, in ganz besonderem Maße das Prinzip des Familienleistungsausgleichs – vormals Familienlastenausgleich[580] – zu beachten.[581] Das Familienleistungsausgleichsprinzip bezweckt, Familien mit Kindern und insbesondere Familien mit behinderten Kindern zu entlasten.[582] Der Grund dafür ist, dass die Erziehung und Förderung der Kinder im gesamtstaatlichen Interesse liegt und die Eltern durch entsprechende Entlastungen bei der Verwirklichung dieses Interesses unterstützt werden sollen.[583] Diese sozialstaatliche Komponente könnte eine andere Beurteilung der Frage der Ausgleichungspflicht dieser in Pflegekosten und -leistungen bestehenden Unterhaltsleistungen rechtfertigen.

I. Pflegekosten als Ausgleichungsobjekt nach § 2050 I BGB

Pflegekosten können nicht als Ausstattung nach § 2050 I i.V.m. § 1624 I qualifiziert werden, denn um den Ausstattungsbegriff zu erfüllen, müssen Leistungen in Form von Ausstattungen mit Rücksicht auf eine Verheiratung oder zur Erlangung einer selbständigen Lebensstellung erbracht werden.[584] Unbeachtlich ist,

---

578 Vgl. OLG Hamm, Urt. v. 26.07.1995 (5 UF 82/95) = FamRZ 1996, 303; *van de Loo*, MittRhNotK 1989, 233 (251).

579 OLG Koblenz, Urt. v. 05.10.2004 (11 UF 27/04) = NJW-RR 2005, 88 (89); *Gerhardt/von Heintschel-Heinegg/Fixl/Siede,* Materielles Scheidungsrecht, Rn. 75, 105; *Seiler,* in: Gerhardt/v. Heintschel-Heinegg/Klein, Hdb. des Fachanwalts FamR (2011), Kap. 6, Rn. 348.

580 *Muckel/Ogorek,* Sozialrecht, § 15, Rn. 21.

581 BGH, Urt. v. 20.10.1993 (IV ZR 231/92) = BGH, NJW 1994, 248 (250); *van de Loo*, MittRhNotK 1989, 233 (251); *Schulin*, Verh. des 59. DJ 1992, Bd. I, Gutachten E, S. 85f.

582 Vgl. BGH, Urt. v. 20.10.1993 (IV ZR 231/92) = DNotZ 1994, 380 (384 f.); BGH, Urt. v. 19.01.2011 (IV ZR 7/10) = DNotZ 2011, 381 (384); *Mrozynski,* SGB I, § 6, Rn. 9; *Muckel/Ogorek,* Sozialrecht, § 15, Rn. 21; *Rüfner,* Einführung in das Sozialrecht, S. 108.

583 BVerwG, Urt. v. 22.05.1975 (V C 19.74) = BVerwGE 48, 228 (234).

584 *Gernhuber/Coester-Waltjen*, Familienrecht, § 56, Rn. 2; *Kerscher/Tanck*, ZEV 1997, 354.

ob die selbständige Lebensstellung tatsächlich erreicht wird. Die Leistung muss jedoch zu diesem Zweck erbracht werden, der zumindest nicht völlig fernliegend sein darf.[585] Pflegekosten werden hingegen weder aus Gründen einer Verheiratung noch zu dem Zweck der Erlangung einer selbständigen Lebensstellung erbracht, sondern zu dem Zweck der Lebensunterhaltung, Förderung und Versorgung des behinderten Kindes. Zudem dürfte der Zweck der Erlangung einer selbständigen Lebensstellung je nach Grad der Behinderung als völlig fernliegend angesehen werden. Eine Ausstattung ist in der Leistung der Pflegekosten daher nicht zu sehen.

II. Pflegekosten als Ausgleichungsobjekt nach § 2050 II BGB

Pflegekosten sind auch weder übermäßige Berufsausbildungskosten noch Zuschüsse, die als Einkünfte gegeben werden. Während Berufsausbildungskosten auf das Erlernen eines Berufes zielen als Grundlage für die spätere Ausübung einer Erwerbstätigkeit[586], werden Pflegekosten getragen, um dem behinderten Kind alltägliche Hilfen zur Verfügung zu stellen und es bestmöglich zu fördern, um ihm ein Leben in der Gesellschaft zu ermöglichen.

Pflegekosten sind nicht nach § 2050 II von Gesetzes wegen ausgleichungspflichtig, da sie nicht unter den Begriff des „Zuschusses“ subsumierbar sind. Zuschüsse sind wiederkehrende Leistungen, die über einen gewissen Zeitraum erbracht werden und zur Bestreitung des laufenden Lebensunterhalts bestimmt sind.[587] Auch bei der Aufwendung von Pflegekosten für ein behindertes Kind handelt es sich um wiederkehrende Leistungen, die über einen gewissen Zeitraum erbracht werden. Daher wird die Ansicht als vertretbar erachtet, nach der die Möglichkeit der Ausgleichung von Pflegekosten nach § 2050 II unter Heranziehung des Rechtsgedankens des § 2057a alter Fassung bejaht wird.[588] Danach wären Pflegekosten, die über die hypothetische Unterhaltspflicht gegenüber einem nicht pflegebedürftigen Kind hinausgehen, der Ausgleichung nach § 2050 II als Zuschüsse zu unterstellen, sofern sie analog § 2057a a.F. unter Einbuße von Erwerbseinkommen oder zu Lasten des Vermögens des Erblassers erfolgten.[589]

---

585 *Gernhuber/Coester-Waltjen*, Familienrecht, § 56, Rn. 2; *Kerscher/Tanck*, ZEV 1997, 354.

586 *Ann*, in: MüKo, § 2050, Rn. 25; *Ann*, in: Hausmann/Hohloch, Hdb. d. Erbrechts, Kap. 20, Rn. 197; *Wolf*, in: Soergel, § 2050, Rn. 15.

587 *Flechtner*, in: Burandt/Rojahn , § 2050, Rn. 31; *Löhnig, in: Staudiner, § 2050,* Rn. 25; *Muscheler*, Erbrecht Bd. I, Rn. 1375.

588 *Bothe*, in: Damrau/Tanck, § 2050, Rn. 27, 29.

589 *Bothe*, in: Damrau/Tanck, § 2050, Rn. 29.

Allerdings bedeutet Zuschuss nach dem Wortsinn eine zusätzliche überobligatorische Zahlung[590], die als Zubrot zum laufenden Lebensunterhalt geleistet wird. Dagegen spricht jedoch, dass Pflegekosten im Allgemeinen obligatorische Leistungen sind, die im Rahmen der Unterhaltspflicht erbracht werden.[591] Die Ausgleichung von Pflegeleistungen als Zuschuss ist daher bereits nach dessen Wortsinn abzulehnen.

III. Pflegekosten als sonstige Zuwendungen nach § 2050 III BGB

Pflegekosten können demnach weder als Zuwendungen i.S.d. § 2050 I noch i.S.d. § 2050 II der Ausgleichung unterzogen werden, wohingegen eine zumindest teilweise Ausgleichung als sonstige Zuwendung nach § 2050 III durch Ausgleichungsanordnung in Betracht kommt.

1. Wortlaut

Nach dem Wortlaut des § 2050 III ist die Einbeziehung von Pflegekosten gegenüber behinderten Abkömmlingen unter die Ausgleichungspflicht denkbar. Die zitierte Norm verwendet zur Beschreibung der möglichen Ausgleichungsobjekte den weiten Begriff der „anderen Zuwendungen". Da der Gesetzgeber in § 2050 III – anders als beispielsweise in den Normen der §§ 330 S. 2, 516 I, 822, 1638 I, 1909 I 2 – auf die Beifügung des Adjektivs „unentgeltlich" verzichtet hat, ist es nach dem Wortlaut nicht ausgeschlossen, dass auch Pflegeleistungen, die auf einer gesetzlichen Unterhaltspflicht beruhen, durch Ausgleichungsanordnung der Ausgleichung unterzogen werden können.

2. Historische Auslegung

Die historische Auslegung hingegen ergibt, dass der Gesetzgeber Leistungen, die – wie Pflegekosten – auf einer gesetzlichen Unterhaltspflicht beruhen, nicht in die Ausgleichungsvorschriften mit einbeziehen wollte. Dies wird für die Unterhaltspflichten beispielsweise deutlich durch den in den Motiven des BGB verwendeten Satz: „daß Erfüllung einer Verbindlichkeit keine Zuwendung ist, bedarf einer besonderen Hervorhebung nicht."[592] Ob der historische Gesetzgeber bei der Schaffung des BGB bis zu dessen Inkrafttreten am 01. Januar 1900[593]

590 *Wahrig*, Deutsches Wörterbuch, S. 1814.
591 *Bothe*, in: Damrau/Tanck, § 2050, Rn. 27.
592 Motive V, S. 704.
593 *Leipold*, BGB I, § 2, Rn. 13.

die vorbenannten Besonderheiten der Unterhaltsleistungen gegenüber behinderten Kindern im Blick hatte, ist zweifelhaft. Das Aufziehen von Kindern im Allgemeinen oblag bis zum Jahr 1970 der alleinigen Verantwortung der Eltern.[594] Erst im Laufe der zweiten Hälfte des 20. Jahrhunderts fand ein Umdenken statt zugunsten einer gesamtgesellschaftlichen Verantwortlichkeit für das Aufziehen von Kindern.[595] Zur Zeit der Schaffung des BGB stand ein Umdenken zugunsten einer staatlichen Fürsorge für behinderte Menschen erst ganz am Anfang.[596] Die im Jahr 1884 gegründete Krankenkasse kam beispielsweise für die Behandlung behinderter Menschen nicht auf.[597] Lediglich kirchliche Einrichtungen kümmerten sich auf Wunsch städtischer Armenhäuser um behinderte Menschen.[598] Die Fürsorge und Unterstützung der Gesellschaft für diese Familien hielt sich daher in engen Grenzen.

Die Tatsache, dass der historische Gesetzgeber bei Schaffung des Bürgerlichen Gesetzbuches damals Unterhaltsleistungen im Allgemeinen aus dem Anwendungsbereich der Ausgleichungsvorschriften ausgeschlossen hat, könnte daher auch darin begründet sein, dass dem Gesetzgeber die besondere Problematik von Pflegekosten gegenüber behinderten Kindern nicht bewusst war, die ggf. eine abweichende Beurteilung der Ausgleichungsfrage rechtfertigt. Auch die bis heute fehlende gesetzliche Klarstellung in § 2050 zugunsten von Pflegekosten gegenüber behinderten Kindern, bedeutet nicht zwingend, dass diese Leistungen nicht von § 2050 umfasst sein sollen. Aufgrund des offenen Wortlautes dieser Vorschrift und der offenbar seltenen Befassung der Justiz mit dieser Problematik, die aus der fehlenden Rechtsprechung zu diesem Thema geschlossen werden kann, bestand für den Gesetzgeber bislang kein Bedarf, diesbezüglich tätig zu werden. Die Vorschriften der §§ 2050, 2316 sind seit der Einführung des BGB nicht geändert worden.[599]

---

594 Vgl. *Schulin*, Verh. des 59. DJ 1992, Bd. I, Gutachten E, S. 117.

595 *Schulin*, Verh. des 59. DJ 1992, Bd. I, Gutachten E, S. 117.

596 *Mentner*, Körperliche Behinderung, abrufbar unter: https://info.diakonie.de/ueber-uns/die-geschichte-der-diakonie/arbeitsfelder-im-historischen-verlauf/koerper liche-behinderung/ (Stand: 10.01.2017).

597 *Thomann*, Von der Kriegsbeschädigtenfürsorge zum SGB IX, S. 2, abrufbar unter: http://www.schwbv.de/pdf/Geschichte_des_Behindertenrechts.pdf (Stand: 10.01.2017).

598 *Mentner*, Körperliche Behinderung, abrufbar unter: https://info.diakonie.de/ueber-uns/die-geschichte-der-diakonie/arbeitsfelder-im-historischen-verlauf/koerperliche-behinderung/ (Stand: 10.01.2017); *Thomann*, Von der Kriegsbeschä digtenfürsorge zum SGB IX, S. 2, abrufbar unter: http://www.schwbv.de/pdf/Ge schichte_des_Behinderten-rechts. pdf (Stand: 10.01.2017).

599 *Progl*, ZErb 2008, 10 (11).

3. *Systematik*

Bereits für die Unterhaltsleistungen im Allgemeinen wurde festgestellt, dass die systematische Stellung der Norm des § 2050 unter Untertitel 1 des Titels 4, Abschnitt 2 des 5. Buches des BGB, unter dem sich Regelungen zum „Rechtsverhältnis der Erben untereinander“ befinden, der Einbeziehung von Unterhaltsleistungen in den Ausgleichungstatbestand nicht entgegensteht.[600]

a) *Systematik innerhalb der Norm des § 2050 BGB*

Für die Einbeziehung von Pflegekosten spricht auch die Systematik innerhalb der Regelung des § 2050. Ausgehend von der Entscheidung des BGH aus dem Jahr 1981[601] und der Ansicht Progls[602] wird die Regelung in § 2050 II 2. Var. als Grundtatbestand verstanden, sodass die übrigen Regelungen des § 2050 im Lichte dieses Grundtatbestands auszulegen sind.[603] Das bedeutet, dass grundsätzlich nur Leistungen, die das den Vermögensverhältnissen des Erblassers entsprechende Maß überschreiten, ausgleichungspflichtig sind.[604] Geht man davon aus, dass sich die Frage, ob eine Leistung übermäßig ist, daran orientiert, ob der Erblasser in der Lage wäre, auch gegenüber seinen anderen Kindern entsprechende Leistungen zu erbringen[605], scheiden Unterhaltsleistungen grundsätzlich aus dem Anwendungsbereich des § 2050 aus.[606] Dies gilt jedoch nicht für Pflegekosten für ein behindertes Kind.

Bei der Bemessung des Elementarkindesunterhalts, die regelmäßig durch Anwendung der Düsseldorfer Tabelle erfolgt[607], wird durch diverse Maßnahmen dafür Sorge getragen, dass der Unterhaltspflichtige in der Lage ist, die Kindesunterhaltsleistungen auch gegenüber den anderen Kindern zu erbringen. Sind mehr als zwei Unterhaltsberechtigte vorhanden, findet regelmäßig eine Herabstufung in eine niedrigere Einkommensgruppe statt und damit einhergehend

---

600 Siehe 3. Teil B) IV. 3 a) Untertitel 1: „Rechtsverhältnis der Erben untereinander“.

601 BGH, Urt. v. 30.09.1981 (Iva ZR 127/80) = BGH, NJW 1982, 575 (577).

602 *Progl*, ZErb 2008, 10 ff.

603 Siehe 3. Teil B) IV 3 b) Vergleich mit § 2050 I und II BGB.

604 *Progl*, ZErb 2008, 10 (14).

605 *Ann*, in: MüKo, § 2050, Rn. 26; *Dieckmann*, FamRZ 1988, 712 (714); *Flechtner*, in: Burandt/Rojahn , § 2050, Rn. 33; *Löhnig*, in: Staudinger, § 2050, Rn. 26.

606 Siehe 2. Teil B) I. 3. b) bb) Aufwendungen für die Vorbildung zu einem Beruf.

607 *Erdrich*, in: Scholz/Kleffmann/Doering-Striening, Teil I, Rn. 106; *Kath-Zurhorst/Reuter*, in: NK-BGB FamR, § 1610, Rn. 16; *Niepmann/Schwamb*, Die Rspr. zur Höhe des Unterhalts, Teil I, Rn. 5.

eine niedrigere Bedarfsbemessung.[608] Es wird so durch angepasste Bedarfsbemessung dafür Sorge getragen, dass der Unterhaltspflichtige – mit Ausnahme von Mangelfällen – in der Lage ist, die Elementarunterhaltsleistungen für alle Kinder zu erfüllen. Dies betrifft jedoch nur den Elementarunterhalt, d.h. den Unterhalt, der für die tägliche Versorgung des Kindes üblicherweise benötigt wird.[609] Der Elementarunterhaltsbedarf ist gegenüber allen Kindern voll zu decken[610], sodass auch die Notwendigkeit der Überlegung besteht, ob der Elementarunterhaltsanspruch eines jeden Kindes durch den Unterhaltspflichtigen erfüllt werden kann. Aus diesem Grund richtet sich die Einordnung in eine Einkommensgruppe und damit die Bedarfsbemessung u.a. nach der Anzahl der unterhaltsberechtigten Personen.[611]

Anders stellt sich die Situation betreffend Pflegekosten für behinderte Kinder dar, die nicht zum Elementarunterhalt zählen, sondern darüber hinausgehenden Mehrbedarf des Kindes bilden. Dieser Mehrbedarf ist individueller Natur und nur gegenüber demjenigen Kind zu erfüllen, das diesen konkreten Mehrbedarf aufweist. Diese unterschiedliche Ausgangslage beim Elementarunterhalt und dem Mehrbedarf wirkt sich in der Art und Weise der Berücksichtigung des Mehrbedarfs bei der Unterhaltsberechnung aus. Der Mehrbedarf des behinderten Kindes wird bei der Bereinigung des Einkommens des Unterhaltspflichtigen von diesem abgezogen.[612] Danach erfolgt eine Einordnung des Unterhaltspflichtigen in die entsprechende Einkommensgruppe der Düsseldorfer Tabelle.[613] Wäre auch bzgl. des behinderungsbedingten Mehrbedarfs maßgeblich, ob der Unterhaltspflichtige auch gegenüber seinen anderen Kindern zur Deckung des hypothetischen Mehrbedarfs in der Lage wäre, müsste der Mehrbedarf des behinderten Kindes multipliziert werden mit der Anzahl der unterhaltsberechtigten Kinder und dieser Betrag vom Einkommen des Erblassers in Abzug gebracht

608 Düsseldorfer Tabelle (Stand: 01.01.2017), Anm. Ziff. 1, abrufbar unter: http://www.olg-duesseldorf.nrw.de/infos/Duesseldorfer_tabelle/Tabelle-2017/20161207_Duesseldorfer-Tabelle.pdf (Abruf v. 10.01.2017); *Brudermüller*, in: Palandt, § 1609, Rn. 11.

609 *Born*, in: Heiß/Born, Unterhaltsrecht, 10. Kap., Rn. 27.

610 *Brudermüller*, in: Palandt, § 1609, Rn. 11.

611 Düsseldorfer Tabelle (Stand: 01.01.2017), Anm. Ziff. 1, abrufbar unter: http://www.olg-duesseldorf.nrw.de/infos/Duesseldorfer_tabelle/Tabelle-2017/20161207_Duesseldorfer-Tabelle.pdf (Abruf v. 10.01.2017); *Brudermüller*, in: Palandt, § 1609, Rn. 11; *Klinkhammer*, in: Wendl/Dose, Das Unterhaltsr. in der familienrichterl. Praxis, Das Unterhaltsrecht in der familienrichterl. Praxis, § 2, Rn. 204.

612 *Gerhardt/von Heintschel-Heinegg/Fixl/Siede*, Materielles Scheidungsrecht, Rn. 75, 105.

613 *Gerhardt/von Heintschel-Heinegg/Fixl/Siede*, Materielles Scheidungsrecht, Rn. 75, 105.

werden. Dies ist nicht der Fall und mangels tatsächlich vorhandenen Mehrbedarfs der anderen Abkömmlinge auch nicht erforderlich.

Das fehlende Erfordernis der Deckung des Mehrbedarfs gegenüber sämtlichen Abkömmlingen wird ferner aus der Subsidiarität des Mehrbedarfs deutlich. Danach ist im Mangelfall zunächst der Elementarunterhalt aller Kinder zu decken. Erst wenn dies gewährleistet ist, ist subsidiär ein etwaiger Mehrbedarf eines Kindes zu bedienen.[614]

Der von dem unterhaltspflichtigen Erblasser zu leistende Mehrbedarf kann daher die Vermögensverhältnisse des Erblassers i.S.d. § 2050 II übersteigen. Die Ausgleichung von Pflegekosten als behinderungsbedingter Mehrbedarf ist danach im Gegensatz zur Ausgleichung von Elementarkindesunterhaltsleistungen denkbar. Dabei stellt sich die Frage, wie das Übermaß i.S.d. § 2050 II im Hinblick auf Pflegekosten zu bestimmen ist.

aa) Übermaß als Überschreitung der hypothetischen Unterhaltspflicht für gesunde Kinder

Entsprechend des Vorschlags von Bothe[615] könnte der ausgleichungsfähige Teil der Pflegeaufwendungen auf die Kosten beschränkt werden, die eine hypothetisch gesetzliche Unterhaltspflicht gegenüber einem gesunden Kind übersteigen.[616] Als Vergleichswert könnten dazu die durch das Statistische Bundesamt bezifferten durchschnittlichen Kindesunterhaltskosten bis zum 18. Lebensjahr eines Kindes herangezogen werden. Die durchschnittlichen monatlichen Kosten eines Kindes betragen danach bei einem Paar mit einem Kind 584,00 EUR, bei einem Paar mit 2 Kindern 515,00 EUR, bei einem Paar mit drei Kindern 484,00 EUR, jeweils pro Kind.[617] Durch Abgleich mit diesen Durchschnittsbeträgen könnten danach alle Leistungen gegenüber dem behinderten Kind, die den jeweiligen Betrag bis zum 18. Lebensjahr übersteigen und die über das 18. Lebensjahr hinaus an das behinderte Kind gezahlt werden müssen, als Zuwendungen i.S.d. § 2050 III qualifiziert werden.

---

614 OLG Stuttgart, Beschl. v. 07.03.2012 (11 UF 331/11) = NJW-Spezial 2012, 356.

615 *Bothe*, in: Damrau/Tanck, § 2050, Rn. 29.

616 *Bothe*, in: Damrau/Tanck, § 2050, Rn. 29, der diese Ansicht für vertretbar hält.

617 Statistisches Bundesamt, Konsumausgaben von Familien für Kinder, Berechnungen auf der Grundlage der Einkommens- oder Verbrauchsstichproben 2008, S. 12, abrufbar unter: https://www.destatis.de/DE/Publikationen/Thematisch/EinkommenKonsumLebensbedingungen/Konsumausgaben/KonsumausgabenFamilienKinder5632202089004.pdf?__blob=publicationFile (Stand: 10.01.2017).

Diese Vorgehensweise wäre leicht handhabbar, allerdings widerspricht sie der differenzierten und individualisierten Ausgestaltung des Unterhaltsrechts. Unabhängig von der konkreten Bedürftigkeit des Kindes und der konkreten Leistungsfähigkeit der Eltern, wäre es diesen erlaubt, ab Überschreitung des vorbenannten Durchschnittsbetrages dasjenige, was sie aufgrund der Unterhaltspflicht ihrem Kind geleistet haben, im Wege der Ausgleichung durch Verrechnung ihrem Nachlass zugunsten der anderen Kinder wieder zuzuführen.[618] Ferner widerspricht diese pauschale und abstrakte Herangehensweise der Regelung des § 2050 II, der auf die konkreten Vermögensverhältnisse des jeweiligen Erblassers abstellt. Die Heranziehung einer hypothetischen Unterhaltspflicht zugunsten eines gesunden Kindes ist daher für die Bestimmung des ausgleichungspflichtigen Teils der Pflegekosten ungeeignet.

bb) Übermaß nach sozialrechtlichen Vorgaben

Insofern erscheint die Ansicht von Dieckmann interessengerechter, der sich für eine Öffnung der Ausgleichung für all diejenigen Leistungen ausspricht, die über das hinausgehen, was das Sozialrecht den Eltern an Eigenleistungen gegenüber dem behinderten Abkömmling zumutet.[619] Damit sind Leistungen gemeint, die Eltern gegenüber ihren Kindern erbringen, obwohl sie dazu ihr Schonvermögen nach § 90 II, III SGB XII angreifen müssen sowie Leistungen, die die Zumutbarkeitsgrenze i.S.d. §§ 19 III, 92 I 2, III 1 SGB XII übersteigen. Ausgleichungsfähig wären darüber hinaus auch Leistungen für volljährige behinderte Abkömmlinge, die über die Grenze des Überleitbaren nach § 94 II SGB XII hinausgehen.

Bei dieser Ansicht gerät jedoch der Sinn und Zweck der Ausgleichungsvorschriften zu sehr aus dem Fokus. In erster Linie geht es bei den Ausgleichungsvorschriften um die gleichmäßige Beteiligung der Abkömmlinge an dem Vermögen der Eltern.[620] Der ausgleichungsfähige Teil der Pflegekosten ist daher durch eine Vergleichsbetrachtung mit den anderen Abkömmlingen zu bestimmen, um dem Gesichtspunkt der Gleichbehandlung gerecht zu werden. Dies ergibt sich aus dem in § 2050 II zur Bestimmung des Übermaßes angelegten Maßstab, der auf die Fähigkeit des Erblassers auch gegenüber seinen anderen Abkömmlingen gleichwertige Leistungen erbringen zu können, abstellt.

---

618 Vgl. *Schultz,* DAVorm 1984, 713 (717); *Thubauville,* MittRhNotK 1992, 289 (292).

619 *Dieckmann,* in: Soergel, § 2316, Rn. 5.

620 RG, Urt. v. 30.06.1902 (131/1902 IV.) = RG, JW 1902, Beil. 11, S. 266, Nr. 198; *Ann,* in: Hausmann/Hohloch, Hdb. d. Erbrechts, Kap. 20, Rn. 188; *Flechtner,* in: Burandt/Rojahn , § 2050, Rn. 1; *Mayer,* ZErb 2007, 130 (131); *Schultz,* DAVorm 1984, 713 (717).

Das Abstellen auf den Teil der Pflegekosten, der über diejenigen Kosten hinausgeht, die die sozialrechtlichen Vorschriften den Eltern zur Selbsttragung zumuten, stellt eine Vermischung von Unterhalts- und Sozialrecht dar. Dies führt zu sachwidrigen Ergebnissen aufgrund der unterschiedlichen Regelungsgegenstände beider Rechtsgebiete.[621] Das Sozialrecht regelt das Verhältnis der Menschen innerhalb der Gesellschaft eines Sozialstaats (große Solidargemeinschaft), während das Unterhaltsrecht das Verhältnis der Familie als kleine Solidargemeinschaft zum Regelungsgegenstand hat.[622] Das Unterhaltsrecht hat die gerechte Verteilung des Einkommens des Unterhaltsverpflichteten innerhalb der Familie unter Berücksichtigung der Bedürfnisse aller Unterhaltsberechtigten und -verpflichteten zum Gegenstand. Das Sozialrecht regelt die Unterstützung der in besonderem Maße Bedürftigen im Sozialstaat[623], ohne dabei andere unterhaltsrechtlich irrelevante Mitglieder einer Familie in die Betrachtung miteinzubeziehen. Konkret bedeutet dies, dass die Bestimmung der Leistungen, die durch den Sozialleistungsträger übernommen werden, im Sozialrecht im Allgemeinen ungeachtet der Geschwisterkinder des behinderten Abkömmlings erfolgt. Eine zum Zweck der Gleichstellung der Abkömmlinge erforderliche Vergleichsbetrachtung[624] zur Bestimmung des ausgleichungspflichtigen Teils der Pflegekosten fehlt daher. Das Sozialrecht bietet somit für den verfolgten Zweck keine Orientierung.

cc) Übermaß nach allgemeinen Grundsätzen des § 2050 II

Für die Zwecke der Ausgleichungsvorschriften sollte daher auch hinsichtlich der Pflegekosten auf das allgemein für die Ausgleichung entwickelte Kriterium des Übermaßes i.S.d. § 2050 II abgestellt wird. Der behinderungsbedingte Mehrbedarf, d.h. der auf der Behinderung beruhende über den Elementarunterhaltsbedarf hinausgehende Bedarf des behinderten Abkömmlings, ist daher in dem Umfang ausgleichungsfähig, in dem er das die Vermögensverhältnisse des Erblassers entsprechende Maß übersteigt. Durch diese Vorgehensweise wird eine dem Zweck der Ausgleichungsvorschriften entsprechende Vergleichsbetrachtung mit den gesunden Geschwisterkindern hergestellt.

---

621 *Doering-Striening*, in: Scholz/Kleffmann/Doering-Striening, Teil L, Rn. 1; vgl. *Wahrendorf*, in: Grube/Wahrendorf, SGB XII, § 82, Rn. 5.

622 *Doering-Striening*, in: Scholz/Kleffmann/Doering-Striening, Teil L, Rn. 1; vgl. *Wahrendorf*, in: Grube/Wahrendorf, SGB XII, § 82, Rn. 5.

623 Vgl. *Doering-Striening*, in: Scholz/Kleffmann/Doering-Striening, Teil L, Rn. 1 f.

624 *Schlüter/Röthel*, Erbrecht, § 32, Rn. 96.

Nimmt der behinderte Abkömmling Sozialleistungen in Anspruch, kann derjenige Anteil nach § 2050 III zur Ausgleichung gebracht werden, den die Eltern selbst getragen haben. Insoweit sind die Eltern des behinderten Abkömmlings und damit auch dessen Geschwister materiell beeinträchtigt. Im Gegensatz zu der Ansicht von Dieckmann, der als ausgleichungsfähigen Teil der Pflegekosten die Kosten betrachtet, die über das hinausgehen, was das Sozialrecht den Eltern als Eigenleistung auferlegt, können hiernach sämtliche Eigenleistungen der Eltern der Ausgleichung unterzogen werden, sofern es sich dabei um behinderungsbedingten Mehrbedarf handelt, der die Vermögensverhältnisse des Erblassers übersteigt.

b) Systematik der §§ 2315 und 2316 BGB

Die Systematik der §§ 2315, 2316 erlaubt aufgrund der unterschiedlichen Zielrichtungen beider Normen die Einbeziehung der Tragung von Pflegekosten unter den Begriff der Zuwendungen.[625] Während die Norm des § 2315 unmittelbar auf die Reduzierung des Pflichtteils durch die lebzeitige Zuwendung zielt[626], bezweckt die Regelung des § 2316 die Gleichbehandlung der Abkömmlinge des Erblassers unter Einbeziehung lebzeitiger Zuwendungen[627]. Wie bereits festgestellt, rechtfertigen diese unterschiedlichen Zielrichtungen eine unterschiedliche Auslegung der Zuwendungsbegriffe, trotz der systematischen Stellung beider Normen unmittelbar hintereinander im Gesetz.[628]

4. Teleologische Auslegung der Ausgleichungsvorschriften

Das entscheidende Argument für die Einbeziehung von Pflegekosten in die Ausgleichungsvorschriften ist deren Sinn und Zweck. Dieser besteht in der Herstellung einer vermögensmäßigen Gleichbehandlung der Abkömmlinge nach dem Tod des Erblassers unter Berücksichtigung der an die Abkömmlinge getätigten lebzeitigen Zuwendungen.[629] Es soll eine Gesamtschau des Vermögens des Erblassers stattfinden unter Einbeziehung von lebzeitigen Zuwendungen.

---

625 Siehe 3. Teil B) IV. 3. c) Zuwendungsbegriff des § 2315 BGB.

626 *Martin*, ZBlFG, 14. Jg., 789 (797); *Nieder*, in: Nieder/Kössinger/Kössinger, § 2, Rn. 203.

627 *Martin*, ZBlFG, 14. Jg., S. 789 (797); *Nieder*, in: Nieder/Kössinger/Kössinger, § 2, Rn. 203.

628 Siehe 3. Teil B) IV. 3. c) Zuwendungsbegriff des § 2315 BGB.

629 RG, Urt. v. 30.06.1902 (131/1902 IV.) = RG, JW 1902, Beil. 11, S. 266, Nr. 198; *Ann*, in: Hausmann/Hohloch, Hdb. d. Erbrechts, Kap. 20, Rn. 188; *Flechtner*, in: Burandt/Rojahn , § 2050, Rn. 1; *Lange*, Die Ordnung der gesetzlichen Erbfolge, S. 88; *Mayer*, ZErb 2007, 130 (131); *Schultz*, DAVorm 1984, 713 (717).

Dadurch sollen diejenigen Abkömmlinge, die bereits lebzeitige Zuwendungen erhalten haben, bei der Verteilung des Nachlasses entsprechend geringer beteiligt werden.[630]

a) Besondere Ungleichbehandlung aufgrund von behinderungsbedingtem Mehrbedarf

Die vermögensmäßige Gleichstellung der Abkömmlinge hat bei Familien mit behinderten Kindern besondere Relevanz, da die wirtschaftliche Herausforderung der Pflege eines behinderten Kindes häufig mit wirtschaftlichen Einschränkungen zu Lasten der gesunden Geschwisterkinder verbunden ist.[631] Die vermögensrechtliche Gleichbehandlung der Abkömmlinge ist daher bei Vorhandensein eines behinderten Abkömmlings in besonders hohem Maße in Frage gestellt, denn ein behinderter Abkömmling fordert seine Eltern finanziell durch seinen behinderungsbedingten Mehrbedarf regelmäßig in außergewöhnlich intensiver Weise.[632]

Dennoch ist zu beachten, dass eine unterschiedliche materielle Beteiligung der Kinder dem Unterhaltsrecht immanent ist. Dies resultiert daraus, dass sich die Höhe der Unterhaltsleistung am Bedarf des Kindes orientiert und daher Unterhaltsleistungen in unterschiedlicher Höhe gegenüber den einzelnen Kindern geboten sein können.[633] Diese Wertung soll nicht durch das Ausgleichungsrecht unterlaufen werden, indem die empfangenen Unterhaltsleistungen des Unterhaltsberechtigten nach dem Tod seiner Eltern durch die Ausgleichung zumindest teilweise kompensiert werden.[634] Unterhaltsleistungen sind daher – ungeachtet des verfolgten Gleichbehandlungszieles – im Allgemeinen der Ausgleichung nicht zugänglich. Dies gilt grundsätzlich auch für den Mehrbedarf, der ebenfalls im Rahmen der gesetzlichen Unterhaltspflicht zu decken ist. Unabhängig von einer Behinderung eines Kindes, kann auch aus anderen Gründen, beispielsweise aufgrund einer besonders förderungsbedürftigen Begabung, die Leistung von Mehrbedarf geboten sein. Dies führt nicht etwa dazu, dass jeglicher Mehrbedarf

---

630 *Ann,* in: MüKo, § 2055, Rn. 1; *Bayer,* in: Erman, § 2050, Rn. 1; *Jakobs/Schubert,* Die Beratung des BGB, §§ 1922–2385, S. 775; *Lange,* Erbrecht, § 61, Rn. 139; *Muscheler,* Erbrecht Bd. I, Rn. 1362.

631 Vgl. *Dieckmann,* in: Soergel, § 2316, Rn. 5.

632 *Van de Loo,* MittRhNotK 1989, 233 (233 f.); *Schulin,* Verh. d. 59. DJ 1992, Bd. I, Gutachten E, S. 85.

633 *Flechtner,* in: Burandt/Rojahn, § 2050, Rn. 30; *Kath-Zurhorst/Reuter,* in: NK-BGB FamR, § 1610, Rn. 2, 3, 5 f.

634 Vgl. *Schultz,* DAVorm 1984, 713 (717); *Thubauville,* MittRhNotK 1992, 289 (292).

eines Kindes, gleich auf welchen Gründen er beruht, der Ausgleichung zugänglich ist. Die Ausgleichung von Pflegekosten kann lediglich eine Ausnahme zu dem Grundsatz sein, dass lediglich freiwillige Leistungen der Ausgleichung zugänglich sind. Es bedarf daher eines weiteren Kriteriums, um Pflegekosten auch in Abgrenzung zu sonstigem Mehrbedarf eines Kindes der Ausgleichung zu unterziehen.

b) Das Familienleistungsausgleichsprinzip

Bei der Klärung der Frage nach der Ausgleichungsmöglichkeit für Pflegekosten für behinderte Abkömmlinge ist zusätzlich das Prinzip des Familienleistungsausgleichs zu berücksichtigen. Dieses resultiert aus dem Grundrecht zum Schutz von Ehe und Familie, Art. 6 GG.[635] Dieses Grundrecht beinhaltet u.a. einen Schutzauftrag für den wirtschaftlichen Zusammenhalt in der Familie.[636] Ist wie bei den Ausgleichungsvorschriften die Familie Adressat einer staatlichen Norm, kann das Familienleistungsausgleichsprinzip unabhängig vom konkreten Rechtsgebiet Berücksichtigung finden.[637] Aufgrund der Ausstrahlungswirkung von Art. 6 I GG sind die Wertungen dieses Grundrechts bei der Auslegung auch von Normen des Privatrechts – wie § 2050 – zu berücksichtigen.[638] Die Ausgleichungsvorschrift des § 2050 III eröffnet dem Erblasser die Möglichkeit, die Ausgleichung für eine Zuwendung anzuordnen, sodass seine ausgleichungsberechtigten Abkömmlinge die Ausgleichung von dem zu Lebzeiten begünstigten Abkömmling verlangen können. Adressat des § 2050 ist daher die Familie, sodass das aus Art. 6 GG resultierende Gebot des Familienleistungsausgleichs im Rahmen der Drittwirkung dieses Grundrechts bei der Auslegung des Zuwendungsbegriffs Berücksichtigung findet.

Das Prinzip des Familienleistungsausgleichs, das u.a. in § 6 SGB I normiert ist, bezweckt im Allgemeinen, den Aufwand der Eltern, der diesen durch die Unterhaltung und Ausbildung von Kindern entsteht, auszugleichen.[639] Das Familienleistungsausgleichsprinzip wurde ferner gesetzlich ausgestaltet durch den Anspruch auf Kindergeld (§ 25 SGB I), die Familienkrankenversicherung

---

635 *Brosius-Gersdorf*, in: Dreier, Grundgesetz Kommentar, Art. 6, Rn. 86, 130.

636 BVerfG 23.06.1982 (1 BvR 1343/81) = BVerfGE 61, 18 (25); *Jarass*, in: Jarass/Pieroth, GG, Art. 6, Rn. 20.

637 *Brosius-Gersdorf*, in: Dreier, Grundgesetz Kommentar, Art. 6, Rn. 130.

638 BVerfG 23.06.1982 (1 BvR 1343/81) = BVerfGE 61, 18 (25); *Jarass*, in: Jarass/Pieroth, GG, Art. 6, Rn. 22.

639 *Mrozynski*, SGB I, § 6, Rn. 9; *Muckel/Ogorek*, Sozialrecht, § 15, Rn. 21; *Rüfner*, Einführung in das Sozialrecht, S. 108.

(§ 10 SGB V) etc.[640] Besondere Bedeutung gewinnt dieses Prinzip für Familien mit behinderten Kindern, da diese Familien besonders stark beansprucht sind.[641] Unter Berücksichtigung der ohnehin bestehenden und nicht zu kompensierenden erhöhten persönlichen Belastung von Eltern mit behinderten Kindern[642] ist es gerechtfertigt, zumindest in wirtschaftlicher Hinsicht die betroffenen Eltern in besonders starkem Umfang zu entlasten.[643] Der Grund für die wirtschaftliche Entlastung von Eltern behinderter Kinder ist das gesamtgesellschaftliche Interesse an der Integration behinderter Menschen.[644] Eltern sollen durch die wirtschaftliche Entlastung motiviert werden, die Integration ihrer Kinder voranzutreiben.[645] Dadurch soll verhindert werden, dass Eltern aus wirtschaftlichen Erwägungen die Förderung und Integration ihrer behinderten Kinder vernachlässigen.[646] Diese Elterngruppe soll daher im Wege des Familienleistungsausgleichs mit Eltern gesunder Kinder gleichgestellt werden.[647]

Die Eröffnung der Möglichkeit der Ausgleichung von Pflegekosten für behinderte Abkömmlinge würde zu diesen Zielen beitragen. Die Ausgleichung führt zu einer Reduktion des Erb- oder Pflichtteils des behinderten Abkömmlings zugunsten der übrigen Abkömmlinge. Auf den behinderten Abkömmling hat die Minderung seines Erb- oder Pflichtteils keine Auswirkungen. Hätte der Sozialleistungsträger zum Zeitpunkt des Todes des Erblassers bereits Leistungen gegenüber dem behinderten Abkömmling erbracht, könnte der Sozialleistungsträger Zugriff auf den Erbteil nehmen bzw. einen Pflichtteilsanspruch des behinderten Abkömmlings gemäß § 93 I, II SGB XII auf sich überleiten, sodass dieser Vermögensteil wiederum weder dem behinderten Abkömmling noch der Familie erhalten bliebe.[648] Würde der behinderte Abkömmling seinen

640 *Muckel/Ogorek*, Sozialrecht, § 15, Rn. 21; *Rüfner*, Einführung in das Sozialrecht, S. 109 f.

641 BGH, Urt. v. 20.10.1993 (IV ZR 231/92) = DNotZ 1994, 380 (384 f.); BGH, Urt. v. 19.01.2011 (IV ZR 7/10) = DNotZ 2011, 381 (384).

642 *Schulin*, Verh. des 59. DJ 1992, Bd. I, Gutachten E, S. 86.

643 BGH, Urt. v. 20.10.1993 (IV ZR 231/92) = DNotZ 1994, 380 (384 f.); BGH, Urt. v. 19.01.2011 (IV ZR 7/10) = DNotZ 2011, 381 (384).

644 BVerwG, Urt. v. 22.05.1975 (V C 19.74) = BVerwGE 48, 228 (234).

645 BVerwG, Urt. v. 22.05.1975 (V C 19.74) = BVerwGE 48, 228 (234).

646 BVerwG, Urt. v. 22.05.1975 (V C 19.74) = BVerwGE 48, 228 (234).

647 BGH, Urt. v. 20.10.1993 (IV ZR 231/92) = DNotZ 1994, 380 (384); BVerwG, Urt. v. 22.05.1975 (V C 19.74) = BVerwGE 48, 228 (234); *van de Loo*, MittRhNotK 1989, 233 (251); *Schulin*, Verh. des 59. DJ 1992, Bd. I, Gutachten E, S. 86.

648 *Bengel*, in: Dittmann/Reimann/Bengel, E Rn. 203 zu der Vorgängernorm des § 90 BSHG; *Krause*, in: Frieser/Sarres/Stückemann et al., Hdb. des Fachanwalts Erbrecht,

Erb- oder Pflichtteil in vollem Umfang erhalten, müsste er den ihm zufließenden Wert, sofern nicht aufgrund bereits erbrachter Sozialleistungen eine Überleitung nach § 93 I, II SGB XII stattfindet, zunächst für seinen Lebensunterhalt einsetzen, bevor er einen Anspruch auf Sozialleistungen erhält.[649] Der Anteil am Vermögen, der bei Ausgleichung von Pflegekosten nicht dem behinderten Abkömmling zufließt, wird dadurch zugunsten der anderen Abkömmlinge vor der Verwertung für den Lebensunterhalt des behinderten Abkömmlings verschont, ohne dabei die wirtschaftliche Stellung des behinderten Abkömmlings zu beeinträchtigen, der ohnehin keinen Vorteil von dem Erb- oder Pflichtteil zu erwarten hätte. Dies entspricht dem Interesse von Eltern behinderter Kinder, die regelmäßig vermeiden wollen, dass ihr Vermögen dem Sozialleistungsträger zufließt.[650] Ihnen ist vielmehr daran gelegen, dass ihr Vermögen der Familie erhalten bleibt. Dies wird durch die Ausgleichung von Pflegekosten erreicht. Das durch die Ausgleichung vor dem Verbrauch oder der Überleitung auf den Sozialleistungsträger verschonte Vermögen entspricht den Pflegekosten, die Eltern zu Lebzeiten zugunsten ihrer behinderten Kinder investiert haben. Es ist für die Gesellschaft von entscheidender Bedeutung, dass Eltern bereits im Kindesalter des behinderten Menschen alles tun, um ihr behindertes Kind zu fördern und dessen Integration zu erreichen.[651] Die Ausgleichung von Pflegekosten schafft daher entsprechend dem Ziel des Familienleistungsausgleichs[652] eine Motivation für Eltern, in die Förderung und Integration ihres behinderten Kindes zu investieren. Durch diese lebzeitigen Leistungen an das behinderte Kind wird neben dessen Förderung zugleich dessen Erb- oder Pflichtteil vermindert und dadurch ein erhöhter Anteil des Vermögens vor dem Zugriff des Sozialleistungsträgers geschützt und dieses zugunsten der gesunden Kinder erhalten.

Kap. 2, Rn. 587; *Schindler*, in: Ruby/Schindler/Wirich, Das Behindertentestament, § 2, Rn. 36 f.

649 *Bengel/Spall*, in: Scherer, Münchner Anwhdb. ErbR, § 41, Rn. 3; *Schindler*, in: Ruby/Schindler/Wirich, Das Behindertentestament, § 2, Rn. 9.

650 *Ruby*, in: Ruby/Schindler/Wirich, Das Behindertentestament, § 1, Rn. 10.

651 BVerwG, Urt. v. 22.05.1975 (V C 19.74) = BVerwGE 48, 228 (234).

652 BVerwG, Urt. v. 22.05.1975 (V C 19.74) = BVerwGE 48, 228 (234).

aa) Vereinbarkeit der Ausgleichung von Pflegekosten mit dem Subsidiaritätsprinzip

Das Familienleistungsausgleichsprinzip konkurriert mit dem in § 2 I SGB XII normierten Subsidiaritätsprinzip.[653] Dieses besagt, dass ein Anspruch auf Sozialleistungen nur besteht, wenn der Leistungsberechtigte sich nicht selbst durch eigene Arbeit, Einkommen oder Vermögen helfen kann oder die Leistung von anderen erhält.[654] In vorliegenden Fällen kommt der Sozialleistungsträger daher nach dem Tod der Eltern erst für die Grundversorgung des behinderten Menschen auf, wenn dieser selbst nicht oder nicht ausreichend in der Lage ist, aus seinem eigenen Einkommen oder Vermögen seinen Lebensunterhalt zu bestreiten.[655] Erhält der behinderte Abkömmling durch eine Erbschaft oder im Wege des Pflichtteils einen gewissen Anteil an dem Vermögen seiner Eltern, ist dieser Wert grundsätzlich zunächst einzusetzen, bevor ein Anspruch auf Sozialleistungen besteht.[656] Hat der Sozialleistungsträger bereits Leistungen gegenüber dem behinderten Abkömmling erbracht, ist er gemäß § 93 I, II SGB XII zur Realisierung des Subsidiaritätsgrundsatzes berechtigt, den Pflichtteilsanspruch des behinderten Abkömmlings auf sich überzuleiten.[657]

Die Ausgleichung hat zur Konsequenz, dass der Anteil des behinderten Abkömmlings am Nachlass seiner Eltern zugunsten der anderen Abkömmlinge verringert wird. Der Sozialleistungsträger muss daher umso früher für die Pflege und Versorgung des behinderten Abkömmlings aufkommen bzw. erlangt nur einen verringerten Ersatz seiner Leistungen durch Überleitung des durch die Ausgleichung verringerten Pflichtteilsanspruchs. Entgegen dem ersten Anschein steht das Subsidiaritätsprinzip der Ausgleichung von Pflegekosten nicht entgegen. Vielmehr setzt sich in Bezug auf behinderte Kinder das Prinzip des Familienleistungsausgleichs durch.

---

653 BGH, Urt. v. 19.01.2011 (IV ZR 7/10) = DNotZ 2011, 381 (386); *van de Loo*, MittRhNotK 1989, 233 (251); *Schulin*, Verh. des 59. DJ 1992, Bd. I, Gutachten E, S. 85 f.

654 *Wahrendorf*, in: Grube/Wahrendorf, SGB XII, § 2, Rn. 2.

655 *Bengel/Spall*, in: Scherer, Münchner Anwhdb. ErbR, § 41, Rn. 3.

656 *Bengel/Spall*, in: Scherer, Münchner Anwhdb. ErbR, § 41, Rn. 3; *Schindler*, in: Ruby/Schindler/Wirich, Das Behindertentestament, § 2, Rn. 9.

657 *Bengel*, in:Dittmann/Reimann/Bengel, E Rn. 203 zu der Vorgängernorm des § 90 BSHG; *Krause*, in: Frieser/Sarres/Stückemann et al., Hdb. des Fachanwalts Erbrecht, Kap. 2, Rn. 587; *Schindler*, in: Ruby/Schindler/Wirich, Das Behindertentestament, § 2, Rn. 36.

(1) Vorrang des Familienleistungsausgleichsprinzips im Sozialrecht

Dem Sozialrecht selbst ist ein entsprechender Vorrang des Prinzips des Familienleistungsausgleichs und der Privilegierung behinderter Menschen unter Zurückstellung des Subsidiaritätsprinzips zu entnehmen.[658] Bereits zu Lebzeiten der Eltern des behinderten Abkömmlings werden diese unter Durchbrechung des Subsidiaritätsprinzips nach den §§ 90 II, III, 19 III, 92 I, II und § 94 II SGB XII durch den Sozialleistungsträger finanziell entlastet. So bleibt gemäß § 90 II, II SGB XII ein sog. Schonvermögen des Leistungsberechtigten und u.a. seiner Eltern unangetastet, sodass Sozialleitungen erbracht werden, obwohl verwertbare Vermögenswerte vorhanden sind.[659] Ferner erfolgt gemäß § 19 III SGB XII die Gewährung von Hilfen zur Gesundheit, Eingliederungshilfe für behinderte Menschen, Hilfe zur Pflege, Hilfe zur Überwindung besonderer sozialer Schwierigkeiten und Hilfen in anderen Lebenslagen ohne Rücksicht auf vorhandenes Einkommen und Vermögen, sofern deren Einsatz dem Leistungsberechtigten und u.a. seinen Eltern nicht zuzumuten ist.[660] Das Subsidiaritätsprinzip wird ferner durch die Vorschrift des § 92 I, II SGB XII durchbrochen.[661] Diese Norm besagt, dass in jedem Fall zunächst der Sozialleistungsträger für die Kosten einer stationären Einrichtung, einer Tageseinrichtung für behinderte Menschen oder ärztliche oder ärztlich verordnete Maßnahmen aufzukommen hat (§ 92 I 1 SGB XII). Der Sozialleistungsträger hat sodann einen Erstattungsanspruch – in hiesiger Konstellation – gegen die Eltern, allerdings beschränkt auf den ihnen zumutbaren Teil (§ 92 I 2 SGB XII). Dieser zumutbare Teil wird noch einmal einschränkend enumerativ in § 92 II 1 SGB XII festgelegt. In den dort benannten Fällen wird den Eltern behinderter Kinder lediglich die Tragung der durch die Unterbringung des behinderten Abkömmlings in der Einrichtung ersparten Aufwendungen für den Lebensunterhalt zugemutet (§ 92 II 3 SGB XII), ungeachtet ihrer Vermögensverhältnisse (§ 92 II 2 SGB XII). Durch die Regelungen in § 92 SGB XII soll eine Gleichstellung der Eltern behinderter mit Eltern

---

658 *Kuchinke,* FamRZ 1992, 362; *van de Loo,* MittRhNotK 1989, 233 (235, 251); *Schubert,* JR 1991, 106; *Schulin,* Verh. des 59. DJ 1992, Bd. I, Gutachten E, S. 86, 118; *Settergren,* Das „Behindertentestament" im Spannungsfeld zw. Privatautonomie und sozialhilferechtl. Nachrangprinzip (Diss.), S. 107.

659 BGH, Urt. v. 20.10.1993 (IV ZR 231/92) = DNotZ 1994, 380 (384); BGH, Urt. v. 19.01.2011 (IV ZR 7/10) = DNotZ 2011, 381 (384); *Wahrendorf,* in: Grube/Wahrendorf, SGB XII, § 2, Rn. 33.

660 *Coseriu,* in: Knickrehm/Kreikebohm/Waltermann, § 19 SGB XII, Rn. 6.

661 *Wahrendorf,* in: Grube/Wahrendorf, SGB XII, § 92, Rn. 1.

gesunder Kinder erreicht werden[662] und damit das Prinzip des Familienleistungsausgleichs verwirklicht werden. Zur Entlastung von Familien mit behinderten Kindern trägt auch die Vorschrift des § 94 II SGB XII bei.[663] Danach findet eine Überleitung von Unterhaltsansprüchen volljähriger behinderter Personen gemäß § 94 II SGB XII nur statt in Höhe von 26,00 EUR für Leistungen der Eingliederungshilfe für behinderte Menschen und für die Hilfe zur Pflege sowie in Höhe von 20,00 EUR für Leistungen der Hilfe zum Lebensunterhalt.[664] Die vorgenannten Beträge ändern sich gemäß § 94 II 3 prozentual entsprechend der Entwicklung des Kindergeldes. Die aus den Normen der §§ 90 II, III, 19 III, 92 I, II und § 94 II SGB XII zu entnehmende Wertung des Sozialrechts spricht für die Privilegierung des Prinzips des Familienleistungsausgleichs vor dem Subsidiaritätsprinzip.[665]

Dies zeigt, dass der Sozialgesetzgeber bei der Gewährung von Sozialleistungen zugunsten von Familien mit behinderten Kindern bereits zu Lebzeiten der Eltern das Prinzip der Subsidiarität nicht konsequent beachtet.[666] Die Verwehrung der Ausgleichungsmöglichkeit für Pflegekosten aus Gründen der Subsidiarität würde dazu führen, dass dieses Prinzip nach dem Tod der Eltern größere Beachtung fände als zu deren Lebzeiten.[667] Dies ist vor allem deshalb ungerechtfertigt, weil es an einer Norm fehlt, die den Eltern behinderter Abkömmlinge auferlegt, diesen zum Zwecke des Rückgriffs des Sozialleistungsträgers einen gewissen Anteil ihres Vermögens nach ihrem Tod zu hinterlassen.[668] Dies lässt darauf schließen, dass aus Gründen des Familienleistungsausgleichs auch nach dem Tod der Eltern eine Vermögenserhaltung zugunsten der Familie unter Außerachtlassung des Subsidiaritätsprinzips sozialrechtskonform möglich ist.

Die Ausübung der Möglichkeit der Ausgleichung von Pflegekosten durch Ausgleichungsanordnung kann der Sozialleistungsträger auch nicht mittels Leistungskürzung gemäß § 26 I Nr. 1 SGB XII sanktionieren. Nach dieser Vorschrift können die Leistungen „bis auf das zum Lebensunterhalt Unerlässliche"[669] gekürzt

662 *Wahrendorf*, in: Grube/Wahrendorf, SGB XII, § 92, Rn. 2.

663 *Wahrendorf*, in: Grube/Wahrendorf, SGB XII, § 94, Rn. 32.

664 *Wahrendorf*, in: Grube/Wahrendorf, SGB XII, § 94, Rn. 32.

665 Vgl. BGH, Urt. v. 19.01.2011 (IV ZR 7/10) = DNotZ 2011, 381 (384).

666 BGH, Urt. v. 21.03.1990 (IV ZR 169/89) = DNotZ 1992, 241 (244); BGH, Urt. v. 20.10.1993 (IV ZR 231/92) = DNotZ 1994, 380 (384); BGH, Urt. v. 19.01.2011 (IV ZR 7/10) = DNotZ 2011, 381 (383).

667 Vgl. *Kuchinke*, FamRZ 1992, 362.

668 Vgl. BGH, Urt. v. 20.10.1993 (IV ZR 231/92) = DNotZ 1994, 380 (384).

669 § 26 I Nr. 1 SGB XII.

werden, wenn der volljährige Leistungsberechtigte sein Vermögen oder Einkommen absichtlich zum Nachteil des Sozialleistungsträgers vermindert hat.[670] Bei der Ausgleichung ist es jedoch nicht der behinderte Mensch als Leistungsberechtigter, der seinen Erb- oder Pflichtteil durch die Ausgleichung reduziert, sondern ohne sein Zutun wird sein Erb- und Pflichtteil um die bereits lebzeitig erhaltenen Zuwendungen verringert.[671] Eine Kollision mit dem Subsidiaritätsprinzip liegt nicht vor, da dieses lediglich gebietet, vorhandenes Vermögen und Einkünfte einzusetzen.[672] Die Ausgleichung von Pflegekosten reduziert jedoch bereits den Anfall des Vermögens/Einkommens beim behinderten Abkömmling. Danach hat der behinderte Abkömmling lediglich diesen reduzierten Erb- oder Pflichtteil entsprechend dem Subsidiaritätsprinzip zu verwerten.

(2) Übertragung der Wertungen des BGH zum Behindertentestament

Bereits in dem Urteil des BGH zum Behindertentestament heißt es, dass dem BSHG[673] (jetzt SGB XII) eine Wertung nicht zu entnehmen sei, wonach Eltern verpflichtet seien, ihren behinderten Abkömmlingen mehr als den Pflichtteil zukommen zu lassen.[674] Die Ermöglichung der Ausgleichung von Pflegekosten führt nicht etwa dazu, dass dem behinderten Abkömmling der Pflichtteil entzogen wird, vielmehr wird der Pflichtteilsanspruch durch die Ausgleichung reduziert.[675] Die Reduzierung des Pflichtteilsanspruchs erfolgt jedoch nur insoweit, als der behinderte Abkömmling bereits zu Lebzeiten der Eltern ausgleichungspflichtige Zuwendungen erhalten hat.[676] Diese Modifizierung des Pflichtteilsanspruchs des behinderten Abkömmlings erfolgt aus Gründen der Gleichbehandlung.[677]

In dem vorbenannten Urteil zum Behindertentestament heißt es weiter, dass das Sozialrecht und damit auch das Subsidiaritätsprinzip nicht nur eine Pflicht der Eltern behinderter Kinder ablehne, diesen Kindern mehr als den Pflichtteil zu hinterlassen. Vielmehr weist der BGH auf die Verantwortung der

---

670 § 26 I Nr. 1 SGB XII.

671 Vgl. BGH, Urt. v. 19.01.2011 (IV ZR 7/10) = DNotZ 2011, 381 (386) zum Pflichtteilsverzicht.

672 BGH, Urt. v. 19.01.2011 (IV ZR 7/10) = DNotZ 2011, 381 (386).

673 Wertung auf das SGB XII übertragbar (s. BGH, Urt. v. 19.01.2011 (IV ZR 7/10) = DNotZ 2011, 381 (386)).

674 BGH, Urt. v. 20.10.1993 (IV ZR 231/92) = DNotZ 1994, 380 (384).

675 *Lange*, in: MüKo, § 2316, Rn. 2; *Röthel*, in: Erman, § 2316, Rn. 1.

676 *Lenz-Brendel*, in: Damrau/Tanck, § 2316, Rn. 4; *Röthel*, in: Erman, § 2316, Rn. 1.

677 *Martin*, ZBlFG, 14. Jg., S. 789 (797); *Nieder*, in: Nieder/Kössinger/Kössinger, § 2, Rn. 203.

Gesamtgesellschaft für die mit der Erziehung und Versorgung insbesondere behinderter Kinder verbundenen wirtschaftlichen Belastungen hin.[678] Diese Verantwortung gebiete demnach geradezu, dass der Sozialleistungsträger zur Schonung des Vermögens dieser Familien frühzeitig für die Unterhaltung und Pflege des behinderten Abkömmlings aufkommt, sodass die Reduzierung des Erb- und Pflichtteils durch die Ausgleichung damit vereinbar ist.

Ob die auf die Ausgleichung übertragenen Grundsätze, die der BGH zum Behindertentestament aufgestellt hat, auch gelten, wenn das hinterlassene Vermögen der Eltern so groß ist, dass die Versorgung des behinderten Abkömmlings allein durch den Pflichtteil lebenslang sichergestellt wäre, ist ungeklärt.[679] Hierzu wird vertreten, dass ein Unterhaltspflichtiger seinem Unterhaltsberechtigten gegenüber ab einem gewissen Vermögenswert verpflichtet sei, diesem einen gewissen Anteil seines Vermögens von Todes wegen zu hinterlassen.[680] Selbst wenn dies der Fall wäre, hätte dies keine Auswirkungen auf die Möglichkeit der Ausgleichung von Pflegekosten. Anders als beim Behindertentestament, bei dem der behinderte Abkömmling durch die Einsetzung eines Nacherben und die Testamentsvollstreckung belastet wird,[681] führt die Ausgleichung dazu, dass der Erb- oder Pflichtteil des behinderten Abkömmlings aufgrund der bereits zu Lebzeiten erhaltenen Pflegeaufwendungen reduziert wird.[682] Die fehlende Belastungsqualität der Ausgleichung zeigt sich u.a. durch deren fehlende Nennung in der Norm des § 2306 „Beschränkungen und Beschwerungen". Dem behinderten Abkömmling wird durch die Ausgleichung nichts genommen und er wird auch nicht belastet, sondern von seinem Erb- oder Pflichtteil wird lediglich der Wert in Abzug gebracht, den er bereits zu Lebzeiten der Eltern erhalten hat.[683] Der Gesamtvermögenswert des Erblassers hat daher keinen Einfluss auf die Möglichkeit der Ausgleichungspflicht.

---

678 BGH, Urt. v. 20.10.1993 (IV ZR 231/92) = DNotZ 1994, 380 (384).

679 BGH, Urt. v. 21.03.1990 (IV ZR 169/89) = DNotZ 1992, 241 (243); BGH, Urt. v. 20.10.1993 (IV ZR 231/92) = DNotZ 1994, 380 (381).

680 *Schubert,* JR 1991, 106 (107).

681 *Kössinger,* R., in: Nieder/Kössinger/Kössinger, § 21, Rn. 69; *Schindler,* in: Ruby/Schindler/Wirich, Das Behindertentestament, § 3, Rn. 11.

682 *Lange,* in: MüKo, § 2316, Rn. 2; *Röthel,* in: Erman, § 2316, Rn. 1.

683 *Lange,* in: MüKo, § 2316, Rn. 6; *Röthel,* in: Erman, § 2316, Rn. 1.

bb) Vereinbarkeit der Ausgleichungsanordnung für Pflegekosten mit dem Subsidiaritätsprinzip

Die Einbeziehung von Pflegekosten in die Ausgleichungsvorschriften schließt auch mit ein, dass die Eltern von der Möglichkeit der Ausgleichungsanordnung für Pflegekosten Gebrauch machen können, ohne sich des Vorwurfs der Sittenwidrigkeit auszusetzen. Die Anordnung der Ausgleichung für übernommene Pflegekosten verstößt weder gegen das Pflichtteilsrecht noch gegen das Sozialrecht noch gegen übergeordnete Wertungen, die den Vorwurf der Sittenwidrigkeit begründen würden.[684] Durch die Ausgleichung von Pflegekosten reduziert sich zwar nach § 2316 I der Pflichtteil des behinderten Abkömmlings. Wie bereits gezeigt führt dies jedoch nicht dazu, dass dem behinderten Abkömmling der Pflichtteil entzogen, sondern dieser nur als Ausgleich für die erhaltenen Pflegeaufwendungen reduziert wird.[685] Weitergehend als nach dem obigen Urteil zum Behindertentestament ist der BGH inzwischen sogar ausdrücklich der Auffassung, es gebe keine sozialrechtliche Norm, nach der dem Sozialleistungsbezieher wenigstens der Pflichtteil zufließen müsse.[686] Vielmehr ist es nach dem Urteil des BGH zum Pflichtteilsverzicht von Sozialleistungsbeziehern gestattet, alle erbrechtlichen Gestaltungsmittel in Anspruch zu nehmen, ohne gegen das Nachrangigkeitsprinzip zu verstoßen.[687] Zu den erbrechtlichen Gestaltungsmitteln gehört bei Einbeziehung von Pflegekosten unter den Zuwendungsbegriff des § 2050 III auch die Ausgleichungsanordnung.

IV. Ergebnis

Grundsätzlich sind Unterhaltsleistungen nicht der Ausgleichung nach §§ 2050, 2316 zugänglich.[688] Die Möglichkeit der Ausgleichung von Pflegeaufwendungen, bei denen es sich ebenfalls um Unterhaltsleistungen handelt, kann daher nur eine Ausnahme darstellen, die als solche restriktiv zu handhaben ist[689]. Es würde zu weit gehen, wären Pflegeaufwendungen als Ausstattung nach § 2050 I, Berufsausbildungsaufwendungen nach § 2050 II 2. Var. oder als

684 BGH, Urt. v. 19.01.2011 (IV ZR 7/10) = DNotZ 2011, 381 (382 f.).
685 *Lange,* in: MüKo, § 2316, Rn. 2; *Röthel,* in: Erman, § 2316, Rn. 1.
686 BGH, Urt. v. 19.01.2011 (IV ZR 7/10) = DNotZ 2011, 381 (386).
687 BGH, Urt. v. 19.01.2011 (IV ZR 7/10) = DNotZ 2011, 381 (383).
688 Siehe 3. Teil B) V. Ergebnis.
689 Vgl. *Larenz/Canaris,* Methodenlehre der Rechtswissenschaft, S. 176; *Müller/Christensen,* Juristische Methodik, Bd. I, Rn. 370; *Schmalz,* Methodenlehre für das jur. Studium, Rn. 257.

Zuschüsse i.S.v. § 2050 II 1. Var. von Gesetzes wegen ausgleichungspflichtig. Die Eröffnung der Ausgleichungsmöglichkeit ist letztlich der besonderen Situation von Familien mit behinderten Kindern geschuldet. Jeder Familie soll es jedoch selbst überlassen bleiben wie sie mit der finanziellen Belastung durch die besondere Pflegebedürftigkeit eines behinderten Kindes umgeht. Eine Ausgleichung von Gesetzes wegen soll auf die in § 2050 I, II benannten Zuwendungen, die von dem historischen Gesetzgeber bereits als solche vorgesehen waren, beschränkt bleiben.

Aber auch der Zuwendungsbegriff nach § 2050 III erfasst grundsätzlich ausschließlich freiwillige Leistungen, sodass Leistungen, die auf einer gesetzlichen Unterhaltspflicht beruhen, im Allgemeinen aus dem Anwendungsbereich des § 2050 III ausgeschlossen sind.[690] Der Sinn und Zweck der Gleichbehandlung aller Abkömmlinge, der den Ausgleichungsvorschriften zugrunde liegt[691], rechtfertigt jedoch die Ausweitung des Begriffes auf Pflegekosten für behinderte Abkömmlinge. Diese teleologische Extension des § 2050 III ist wegen der behinderungsbedingten erheblichen finanziellen Belastungen von Familien mit behinderten Kindern geboten, die aufgrund des Gebots des Familienleistungsausgleichs durch die Gesamtgesellschaft möglichst zu kompensieren sind. Pflegekosten sind daher der Ausgleichung gemäß § 2050 III zugänglich.

Durch das Abstellen auf den behinderungsbedingten Mehrbedarf wird der Zweck der Ausgleichungsvorschriften, die Gleichstellung der Abkömmlinge, verwirklicht, da dadurch lediglich der Teil der Unterhaltsleistungen zur Ausgleichung zu bringen ist, der über die sonstigen Unterhaltsleistungen, die gegenüber allen Abkömmlingen zu erbringen sind, hinausgeht. Ferner findet die Einbeziehung entsprechend dem Prinzip des Familienleistungsausgleichs für den Teil statt, der auf den Mehraufwendungen beruht, die durch die Behinderung des Kindes ausgelöst werden. Dies hilft bei der Privilegierung von Familien mit behinderten Kindern zum Zwecke der Gleichstellung mit anderen Familien mit gesunden Kindern. Dem Kriterium des behinderungsbedingten Mehrbedarfs fehlt es, da es sich um einen Rechtsbegriff handelt, auch nicht an Eindeutigkeit, sodass die praktische Umsetzung dieser Ausgleichungspflicht ebenfalls möglich und die Praktikabilität damit gewährleistet ist.

---

690 Siehe 3. Teil B) V. Ergebnis.

691 RG, Urt. v. 30.06.1902 (131/1902 IV.) = RG, JW 1902, Beil. 11, S. 266, Nr. 198; *Ann*, in: Hausmann/Hohloch, Hdb. d. Erbrechts, Kap. 20, Rn. 188; *Flechtner*, in: Burandt/Rojahn , § 2050, Rn. 1; *Lange*, Die Ordnung der gesetzlichen Erbfolge, S. 88; *Mayer*, ZErb 2007, 130 (131); *Schultz*, DAVorm 1984, 713 (717).

B) Das Ausgleichungsobjekt der Pflege als Naturalleistung

Die Ausgleichung von Pflege durch behinderungsspezifische Versorgung eines Kindes findet in der Literatur kaum Erwähnung. Der Gedanke der Ausgleichung der Pflege eines Menschen als Naturalleistung ist jedoch nicht fernliegend. Die Norm des § 2057a I 2 greift diesen Gedanken auf und bestimmt die Pflege der Eltern durch ihre Kinder als taugliches Ausgleichungsobjekt.

I. Die Übertragung des Rechtsgedankens des § 2057a BGB auf § 2050 BGB

Der einzige Autor, der sich zu der Frage der Ausgleichung von Pflege gegenüber behinderten Abkömmlingen äußert, ist Bothe.[692] Dieser schlägt vor, den Rechtsgedanken des § 2057a – allerdings in seiner alten Fassung – auf § 2050 II zu übertragen.[693] In dieser alten Fassung des § 2057a setzte die Norm voraus, dass die Pflege unter Verzicht auf Erwerbseinkommen durch den pflegenden Abkömmling erbracht wurde.[694] Danach sollen laut Bothe diejenigen Pflegeleistungen gegenüber pflegebedürftigen Kindern der Ausgleichung zugänglich sein, die auf Kosten des Erwerbseinkommens oder Vermögens des Erblassers sowie über die gesetzliche Unterhaltspflicht für ein gesundes Kind hinaus geleistet werden.[695]

Um beurteilen zu können, ob der Rechtsgedanke des § 2057a (a.F.) auf die Ausgleichung von Pflegeleistungen gegenüber behinderten Abkömmlingen übertragbar ist, ist zunächst die Norm des § 2057a kurz zu beleuchten, der Rechtsgedanke herauszuarbeiten, um sodann die Übertragbarkeit des Rechtsgedankens auf § 2050 zu diskutieren.

1. Die Ausgleichung von Pflegeleistungen nach § 2057a BGB

Die Norm des § 2057a regelt anders als § 2050 nicht die Ausgleichung von Leistungen, die Eltern gegenüber ihren Kindern erbracht haben, sondern solche von Kindern gegenüber ihren Eltern.[696] Ausdrücklich als Ausgleichungsobjekt aufgeführt ist in § 2057a I 2 die Pflege des Erblassers während längerer Zeit. Diese

---

692 *Bothe,* in: Damrau/Tanck, § 2050, Rn. 29.

693 *Bothe,* in: Damrau/Tanck, § 2050, Rn. 29.

694 *Ann,* in: MüKo, § 2057a, Rn. 24; *Flechtner,* in: Burandt/Rojahn, § 2057a, Rn. 2, 24; *Löhnig,* in: Staudinger, § 2057a, Rn. 2; *Ludyga,* ZErb 2009, 289, 291.

695 *Bothe,* in: Damrau/Tanck, § 2050, Rn. 29.

696 *Ann,* in: MüKo, § 2057a, Rn. 1; *Flechtner,* in: Burandt/Rojahn , § 2057a, Rn. 4; *Löhnig,* in: Staudinger, § 2057a, Rn. 3; *Weidlich,* in: Palandt, § 2057a, Rn. 1.

ist jedoch – so wie die anderen erbrachten Leistungen – lediglich ausgleichungspflichtig, wenn sie nicht angemessen entlohnt wurde (§ 2057a II 1).[697] Das Tatbestandsmerkmal „während längerer Zeit“ macht deutlich, dass es sich bei der Pflege um eine über eine bloße Gefälligkeit hinausgehende Sonderleistung handeln muss.[698] Die Pflege muss zum Erhalt oder der Vermehrung des Vermögens des Erblassers beigetragen haben (§ 2057a I 1).[699]

Schwierigkeiten bereitet die Bewertung der Pflege.[700] Eine entsprechende gesetzliche Regelung fehlt.[701] Die Bewertung der Pflege und damit der ausgleichungspflichtige Wert ist vielmehr nach Billigkeit zu bestimmen (§ 2057a III).[702] Dabei sind die Gesichtspunkte von Dauer und Umfang der Pflege, die Höhe der daraus resultierenden Einkommenseinbußen des pflegenden Kindes, der Wert des Reinnachlasses sowie eine etwaige Erhaltung oder Vermehrung des Erblasservermögens aufgrund der Pflege des Erblassers heranzuziehen.[703]

Die Durchführung der Ausgleichung richtet sich nach § 2057a IV und nicht nach der Regelung des § 2055, die für die Ausgleichung nach § 2050 gilt.[704] Entsprechend der Durchführung der Ausgleichung nach §§ 2050, 2055 ist bei der Berechnung der Erbteilswerte bei der Ausgleichung nach § 2057a zunächst der Reinnachlass zu ermitteln.[705] Von diesem werden sodann die Erbteile der nicht an der Ausgleichung beteiligten Miterben wie beispielsweise des Ehegatten in Abzug gebracht.[706] Der aufgrund der Pflege der Ausgleichung unterfallende Betrag ist

---

697 *Ann,* in: MüKo, § 2057a, Rn. 30; *Flechtner,* in: Burandt/Rojahn , § 2057a, Rn. 30; *Weidlich,* in: Palandt, § 2057a, Rn. 2.

698 *Ann,* in: MüKo, § 2057a, Rn. 23, 16; *Ludyga,* ZErb 2009, 289 (291); *Weidlich,* in: Palandt, § 2057a, Rn. 7.

699 OLG Oldenburg, Urt. v. 01.12.1998 (5 U 126/98) = FamRZ 1999, S. 1466 (1467); *Ann,* in: MüKo, § 2057a, Rn. 16; *Flechtner,* in: Burandt/Rojahn , § 2057a, Rn. 17, 28; *Löhnig,* in: Staudinger, § 2057a, Rn. 14, 18; *Odersky,* NeG, § 2057a, Anm. II 2 c, f.; *Weidlich,* in: Palandt, § 2057a, Rn. 4; *Wolf,* in: Soergel, § 2057a, Rn. 8; a.A. *Bothe,* in: Damrau/Tanck, § 2057a, Rn. 2.

700 BT-Drucks.16/8954, S. 18; *Weidlich,* in: Palandt, § 2057a, Rn. 7.

701 *Weidlich,* in: Palandt, § 2057a, Rn. 7.

702 *Bothe,* in: Damrau/Tanck, § 2057a, Rn. 15; *Weidlich,* in: Palandt, § 2057a, Rn. 9; *Wolf,* in: Soergel, § 2057a, Rn. 17.

703 *Ann,* in: MüKo, § 2057a, Rn. 36 f.; *Bothe,* in: Damrau/Tanck, § 2057a, Rn. 15; *Weidlich,* in: Palandt, § 2057a, Rn. 9.

704 *Ann,* in: MüKo, § 2057a, Rn. 41; *Flechtner,* in: Burandt/Rojahn , § 2057a, Rn. 39; *Löhnig,* in: Staudinger, § 2057a, Rn. 33.

705 *Ann,* in: MüKo, § 2057a, Rn. 37; *Weidlich,* in: Palandt, § 2057a, Rn. 10.

706 *Ann,* in: MüKo, § 2057a, Rn. 42; *Weidlich,* in: Palandt, § 2057a, Rn. 10.

danach von dem verbleibenden Nachlasswert zu subtrahieren (§ 2057a IV 2).[707] Nachdem aus dem verbleibenden Wert die Erbteile der Abkömmlinge ermittelt wurden, wird der ausgleichungsfähige Wert dem so ermittelten Erbteil des pflegenden Abkömmlings hinzuaddiert (§ 2057a IV 1).[708]

2. *Der Rechtsgedanke des § 2057a BGB*

Ursprünglich bestand der Zweck des § 2057a BGB darin, die gleichmäßige Beteiligung von ehelichen und nichtehelichen Kindern am Nachlass der Eltern zu verhindern.[709] Dem lag bei Kodifizierung des § 2057a im Jahr 1969/1970 die Annahme zugrunde, dass es regelmäßig eheliche Kinder sind, die einen engen Kontakt zu den Eltern haben und daher deren Pflege im Gegensatz zu den nichtehelichen Kindern übernehmen.[710] Der Rechtsgedanke des § 2057a hat sich zwischenzeitlich hin zu einer sozialrechtlichen Zielrichtung gewandelt.[711]

Pflegeleistungen von Kindern gegenüber ihren Eltern werden durch die Regelung des § 2057a I 2 honoriert, da sie angesichts der steigenden Anzahl von pflegebedürftigen älteren Menschen zur Entlastung des Pflegesystems beitragen und damit einen gesamtgesellschaftlichen Zweck erfüllen.[712] Da es sich bei der Norm des § 2057a nicht um eine sozialrechtliche, sondern um eine erbrechtliche Vorschrift handelt, muss zu der Entlastung des Pflegesystems auch der Erhalt oder die Vermehrung des Erblasservermögens hinzukommen.[713] Bei Durchführung der Ausgleichung nach § 2057a wird der auf die Pflege entfallende

707 *Flechtner,* in: Burandt/Rojahn , § 2057a, Rn. 39; *Löhnig,* in: Staudinger, § 2057a, Rn. 33; *Weidlich,* in: Palandt, § 2057a, Rn. 10.

708 *Flechtner,* in: Burandt/Rojahn , § 2057a, Rn. 39; *Löhnig,* in: Staudinger, § 2057a, Rn. 33; *Weidlich,* in: Palandt, § 2057a, Rn. 10.

709 *Dressel,* RdL 1970, 146; *Flechtner,* in: Burandt/Rojahn , § 2057a, Rn. 1; *Ludyga,* ZErb 2009, 289 (290).

710 *Bothe,* in: Damrau/Tanck, § 2057a, Rn. 1; *Dressel,* RdL 1970, 146; *Eberl-Borges,* in: NK-BGB ErbR, § 2057a, Rn. 2; *Flechtner,* in: Burandt/Rojahn , § 2057a, Rn. 1; *Ludyga,* ZErb 2009, 289 (290).

711 *Flechtner,* in: Burandt/Rojahn , § 2057a, Rn. 1; *Ludyga,* ZErb 2009, 289 (290).

712 BT-Drucks. 16/8954, S. 18; *Flechtner,* in: Burandt/Rojahn, § 2057a, Rn. 1; *Ludyga,* ZErb 2009, 289 (289 f.).

713 OLG Oldenburg, Urt. v. 01.12.1998 (5 U 126/98) = FamRZ 1999, S. 1466 (1467); *Ann,* in: MüKo, § 2057a, Rn. 16; *Flechtner,* in: Burandt/Rojahn , § 2057a, Rn. 17, 28; *Löhnig,* in: Staudinger, § 2057a, Rn. 14, 18; *Odersky,* NeG, § 2057a, Anm. II 2 c, f.; *Weidlich,* in: Palandt, § 2057a, Rn. 4; *Wolf,* in: Soergel, § 2057a, Rn. 8; a.A. *Bothe,* in: Damrau/Tanck, § 2057a, Rn. 2.

Ausgleichungsbetrag von dem bereinigten Nachlass in Abzug gebracht.[714] Der Nachlass soll durch die Ausgleichung nach § 2057a nur reduziert werden, wenn die Pflege zuvor zu einer Vermehrung oder zumindest zu einem Erhalt des Erblasservermögens geführt hat. Letztlich soll dadurch lediglich eine Leistung ausgeglichen werden, die sich auch wirtschaftlich spürbar ausgewirkt hat. Darin kommt der hinter der Norm des § 2057a stehende Gedanke der Gleichbehandlung der Abkömmlinge[715] zum Ausdruck. Die anderen Abkömmlinge sollen an dem Erhalt oder der Vermehrung des Erblasservermögens, zu dem sie nicht beigetragen haben, nicht ungeschmälert partizipieren. Der Abkömmling jedoch, der die besonderen Leistungen gegenüber dem Erblasser erbracht und dadurch zur Schonung dessen Vermögens beigetragen hat, soll im Verhältnis zu den anderen Abkömmlingen privilegiert werden.[716]

3. Die Übertragung des Rechtsgedankens

Eine Übertragung des Rechtsgedankens des § 2057a BGB auf § 2050 kommt, obwohl auch die Pflege behinderter Abkömmlinge unter dem Gesichtspunkt der gesamtgesellschaftlichen Bedeutung zu honorieren ist, nicht in Betracht.

a) Die gesamtgesellschaftliche Bedeutung von Pflegeleistungen

Der Gedanke der Honorierung der häuslichen Pflege aufgrund der darauf beruhenden Entlastung des Pflegesystems zugunsten der Gesamtgesellschaft ist auf Pflegeleistungen gegenüber behinderten Abkömmlingen übertragbar. Auch Eltern behinderter Abkömmlinge erbringen durch deren Pflege eine der gesamtgesellschaftlichen Verantwortung obliegende Leistung.[717] Zwar würde anders als in Fällen des § 2057a die Ausgleichung von Pflegeleistungen gegenüber behinderten Kindern nicht den pflegenden Eltern selbst zugutekommen, allerdings würde die Ausgleichung indirekt zum Erhalt des Familienvermögens in der Familie beitragen, indem der Zugriff des Sozialleistungsträgers vereitelt wird. Damit würde ebenfalls eine mittelbare Honorierung der Pflegeleistungen erreicht.

---

714 *Ann,* in: MüKo, § 2057a, Rn. 41; *Weidlich,* in: Palandt, § 2057a, Rn. 10.

715 *Ann,* in: MüKo, § 2057a, Rn. 1, 16; *Bothe,* in: Damrau/Tanck, § 2057a, Rn. 2; *Eberl-Borges,* in: NK-BGB ErbR, § 2057a, Rn. 1; *Wolf,* in: Soergel, § 2057a, Rn. 1.

716 Vgl. *Bothe,* in: Damrau/Tanck, § 2057a, Rn. 2; *Eberl-Borges,* in: NK-BGB ErbR, § 2057a, Rn. 1.

717 BVerwG, Urt. v. 22.05.1975 (V C 19.74) = BVerwGE 48, 228 (234); BGH, Urt. v. 20.10.1993 (IV ZR 231/92) = DNotZ 1994, 380 (384 f.); BGH, Urt. v. 19.01.2011 (IV ZR 7/10) = DNotZ 2011, 381 (384).

b) Erhalt oder Vermehrung des Erblasservermögens

Voraussetzung für die Ausgleichung nach § 2057a ist ferner, dass die erbrachten Pflegeleistungen zum Erhalt oder zur Vermehrung des Vermögens des Erblassers beigetragen haben.[718] Diese Voraussetzung ist sowohl Tatbestandsmerkmal der Norm als auch ein Gesichtspunkt für die Bewertung der Pflegeleistungen und damit auf Rechtsfolgenseite bei der Bestimmung des ausgleichungsfähigen Betrages relevant.[719] Der sozialrechtliche Aspekt der häuslichen Pflege genügt dem Gesetzgeber nicht, um die Honorierung der Pflegeleistung durch die Ausgleichung nach § 2057a I 2 zu erlauben. Vielmehr ist die zusätzliche Voraussetzung des Erhalts und der Vermehrung des Erblasservermögens zu erfüllen, damit die Pflege des Erblassers als durch die Ausgleichung entlohnenswert erachtet wird. Dies zeigt, dass es sich bei der Norm des § 2057a nicht um eine sozialrechtliche Norm, sondern um eine erbrechtliche handelt, die den Erhalt und die Vermehrung des Erblasservermögens zugunsten aller Abkömmlinge als Erben und Pflichtteilsberechtigte honorieren möchte.

Bei diesem Aspekt wirkt sich die umgekehrte Zielrichtung der Norm des § 2057a im Vergleich zu § 2050 aus, da § 2057a konträr zu § 2050 Leistungen honoriert, die Kinder gegenüber ihren Eltern erbringen.[720] Es wird vermutet, dass die Pflegeleistungen eines Kindes gegenüber seinen Eltern immer zu einem Erhalt des Erblasservermögens beitragen aufgrund des dadurch möglich werdenden Verzichts oder der zumindest reduzierten Inanspruchnahme eines entgeltlichen Pflegedienstes.[721] Pflegeleistungen gegenüber behinderten Abkömmlingen führen hingegen nicht zum Erhalt, sondern umgekehrt zu einer Reduzierung des Erblasservermögens. Anders als im Anwendungsbereich der Norm des § 2057a ist es nicht ein Dritter, dort die Kinder, die die Pflegeleistungen erbringen und dadurch zum Erhalt des Erblasservermögens beitragen, sondern der Erblasser selbst, der die Leistungen erbringt und dadurch sein Vermögen verringert. Diese Vermögensreduzierung erfolgt vornehmlich durch die

718 OLG Oldenburg, Urt. v. 01.12.1998 (5 U 126/98) = FamRZ 1999, S. 1466 (1467); *Ann*, in: MüKo, § 2057a, Rn. 16; *Flechtner*, in: Burandt/Rojahn , § 2057a, Rn. 17, 28; *Löhnig*, in: Staudinger, § 2057a, Rn. 14, 18; *Odersky*, NeG, § 2057a, Anm. II 2 c, f.; *Weidlich*, in: Palandt, § 2057a, Rn. 4; *Wolf*, in: Soergel, § 2057a, Rn. 8; a.A. *Bothe*, in: Damrau/Tanck, § 2057a, Rn. 2.

719 *Weidlich*, in: Palandt, § 2057a, Rn. 4, 9.

720 *Ann*, in: MüKo, § 2057a, Rn. 1; *Flechtner*, in: Burandt/Rojahn , § 2057a, Rn. 4; *Löhnig*, in: Staudinger, § 2057a, Rn. 3; *Weidlich*, in: Palandt, § 2057a, Rn. 1.

721 BT-Drucks. 16/8954, S. 17; *Dressel*, RdL 1970, 146; *Ludyga*, ZErb 2009, 289 (292); *Odersky*, NeG, § 2057a, Anm. II 2 c, f.

Pflegekosten, die bereits unter vorstehend Teil 4 Abschnitt A) behandelt wurden. Die tatsächliche Pflege eines behinderten Abkömmlings kann das Vermögen des pflegenden Erblassers nur insofern reduzieren, als dieser aufgrund der Pflege auf Erwerbseinkommen verzichtet oder seine Erwerbstätigkeit reduziert hat. Aus diesem Grund wendet Bothe den Rechtgedanken der alten Fassung der Norm des § 2057a an, die den Verzicht auf Erwerbseinkommen für die Pflege voraussetzte.[722] Der Gesetzgeber hat bei Reformierung der Norm bewusst auf diese Voraussetzung verzichtet, da nicht derjenige, der die Pflege neben einer Erwerbstätigkeit erbringt gegenüber demjenigen benachteiligt sein soll, der für die Pflege die Erwerbstätigkeit aufgibt.[723] Da die Reduzierung des Erblasservermögens bei der tatsächlichen Pflege allein durch den (teilweisen) Verzicht auf Erwerbseinkommen entstehen kann, würde damit contra legem eine Voraussetzung der alten Normfassung des § 2057a auf § 2050 übertragen. Damit würde die vom Gesetzgeber nicht gewünschte Privilegierung desjenigen, der die Erwerbstätigkeit für die Pflege reduziert oder aufgibt gegenüber demjenigen, der neben der ungeschmälerten Erwerbstätigkeit die Pflege übernimmt bei der Pflege von behinderten Abkömmlingen wieder eingeführt. Die Übertragung des Rechtsgedankens des § 2057a auf die Norm des § 2050 scheidet daher aus.

c) Verfehlung des Gleichbehandlungsziels

Die Monetarisierung von Pflegeleistungen würde auch dem Ziel der Gleichbehandlung, der sowohl § 2057a[724] als auch § 2050[725] zugrunde liegt, nicht gerecht. Jedes Kind fordert einen unbestimmten Betreuungsbedarf ein.[726] Dieser variiert je nach Begabung, Hobby, Förderungsbedarf oder Behinderung des Kindes. Aufgrund der fehlenden Möglichkeit, den Wert der Betreuungsleistungen exakt zu beziffern[727], würde die ungenaue Bewertungsmöglichkeit der verschiedenen Betreuungsleistungen zu ungerechten Ergebnissen führen. Das Ziel der Gleichbehandlung würde dadurch verfehlt, da diese eine exakte Bewertung

---

722 *Ann*, in: MüKo, § 2057a, Rn. 24; *Flechtner*, in: Burandt/Rojahn, § 2057a, Rn. 2, 24; *Löhnig*, in: Staudinger, § 2057a, Rn. 2; *Ludyga*, ZErb 2009, 289, 291.

723 BT-Drucks. 16/13543, S. 12.

724 *Ann*, in: MüKo, § 2057a, Rn. 1, 16; *Bothe*, in: Damrau/Tanck, § 2057a, Rn. 2; *Eberl-Borges*, in: NK-BGB ErbR, § 2057a, Rn. 1; *Wolf*, in: Soergel, § 2057a, Rn. 1.

725 *Ann*, in: MüKo, § 2050, Rn. 1; *Bayer*, in: Erman, § 2050, Rn. 1; *Lange*, Die Ordnung der gesetzlichen Erbfolge, S. 88; *Lange*, Erbrecht, § 61, Rn. 139; *Muscheler*, Erbrecht Bd. I, Rn. 1362.

726 *Erdrich*, in: Scholz/Kleffmann/Doering-Striening, Teil I, Rn. 11.

727 *Erdrich*, in: Scholz/Kleffmann/Doering-Striening, Teil I, Rn. 11.

voraussetzt, um eine Vergleichbarkeit der verschiedenen Betreuungsleistungen herzustellen.

II. Ergebnis

Der Vorschlag Bothes, der die Ausgleichung von Pflege gegenüber behinderten Abkömmlingen nach § 2050 zulassen möchte, sofern sie das durch die gesetzliche Unterhaltspflicht gebotene Maß übersteigt und in Übertragung des Rechtsgedankens des § 2057a a.F. unter Verzicht auf Erwerbseinkommen des Erblassers erfolgt[728], ist abzulehnen.

Zunächst ist die exakte Bestimmung des durch die gesetzliche Unterhaltspflicht gebotenen Maßes beim Betreuungsunterhalt nicht möglich.[729] Sofern jedoch die Bewertung des geleisteten Betreuungsunterhalts nicht exakt bestimmt werden kann, fehlt es an der Vergleichbarkeit, sodass die Ausgleichung dieser nur schätzungsweise bewertbaren Leistungen das Ziel der Gleichbehandlung nicht erreichen kann.

Dass der Rechtsgedanke des § 2057a nicht auf § 2050 übertragbar ist, resultiert aus der unterschiedlichen Ausgleichungsrichtung beider Normen. Während im Anwendungsbereich des § 2057a der durch den pflegenden Abkömmling erlittene Nachteil ausgeglichen werden soll, soll im Rahmen des § 2050 eine Ausgleichung des einem Abkömmling zugewendeten Vorteils stattfinden.[730] Die Ausgleichung nach § 2057a wird u.a. damit begründet, dass aufgrund der Pflege des Erblassers durch einen Abkömmling das Erblasservermögen erhalten wurde, wovon die nicht an der Pflege beteiligten Abkömmlinge nicht ungeschmälert profitieren sollen.[731] Der pflegende Abkömmling soll hingegen quasi als Entlohnung für seine Pflegeleistungen entsprechend vermehrt am Vermögen des Erblassers partizipieren.[732] Die Ausgleichung nach § 2050 rechtfertigt sich hingegen dadurch, dass das Erblasservermögen durch die lebzeitigen Zuwendungen verringert wurde, sodass die nicht begünstigten Abkömmlinge nach dem Tod des Erblassers im Wege der Ausgleichung eine entsprechende Kompensation

---

728 *Bothe,* in: Damrau/Tanck, § 2050, Rn. 29.

729 *Erdrich,* in: Scholz/Kleffmann/Doering-Striening, Teil I, Rn. 11.

730 *Bothe,* in: Damrau/Tanck, § 2057a, Rn. 2; *Eberl-Borges,* in: NK-BGB ErbR, § 2057a, Rn. 1.

731 Vgl. *Bothe,* in: Damrau/Tanck, § 2057a, Rn. 2; *Eberl-Borges,* in: NK-BGB ErbR, § 2057a, Rn. 1.

732 Vgl. *Bothe,* in: Damrau/Tanck, § 2057a, Rn. 2; *Eberl-Borges,* in: NK-BGB ErbR, § 2057a, Rn. 1.

erhalten sollen.[733] Die Pflege der Eltern durch einen Abkömmling wirkt sich immer positiv auf das Erblasservermögen aus, da dem Erblasser dadurch die Inanspruchnahme entgeltlicher Pflegekräfte zugunsten seines Vermögens erspart bleibt.[734] Anders als die durch die Eltern zugunsten ihres behinderten Abkömmlings übernommenen Pflegekosten, entfaltet jedoch die tatsächliche Pflege eines behinderten Abkömmlings weder positive noch negative Wirkung auf den Nachlass, es sei denn es liegt eine Reduzierung oder ein Verzicht auf Erwerbseinkommen für die Pflege vor.

Das Abstellen auf die Reduzierung bzw. den Verzicht auf Erwerbseinkommen für die Ausgleichung widerspricht hingegen dem Willen des Gesetzgebers. Der Gesetzgeber hat erkannt, dass insbesondere derjenige, der die Pflege eines Menschen unter Inkaufnahme einer Doppelbelastung durch Beruf/Hausarbeit mit Kinderbetreuung und Pflege leistet, im gleichen Umfang zu entlohnen ist, wie die Pflege unter Verzicht auf eine Erwerbstätigkeit.[735] Daher wurde bei Reformierung des § 2057a die Voraussetzung des Verzichts auf Erwerbseinkommen für die Pflege als Tatbestandsvoraussetzung entfernt.[736] Durch Übertragung des Rechtsgedankens der alten Fassung des § 2057a, würde diese Voraussetzung für die Ausgleichung von Pflege gegenüber behinderten Abkömmlingen wieder aufgegriffen, obwohl der Gesetzgeber diese alte Fassung aus Gründen der Unpraktikabilität und Verfehlung der Wirklichkeit verworfen hat[737].

---

733 *Ann,* in: MüKo, § 2050, Rn. 1; *Bayer,* in: Erman, § 2050, Rn. 1; *Lange,* Die Ordnung der gesetzlichen Erbfolge, S. 88; *Lange,* Erbrecht, § 61, Rn. 139; *Muscheler,* Erbrecht Bd. I, Rn. 1362.

734 BT-Drucks. 16/8954, S. 17; *Dressel,* RdL 1970, 146; *Ludyga,* ZErb 2009, 289 (292); *Odersky,* NeG, § 2057a, Anm. II 2 c, f.

735 BT-Drucks. 16/8954, S. 17; *Ann,* in: MüKo, § 2057a, Rn. 24; *Eberl-Borges,* in: NK-BGB ErbR, § 2057a, Rn. 2.

736 BT-Drucks. 16/13543, S. 12.

737 BT-Drucks. 16/8954, S. 17.

5. Teil Die Anordnung der Ausgleichung

Eine Ausgleichung von Pflegeleistungen von Gesetzes wegen gemäß § 2050 I, II kommt nach oben Gesagtem nicht in Betracht. Nach hier vertretener Auffassung besteht für die Eltern des behinderten Abkömmlings jedoch die Möglichkeit, die Ausgleichung der Pflegekosten nach § 2050 III zumindest im Umfang des Übermaßes des behinderungsbedingten Mehrbedarfs anzuordnen.

A) Die Art und Weise der Ausgleichungsanordnung

Bei der Anordnung der Ausgleichung nach § 2050 III sind bestimmte Formalitäten zu beachten, die im nachfolgenden im Einzelnen erörtert werden.

I. Form der Ausgleichungsanordnung

Liegt keines der in § 2050 I, II genannten Ausgleichungsobjekte vor, so sind die „anderen Zuwendungen" nach § 2050 III nur dann auszugleichen, wenn der Erblasser eine Ausgleichungsanordnung getroffen hat.[738] Diese Ausgleichungsanordnung ist grundsätzlich formfrei[739] und kann auch konkludent erfolgen.[740] Ist jedoch das der Zuwendung zugrundeliegende Geschäft formbedürftig und die Ausgleichungsanordnung nach dem erkennbaren Willen eines Beteiligten dessen Bestandteil, unterliegt auch die Ausgleichungsanordnung der entsprechenden Form.[741] Zur Vermeidung von späteren Rechtstreitigkeiten zwischen den Abkömmlingen ist in jedem Fall eine ausdrückliche schriftliche

---

738 *Ann,* in: MüKo, § 2050, Rn. 31; *Lenz-Brendel/Tanck,* in: *Mayer* et.al., Hdb. Pflichtteilsrecht § 6, Rn. 55; *Nieder,* in: Nieder/Kössinger/Kössinger, § 2, Rn. 220 f.; *Weidlich,* in: Palandt, § 2050, Rn. 10.

739 *Ann,* in: MüKo, § 2050, Rn. 31; *Brox/Walker,* Erbrecht, Rn. 535; *Lange/Kuchinke,* Erbrecht, § 15 III 4a; *Löhnig,* in: Staudinger, § 2050, Rn. 32; *Sostmann,* MittRhNotK 1976, 479 (490).

740 RGH, Urt. v. 04.01.1908 (IV 251/07) = RGZ 67, 306 (307); OLG Koblenz, Beschl. v. 10.04.2012 (5 W 166/12) = FamRZ 2013, 1164; *Ann,* in: MüKo, § 2050, Rn. 31; *Weidlich,* in: Palandt, § 2050, Rn. 10.

741 *Kanzleiter,* in: MüKo, § 311b, Rn. 50; *Lohmann,* in: Bamberger/Roth, § 2050, Rn. 10; *Thubauville,* MittRhNotK 1992, 289 (297, 307); so wohl auch *Bothe,* in: Damrau/Tanck, § 2050, Rn. 15, der die Rechtslage jedoch als unklar bezeichnet; a.A. OLG Hamm, Urt. v. 10.12.1965 (6 U 222/65) = MDR 1966, 330.

Ausgleichungsanordnung ratsam, da derjenige, der sich auf die Ausgleichungsanordnung beruft, die volle Darlegungs- und Beweislast für diese trägt[742].

II. Zeitpunkt der Ausgleichungsanordnung

Der Zeitpunkt der Ausgleichungsanordnung ist nicht in das Belieben des Zuwendenden gestellt, sondern an nachfolgende Vorgaben gebunden.

1. Bestehende Gesetzeslage

Die Ausgleichungsanordnung nach § 2050 III kann vor der Zuwendung, muss jedoch spätestens zusammen mit der Zuwendung erfolgen.[743] Der Zuwendungsempfänger soll spätestens bei Übergabe der Zuwendung über die Ausgleichungspflicht informiert werden, damit er die Möglichkeit hat, die Annahme der Zuwendung zur Vermeidung einer Ausgleichungspflicht abzulehnen.[744] Eine nachträgliche Ausgleichungsanordnung ist daher nicht möglich.[745] Letztere wird vielmehr, sofern sie in der Form einer Verfügung von Todes wegen erfolgt (§§ 2231, 2232, 2247 I, 2267 S. 1, 2276 I 1), als Anordnung von Vermächtnissen zugunsten der anderen Abkömmlinge behandelt.[746]

Die fehlende Möglichkeit einer nachträglichen Ausgleichungsanordnung führt insoweit zu Schwierigkeiten, als durch die Aussetzung von Vermächtnissen zugunsten der anderen Abkömmlinge eine Gleichstellung der Abkömmlinge häufig nicht im selben Maß wie mit der Ausgleichung zu erreichen ist.[747] Der Grund dafür ist, dass die Vermächtnisse zu Lasten des zuwendungsempfangenden

---

742 OLG Koblenz, Beschl. v. 10.04.2012 (5 W 166/12) = FamRZ 2013, 1164; *Löhnig,* in: Staudinger, § 2050, Rn. 37; *Schmitz,* in: *Baumgärtel/Laumen/Prütting,* § 2050, Rn. 3; *Weidlich,* in: Palandt, § 2050, Rn. 2.

743 RGH, Urt. v. 04.01.1908 (IV 251/07) = RGZ 67, 306 (307); BGH, Urt. v. 30.09.1981 (Iva ZR 127/80) = NJW 1982, 575 (577); OLG Hamburg, Urt. v. 15.11.1906 = OLGE 14, 307 (308); *Löhnig,* in: Staudinger, §2050, Rn. 34.

744 RGH, Urt. v. 04.01.1908 (IV 251/07) = RGZ 67, 306 (307); *Ann,* in: MüKo, § 2050, Rn. 31; *Lange,* Erbrecht, § 61, Rn. 159; *Mayer,* ZEV 1996, 441 (442); *Weidlich,* in: Palandt, § 2050, Rn. 10.

745 OLG Jena, Beschl. v. 03.05.2001 (VI W 123/01) = BeckRS 2001, 30178561; *Bothe,* in: Damrau/Tanck, § 2050, Rn. 16; *Schultz,* DAVorm 1984, 713 (714).

746 BGH, Urt. v. 30.09.1981 (Iva ZR 127/80) = NJW 1982, 575 (577); *Ann,* in: MüKo, § 2050, Rn. 31; *Bothe,* in: Damrau/Tanck, § 2050, Rn. 16.

747 *Sostmann,* MittRhNotK 1976, 479 (516); *Thubauville,* MittRhNotK 1992, 289 (298).

Abkömmlings dessen Pflichtteil (§ 2303 I) nicht schmälern dürfen.[748] Wenn jedoch der durch die Zuwendung erlangte Wert höher ist als die Differenz zwischen dem Erbteil des zuwendungsempfangenden Abkömmlings und dessen Pflichtteil, so hat der zuwendungsempfangende Abkömmling die Möglichkeit, gemäß § 2306 I die Erbschaft auszuschlagen und den Pflichtteil ungeschmälert geltend zu machen.[749] Anders stellt sich die Situation nur in den seltenen Fällen des Vorliegens eines Pflichtteilsentziehungsgrundes nach § 2333 I dar[750] oder wenn der zuwendungsempfangende Abkömmling bereit ist, in Höhe der Vermächtnisse auf einen Pflichtteil nach § 2346 II zu verzichten[751]. Im Ergebnis bedeutet dies, dass anders als bei der Ausgleichung, für den Ausgleich durch Vermächtnisse zugunsten der anderen Abkömmlinge nicht der volle Erbteil des zuwendungsempfangenden Abkömmlings bis zur Grenze null[752], sondern lediglich die Differenz zwischen Erbteil und Pflichtteil des zuwendungsempfangenden Abkömmlings zur Verfügung steht.

Um diesem Problem vorzubeugen, besteht die Möglichkeit, sich die Ausgleichungsanordnung bereits bei der Übergabe der Zuwendung vorzubehalten oder die Ausgleichungsanordnung unter einer Bedingung anzuordnen.[753] Dies löst die Problematik nur teilweise, denn zumeist wird an die Relevanz einer Ausgleichungsanordnung im Zeitpunkt der Zuwendung noch nicht gedacht, sei es, weil mangels vorherigen Einholens von Rechtsrat keine Kenntnis von der Möglichkeit der Ausgleichung besteht oder angenommen wird, dass die Zuwendung ohnehin – ohne Zutun der Zuwendenden – bei deren Tod zur Ausgleichung zu

---

748 BGH, Urt. v. 30.09.1981 (Iva ZR 127/80) = NJW 1982, 575 (577); *Mayer,* ZEV 2012, 441 (443); *Mohr,* ZEV 1999, 257 (261); *Nieder*, in: Nieder/Kössinger/Kössinger, § 2, Rn. 232; *Sostmann*, MittRhNotK 1976, 479 (516).

749 RGH, Urt. v. 04.01.1908 (IV 251/07) = RGZ 67, 306 (209); RGH, Urt. v. 06.05.1909 (IV. 475/08) = RGZ 71, 133 (135); RGH, Urt. v. 01.10.1917 (IV. 182/17) = RGZ 90, 419 (422); BGH, Urt. v. 30.09.1981 (Iva ZR 127/80) = NJW 1982, 575 (577); *Thubauville,* MittRhNotK 1992, 289 (297 f.); *Weidlich,* in: Palandt, § 2050, Rn. 10.

750 *Mayer,* ZEV, 1996, 441 (443).

751 RGH, Urt. v. 06.05.1909 (IV. 475/08) = RGZ 71, 133 (136); RGH, Urt. v. 01.10.1917 (IV. 182/17) = RGZ 90, 419 (422); *Ann,* in: MüKo, § 2050, Rn. 31, 21; *Kregel,* in: RGRK, § 2050, Rn. 19; *Mayer,* ZEV 1996, 441 (443); *Thubauville,* MittRhNotK 1992, 289 (297 f.).

752 *Ann,* in: MüKo, § 2056, Rn. 2 f.

753 *Mayer,* ZEV 1996, 441 (443); *Sostmann*, MittRhNotK. 1976, 479 (516); *Thubauville,* MittRhNotK. 1992, 289 (297).

bringen sei[754] oder, weil sich der Zuwendende im Zeitpunkt der Zuwendung schlichtweg keine Gedanken über seine Vermögensnachfolge von Todes wegen macht[755]. Häufig sind daher die Fälle, in denen die Problematik der Ausgleichung erst später, etwa durch eine Rechtsberatung zur Gestaltung der Erbfolge, zum Bewusstsein der Erblasser gelangt und dadurch der Bedarf nach einer nachträglichen Korrektur geweckt wird.[756] Ganz besonders trifft dies auf die hier relevanten Fälle der Ausgleichung von Pflegeleistungen zu, denn in den seltensten Fällen nehmen Eltern eine rechtliche Beratung in Anspruch, bevor sie ihrem Kind Pflegeleistungen zukommen lassen. Gerade in diesen Fällen wäre daher die Möglichkeit einer nachträglichen Ausgleichungsanordnung besonders relevant.

2. *Reformvorschlag der Bundesregierung*

Der Entwurf der Bundesregierung zur Änderung des Erb- und Verjährungsrechts sah vor, die Vorschrift des § 2050 um einen Absatz 4 zu bereichern mit der Regelung: „Der Erblasser kann nachträglich Anordnungen über die Ausgleichung oder den Ausschluss der Ausgleichung von Zuwendungen treffen. Die Anordnung erfolgt durch Verfügung von Todes wegen."[757] Der Zuwendungsempfänger hätte, wenn der Entwurf Gesetz geworden wäre, jederzeit mit einer nachträglichen Ausgleichungsanordnung rechnen müssen. Um dem Zuwendungsempfänger die Möglichkeit der Schaffung von Rechtssicherheit zu gewähren, wäre die Vorschrift des § 2278 II, die die Verfügungen von Todes wegen aufzählt, die im Erbvertrag mit bindender Wirkung vereinbart werden können, um den Punkt „Anordnungen nach §§ 2050, 2053 und 2315" ergänzt worden.[758] Dadurch hätte u. a. auch die Ausgleichungsanordnung mit erbvertraglich bindender Wirkung vereinbart werden können.[759] Auch der Bundesrat befürwortete die Ermöglichung der nachträglichen Ausgleichungsanordnung in seiner Stellungnahme, hegte jedoch Zweifel daran, ob die Vereinbarung eines Ausschlusses der

754 *Litzenburger,* in: Protokoll der 112. Sitzung des Rechtsausschusses (6. Ausschuss) vom 08.10.2008, S. 5 f., abrufbar unter: http://www.bundesgerichtshof.de/SharedDocs/Downloads/DE/Bibliothek/Gesetzesmaterialien/16_wp/erbrecht/wortproto.pdf?__blob=publicationFile (Stand: 10.01.2017).

755 *Bothe,* in: Damrau/Tanck, § 2050, Rn. 12; *Mayer,* ZEV 1996, 441 (443); *Thubauville,* MittRhNotK. 1992, 289 (297).

756 BT-Drucks. 16/8954, S. 16 f.; *Mayer,* ZEV 1996, 441; *Thubauville,* MittRhNotK. 1992, 289 (297).

757 BT-Drucks. 16/8954, S. 5.

758 BT-Drucks. 16/8954, S. 6.

759 BT-Drucks. 16/8954, S. 19.

nachträglichen Ausgleichungsanordnung zwingend in Form eines Erbvertrages, wie in § 2278 II BGB-E vorgesehen, erfolgen müsse.[760] Der Bundesrat sprach sich damit für eine erleichterte Form der Ausschlussvereinbarung bzgl. der nachträglichen Ausgleichungsanordnung aus.[761]

Die Reform der Ausgleichungsanordnung durch Einfügung des § 2050 IV BGB-E ist letztlich nicht Gesetz geworden, da der Bundestag sich der Beschlussempfehlung des 6. Rechtsausschusses des Deutschen Bundestages anschloss[762], nach der dem Vertrauensschutz des Zuwendungsempfängers ein höheres Gewicht eingeräumt wurde als der Testierfreiheit des Erblassers.[763]

3. *Nachträgliche Ausgleichungsanordnung – verpasste Chance*

Die Entscheidung gegen die Ermöglichung der nachträglichen Ausgleichungsanordnung stellt eine verpasste Chance dar, die Testierfreiheit des Erblassers zu stärken und die nachträgliche Gleichbehandlung der Abkömmlinge zu ermöglichen.

a) Gleichstellung der Abkömmlinge durch nachträgliche Ausgleichungsanordnung

Der Zweck der Ausgleichungsvorschriften nach §§ 2050 ff. ist die Gleichstellung der Abkömmlinge.[764] Dieser Zweck würde bei einer Ermöglichung der nachträglichen Ausgleichungsanordnung weitergehend realisiert[765], insbesondere weil in der Praxis die zuwendenden Personen die Problematik der Ausgleichung meist erst bei Gestaltung der Vermögensnachfolge von Todes wegen unter Zuhilfenahme von Rechtsberatung erkennen.[766] Zu diesem Zeitpunkt ist die Zuwendung zumeist bereits vollzogen, sodass eine Ausgleichungsanordnung nach § 2050 III nicht mehr möglich ist.[767] Ohne die Ermöglichung von nachträglichen

---

760 BT-Drucks. 16/8954, S. 31.

761 BT-Drucks. 16/8954, S. 31.

762 BGBl. I, 3142; *Müller, G.*, in: *Schlitt/Müller*, Hdb. Pflichttr., § 10, Rn. 111.

763 BT-Drucks. 16/13543, S. 12; *Müller, G.*, in: Burandt/Rojahn , § 2316, Rn. 19.

764 *Ann*, in: MüKo, § 2050, Rn. 1; *Flechtner*, in: Burandt/Rojahn , § 2050, Rn. 1; *Meincke*, AcP 178, 45 (67).

765 *Müller, G.*, in: Burant/Rojahn, § 2316, Rn. 18; *Müller, G.*, in: Schlitt/Müller, Hdb. Pflichttr., § 10, Rn. 110 f.

766 BT-Drucks. 16/8954, S. 16 f.; *Mayer*, ZEV 1996, 441 (443); *Thubauville*, MittRhNotK. 1992, 289 (297).

767 *Litzenburger*, in: Protokoll der 112. Sitzung des Rechtsausschusses (6. Ausschuss) vom 08.10.2008, S. 5 f., abrufbar unter: http://www.bundesgerichtshof.de/SharedDocs/

Ausgleichungsanordnungen wird der Anwendungsbereich der Ausgleichungsregelungen aufgrund oftmals vorliegender Rechtsunkenntnis eingeschränkt, denn eine gleichwirksame Alterative steht aufgrund der dann zutage tretenden Begrenzung durch das Pflichtteilsrecht nicht zur Verfügung.[768]

b) *Kein „Mittel zur Gängelung des Pflichtteilsberechtigten"*

Der Zuwendungsempfänger wäre durch die Ermöglichung der nachträglichen Ausgleichungsanordnung nicht in unbilliger Weise belastet worden, denn er wird durch die Vorschrift des § 2056 S.1 ausreichend geschützt, wonach er zur Herauszahlung des Mehrempfangs nicht verpflichtet ist. Der Zuwendungsempfänger würde daher nichts verlieren, denn zumindest im Umfang des Wertes, der von seinem Erbteil abgezogen wird, hat er bereits zu Lebzeiten am Vermögen des Erblassers profitiert.[769]

Der Einwand des im Rechtsausschuss angehörten Sachverständigen Richter am BGH Dr. Gerhard Schlichting, der die Möglichkeit der nachträglichen Ausgleichungsanordnung als „Mittel zur Gängelung der Pflichtteilsberechtigten" bezeichnet[770] wäre nur zutreffend, wenn die Konsequenz der nachträglichen Ausgleichungsanordnung die Verpflichtung zur Herausgabe oder Herauszahlung der Zuwendung wäre. In dem Fall wäre es dem Zuwendungsempfänger

---

Downloads/DE/Bibliothek/Gesetzesmaterialien/16_wp/erbrecht/wortproto.pdf?__blob=publicationFile (Stand: 10.01.2017); *Mayer,* ZEV 1996, 441 (443); *Nieder,* in: Nieder/Kössinger/Kössinger, § 2, Rn. 278; *Thubauville,* MittRhNotK. 1992, 289 (297).

768 *Lange,* in: Protokoll der 112. Sitzung des Rechtsausschusses (6. Ausschuss) vom 08.10.2008, S. 1, abrufbar unter: http://www.bundesgerichtshof.de/SharedDocs/Downloads/DE/Bibliothek/Gesetzesmaterialien/16_wp/erbrecht/wortproto.pdf?__blob=publicationFile (Stand: 10.01.2017); *Litzenburger,* a.a.O., S. 5 f.; *Müller, G.,* in: Burant/Rojahn, § 2316, Rn. 18; vgl. *Nieder,* in: Nieder/Kössinger/Kössinger, § 2, Rn. 278; *Rawert,* in: Protokoll der 112. Sitzung des Rechtsausschusses (6. Ausschuss) vom 08.10.2008, S. 20 f., abrufbar unter: http://www.bundesgerichtshof.de/SharedDocs/Downloads/DE/Bibliothek/Gesetzesmaterialien/16_wp/erbrecht/wortproto.pdf?__blob=publicationFile (Stand: 10.01.2017).

769 *Lange,* in: Protokoll der 112. Sitzung des Rechtsausschusses (6. Ausschuss) vom 08.10.2008, S. 2, abrufbar unter: http://www.bundesgerichtshof.de/SharedDocs/Downloads/DE/Bibliothek/Gesetzesmaterialien/16_wp/erbrecht/wortproto.pdf?__blob=publicationFile (Stand: 10.01.2017).

770 *Schlichting,* in: Protokoll der 112. Sitzung des Rechtsausschusses (6. Ausschuss) vom 08.10.2008, S. 23 f., abrufbar unter: http://www.bundesgerichtshof.de/SharedDocs/Downloads/DE/Bibliothek/Gesetzesmaterialien/16_wp/erbrecht/wortproto.pdf?__blob=publicationFile (Stand: 10.01.2017).

nicht möglich, die Zuwendung in die eigenen Vermögensdispositionen einzuplanen, da er jederzeit mit der Herauszahlungsverpflichtung rechnen müsste. Die Ausgleichung wird jedoch erst nach dem Tod des Zuwendenden bei der Nachlassauseinandersetzung relevant und auch nur insoweit, als der Zuwendungsempfänger dadurch einen dem Wert der Zuwendung entsprechenden geringeren Anteil am Nachlass erhält.[771] Die Durchführung der Ausgleichung stellt lediglich eine späte Kompensation des bereits erhaltenen Zuwendungswertes dar durch Abzug von dem Erbteil des lebzeitig Begünstigten.

c) Zuweisung des Risikos der Rechtsunkenntnis

Letztlich geht es um eine Interessenabwägung, wem das Risiko der Rechtsunkenntnis auferlegt werden soll. Zur Wahl steht der Zuwendende, der aufgrund von Rechtsunkenntnis nach der derzeitigen Rechtslage die Ausgleichungsanordnung zum Zeitpunkt der Zuwendung unterlässt und dem als Konsequenz später eine Ausgleichungsanordnung verwehrt wird. Alternativ könnte dem Zuwendungsempfänger das Risiko der Rechtsunkenntnis auferlegt werden, dem nach dem vorgenannten Reformvorschlag die nachträgliche Ausgleichungsanordnung droht, der sich dieser Möglichkeit jedoch im Zeitpunkt der Zuwendung ggf. nicht bewusst war und der bei etwaiger Kenntnis dieses Umstands die Annahme der Zuwendung unter Umständen abgelehnt hätte, um die spätere Ausgleichung zu vermeiden.

Nach hier vertretener Ansicht ist dem Zuwendungsempfänger dieses Risiko aufzubürden. Dies entspricht den Vorschriften der §§ 816 I 2, 822, 988, 1390, 22 87, 2329 (u.a.) zu entnehmenden Wertung des Bürgerlichen Gesetzbuches, wonach der Schenknehmer regelmäßig nicht schutzwürdig ist.[772] Letztlich handelt es sich um das von dem Zuwendenden erwirtschaftete Vermögen, zu dem der Zuwendungsempfänger in der Regel keinen Beitrag geleistet hat.

Aber auch bei Zuwendungen, die keine Schenkungen sind, widerspricht es dem Zweck der Ausgleichungsvorschriften, wenn dem Zuwendenden das Risiko der Rechtsunkenntnis zugewiesen wird. Dieser würde durch die lebzeitige Zuwendung ohne Ausgleichungsanordnungen Fakten für die Erbfolge von Todes wegen schaffen, durch die er in seiner späteren Disposition über sein Vermögen von Todes wegen beschränkt wird mit der Folge, dass er eine Ungleichbehandlung seiner Abkömmlinge unter Umständen nicht mehr vollständig korrigieren kann. Die Ausgleichungsvorschriften bezwecken hingegen, gerade eine

771 Vgl. § 2055 I 1.
772 *Koch*, in: MüKo, § 516, Rn. 3 f.

Gleichbehandlung von Abkömmlingen zu ermöglichen, die durch die Möglichkeit einer nachträglichen Ausgleichungsanordnung gefördert würde.[773]

Dem Zuwendungsempfänger hingegen bleibt ohnehin zu raten, sich nicht auf eine Partizipation am Nachlass der Eltern zu verlassen, da dem Erblasser insbesondere durch rechtzeitige (§ 2325 III) Schenkungen zu Lebzeiten genügend Raum verbleibt, um die Teilhabe des Zuwendungsempfängers am Nachlass zu schmälern. Solange dem Erblasser durch rechtzeitige Schenkungen ohne triftigen Grund die Verringerung seines Nachlasses zu Lasten seiner Abkömmlinge möglich ist (§§ 2325, 2329), muss die Umverteilung des Nachlasses aus gutem Grund, nämlich aus Gründen der Gleichbehandlung der Abkömmlinge, erst recht möglich sein.

III. Empfangsbedürftigkeit der Ausgleichungsanordnung

Bei der Ausgleichungsanordnung handelt es sich um eine einseitig empfangsbedürftige Willenserklärung.[774] Daher ist für die Wirksamkeit der Ausgleichungsanordnung deren Zugang erforderlich (§ 130 I 1).[775] Nach der Definition setzt der Zugang neben dem Erreichen des Machtbereichs des Empfängers lediglich die Möglichkeit der Kenntnisnahme voraus.[776]

1. Das Erfordernis der Kenntnisnahme der Ausgleichungsanordnung

Über das Erfordernis des Zugangs hinaus setzt eine wirksame Ausgleichungsanordnung nach § 2050 III voraus, dass der Empfänger tatsächliche Kenntnis von der Ausgleichungsanordnung erlangt.[777] Der Grund dafür ist die bereits oben erwähnte dem Ausgleichungsverpflichteten einzuräumende Möglichkeit, die

---

773 Vgl. *Meincke*, AcP 178, 45 (67).

774 *Ann*, in: MüKo, § 2050, Rn. 31; *Lange*, Erbrecht, § 61, Rn. 159; *Lange/Kuchinke*, Erbrecht, § 15 III, S. 320; *Schlitt/Müller*, Hdb. PflichttR, § 10, Rn. 110; *Schultz*, DAVorm 1984, 713 (714).

775 *Ann*, in: MüKo, § 2050, Rn. 31; *Ellenberger* ,in: Palandt, § 130, Rn. 2; *Hefermehl*, in: Soergel, § 130, Rn. 2; *Schultz*, DAVorm 1984, 713 (714).

776 BGH, Urt. v. 03.11.1976 (VIII ZR 140/75) = NJW 1977, 194; BGH, Urt. v. 13.02.1980 (VIII ZR 5/79) = NJW 1980, 990; BGH, Urt. v. 21.01.2004 (XII ZR 214/00) = NJW 2004, 1320; *Einsele*, in: MüKo, § 130, Rn. 16; *Ellenberger*, in: Palandt, § 130, Rn. 5; *Hefermehl*, in: Soergel, § 130, Rn. 8.

777 RG, Urt. v. 04.0.1908 (IV. 251/07) = RGZ 67, 306 (308 f.); *Flechtner*, in: Burandt/Rojahn , § 2050, Rn. 38; *Löhnig*, in: Staudinger, § 2050, Rn. 34; *Nieder*, in: Nieder/Kössinger/Kössinger, § 2, Rn. 228.

Zuwendung aufgrund der Ausgleichungsverpflichtung ablehnen zu können.[778] Diese besteht nur, wenn der Zuwendungsempfänger Kenntnis von der Ausgleichungsanordnung hat. Die bloße Möglichkeit der Kenntnisnahme versetzt den Zuwendungsempfänger nicht in die Lage abzuwägen, ob er die Zuwendung annimmt und dabei die Ausgleichungspflicht in Kauf nimmt oder ob er die Zuwendung ablehnt.

Dieser besondere Schutz des Anordnungsempfängers durch das Erfordernis der tatsächlichen Kenntnisnahme ist erforderlich, da dieser nur dadurch in die Lage versetzt wird, sofort zu reagieren und die Zuwendung abzulehnen, um so die Ausgleichungspflicht zu vermeiden.[779] Diese Handlungsalternative und Reaktionsmöglichkeit des Anordnungsempfängers begründet den Unterschied zu anderen einseitigen empfangsbedürftigen Willenserklärungen (Kündigung, Rücktritt etc.), bei deren Empfang keine unmittelbare Reaktionsmöglichkeit des Erklärungsempfängers besteht, die die Rechtsfolgen der Willenserklärung abwenden würden[780]. Für deren Wirksamkeit genügt daher der Zugang.[781] Für zweiseitig empfangsbedürftige Willenserklärungen ist ein solcher Schutz durch das zusätzliche Erfordernis der tatsächlichen Kenntnisnahme erst recht nicht erforderlich. Bei diesen tritt die Rechtsfolge überhaupt erst nach Abgabe einer eigenen Willenserklärung durch den Erklärungsempfänger ein[782], sodass der Zugang allein als Wirksamkeitserfordernis ausreichend ist.[783]

2. *Empfangszuständigkeit bei nicht voll geschäftsfähigen Erklärungsempfängern*

Ein an einer geistigen Behinderung leidender Abkömmling wird in vielen Fällen geschäftsunfähig i.S.d. § 104 Nr. 2 sein, d.h. an einer dauerhaften krankhaften

---

778 RGH, Urt. v. 04.01.1908 (IV 251/07) = RGZ 67, 306 (308); *Ann*, in: MüKo, § 2050, Rn. 31; *Lange*, Erbrecht, § 61, Rn. 159; *Mayer*, ZEV 1996, 441 (442); *Weidlich*, in: Palandt, § 2050, Rn. 10.

779 RGZ, Urt. v. 04.01.1908 (IV. 251/07) = RGZ 67, 306 (308); *Lange*, Erbrecht, § 61, Rn. 159; *Mayer*, ZEV 1996,441 (442); *Tanck/Lenz*, in: Rißmann, Die Erbengemeinschaft, § 6, Rn. 44.

780 *Brox/Walker*, BGB AT, Rn. 284; *Klumpp*, in: Staudinger, § 111, Rn. 3; *Leptien*, in: Soergel, § 180, Rn. 1; *Schmidt*, BGB AT, Rn. 204.

781 *Bork*, BGB AT, Rn. 424; *Flume, BGB AT*, S. 135.

782 *Flume*, BGB AT, S. 135; vgl. *Klumpp*, in: Staudinger, § 111, Rn. 3; ex.c. *Schmidt*, BGB AT, Rn. 204.

783 *Flume*, BGB AT, S. 139; *Medicus/Petersen*, BGB AT, Rn. 268.

Störung der Geistestätigkeit leiden, die seine freie Willensbildung ausschließt.[784] In dem Fall wird die Ausgleichungsanordnung gegenüber dem behinderten Abkömmling erst wirksam, wenn sie dessen gesetzlichen Vertreter zugeht (§ 131 I). Gesetzliche Vertreter des behinderten Abkömmlings sind regelmäßig dessen Eltern gemäß § 1629 I 2, soweit ihnen die elterliche Sorge nach § 1626 I 1 zusteht.[785] Hat der behinderte Abkömmling bereits die Volljährigkeit erreicht, bestellt das Betreuungsgericht für ihn auf Antrag oder von Amts wegen im Rahmen der Erforderlichkeit einen Betreuer gemäß § 1896 I 1. Zum Betreuer werden vorzugsweise die Eltern des behinderten Abkömmlings bestellt, sofern Letzterer keinen anderweitigen Vorschlag nach § 1897 IV 1, V unterbreitet und die Eltern für die Betreuung des Behinderten geeignet sind.[786] Als Betreuer sind die Eltern ebenfalls gesetzliche Vertreter des Behinderten gemäß § 1902, sofern sie für den betroffenen Aufgabenkreis, hier Vermögenssorge, als Betreuer eingesetzt sind.[787]

Ist der Behinderte nicht geschäftsunfähig, jedoch aufgrund seiner Behinderung nicht in der Lage gewisse Angelegenheiten selbst zu regeln, dann wird für diese Angelegenheiten ein Betreuer bestellt nach § 1896 I 1. Die Bestellung eines Betreuers für den Behinderten hat auf dessen Geschäftsfähigkeit keine Auswirkungen[788], sodass er grundsätzlich weiterhin im Rechtsverkehr frei handeln und wirksame Rechtsgeschäfte abschließen kann.[789] Sofern es zur Abwendung von Schäden für den Behinderten jedoch erforderlich ist, ordnet das Betreuungsgericht einen Einwilligungsvorbehalt nach § 1903 I 1 an. In dem Fall ist für den wirksamen Abschluss von Rechtsgeschäften grundsätzlich die Einwilligung des Betreuers erforderlich.[790] Betreffend Angelegenheiten, für die der

---

784 BGH, Urt. v. 05.12.1995 (XI ZR 70/95 (KG)) = NJW 1996, 918; *Ellenberger,* in: Palandt, § 104, Rn. 3; *Medicus/Petersen,* BGB AT, Rn. 542; *Schmitt,* in: MüKo, § 104, Rn. 9.

785 OLG Naumburg, Urt. v. 20.07.2000 (8 UF 54/00) = FamRZ 2001, 1319; *Götz,* in: Palandt, § 1629, Rn. 2; *Huber,* in: MüKo, § 1629, Rn. 10; *Veit,* in: Bamberger/Roth, § 1629, Rn. 2.

786 BVerfG, Beschl. v. 20.03.2006 (1 BvR 1702/01) = NJW-RR, 2006, 1009; *Schwab,* in: MüKo, § 1897, Rn. 31; *Kruse,* Mein Kind ist behindert, S. 43, abrufbar unter: http://bvkm.de/wp-content/uploads/2016_Mein-Kind-ist-behindert-diese-Hilfen-gibt-es.pdf (Stand: 10.01.2017).

787 *Götz,* in: Palandt, § 1902, Rn. 2; *Jürgens* ,in Jürgens, BtR, § 1902, Rn. 1; *Schwab,* in: MüKo, § 1902 , Rn. 2.

788 *Götz,* in: Palandt, Einf. v. § 1896, Rn. 13; *Jürgens,* in Jürgens, BtR, § 1903, Rn. 1; *Roth,* in: Dodegge/Roth, BtKomm, Teil A, Rn. 43, 46.

789 BT-Drucks. 11/4528, S 63.

790 *Bienwald,* in: Bienwald/Sonnenfeld/Harm, § 1903, Rn. 2, 67; *Medicus/Petersen,* BGB AT, Rn. 547; *Roth,* in: Dodegge/Roth, BtKomm, Teil A, Rn. 48.

Einwilligungsvorbehalt angeordnet wurde, steht der Behinderte einer in der Geschäftsfähigkeit beschränkten Person gleich (§ 1903 I 2).[791] Grundsätzlich muss daher auch die Ausgleichungsanordnung, die gegenüber dem unter Einwilligungsvorbehalt stehenden Betreuten abzugeben ist, gemäß § 131 II 1 gegenüber dem gesetzlichen Vertreter abgegeben werden. Dies gilt allerdings nach § 131 II 2 nicht, wenn es sich um ein lediglich rechtlich vorteilhaftes Rechtsgeschäft handelt.

a) *Vertretungsbeschränkungen nach § 181 BGB und § 1795 I Nr. 1 BGB*

Ordnen die Eltern die Ausgleichung der Pflegeleistungen gegenüber dem behinderten Abkömmling an, sind sie zugleich Erklärende und als gesetzliche Vertreter des behinderten Abkömmlings auch Erklärungsempfänger. Aufgrund des daraus resultierenden potentiellen Interessenkonfliktes könnten die Eltern von der Vertretung des behinderten Abkömmlings gemäß § 1629 II 1 bzw. § 1908i I 1 i.V.m. §§ 1795 I Nr. 1, II, 181 ausgeschlossen sein.

Nach der Vorschrift des § 181 darf eine Person nicht zugleich Erklärender und Erklärungsempfänger sein.[792] Die Vorschrift des § 1795 I Nr. 1 schließt i.V.m. § 1629 II 1 die Vertretung durch die Eltern aus für Rechtsgeschäfte zwischen dem Kind und den Eltern nahestehenden Personen wie beispielsweise dem Ehegatten, dem Lebenspartner oder einem Verwandten in gerader Linie. Beide Vertretungsbeschränkungen bezwecken die Verhinderung eines Interessenkonfliktes des Vertreters, um den Vertretenen vor einem dadurch entstehenden Schaden zu schützen.[793]

Um den wirksamen Zugang der Ausgleichungsanordnung nach § 131 I zu erreichen, ist die Bestellung eines Ergänzungspflegers nach § 1909 I 1 bzw. eines Ergänzungsbetreuers nach § 1899 IV[794] erforderlich, sofern die Eltern bzw. der Betreuer von der Vertretung ausgeschlossen sind.[795] Ein Ergänzungspfleger/-betreuer

791 *Bienwald*, in: Bienwald/Sonnenfeld/Harm, § 1903, Rn 67; *Ellenberger*, in: Palandt, § 106, Rn. 1; *Schwab*, in: MüKo, § 1903, 43.

792 Motive I, 224 f.; *Ellenberger*, in: Palandt, § 181, Rn. 8.

793 Motive IV, 1088; *Götz*, in: Palandt, § 1795, Rn. 1, 3, 7 i.V.m. *Ellenberger* , in: Palandt, § 181, Rn. 2; *Medicus/Petersen*, BGB AT, Rn. 953, 964; *Saar*, in: Erman, § 1795, Rn. 1; *Spickhoff*, in: MüKo, § 1795, Rn. 1; *Veit*, in: Staudinger, § 1795, Rn. 1.

794 *Bienwald*, FamRZ 2004, 1750; *Müller*, in: Bamberger/Roth, § 1899, Rn. 13 f.; *Schwab*, in: MüKo, § 1899, Rn. 23; *Spanl*, Rpfleger 1992, 142.

795 *Bienwald*, FamRZ 2004, 1750; *Fernbacher*, MittBayNot 2004, 24 (25); *Roth*, in: Dodegge/Roth, BtKomm, Teil D, Rn. 79.

ist dann für den Aufgabenkreis zu bestellen, der von dem Vertretungsverbot betroffen ist.[796]

Nach herrschender Meinung ist bereits die Anwendbarkeit der Vorschrift des § 1795 I Nr. 1 im Fall der Ausgleichungsanordnung ausgeschlossen, weil sie nicht für die Empfangszuständigkeit nach § 131 gelte.[797] Als Begründung wird der Wortlaut des § 1795 I angeführt, der besagt „der Vormund kann (...) nicht".[798] Daraus entnehmen die Vertreter dieser Ansicht, dass die Vertretungsbeschränkung nach § 1795 I lediglich aktives Handeln des Vertreters betreffe, die passive Entgegennahme von Erklärungen jedoch ausgenommen sei.[799] Verwunderlich ist, dass auch das Vertretungsverbot nach § 181 die Formulierung enthält „ein Vertreter kann nicht" und dennoch hinsichtlich dieser Vorschrift die überwiegende Ansicht vertreten wird, dass sie auch die Vertretung bei dem Empfang von Willenserklärungen (§ 131) beschränkt.[800] Diese Ansicht wird zum Teil damit begründet, dass der Zweck des § 181 neben der Vermeidung eines Interessenkonflikts auch die Ermöglichung der Erkennbarkeit des Rechtsgeschäfts sei.[801] Die Erkennbarkeit ist bei einem sog. Insichgeschäft nach § 181 BGB im Gegensatz zu einem Geschäft zwischen dem vertretenen behinderten Abkömmling und der dem Vertreter nahestehenden Person ansonsten nicht gewährleistet.

Allerdings bietet allein der auch von § 1795 I Nr. 1 verfolgte Zweck der Vermeidung einer Interessenkollision[802] genügend Anlass, um auch die Norm des § 1795 I Nr. 1 auf einseitige empfangsbedürftige Willenserklärungen anzuwenden. Ansonsten besteht die Gefahr, dass der Vertreter eine nach dem Empfang der Willenserklärung erforderliche Handlung aufgrund seines Interessenkonfliktes

---

796 *Bienwald*, FamRZ 2004, 1750; *Roth*, in: Dodegge/Roth, BtKomm, Teil D, Rn. 79.

797 BayObLG, Beschl. v. 17.05.1976 (1 Z 37/76) = FamRZ 1977, 141 (143); *Bettin*, in: Bamberger/Roth, § 1795, Rn. 2; *Roth*, in: Dodegge/Roth, BtKomm, Teil D, Rn. 76; *Saar*, in: Erman, § 1795, Rn. 3; *Spickhoff*, in: MüKo, § 1795, Rn. 24; *Zimmermann*, in: Soergel, *§ 1795*, Rn. 26; a.A. *Crailsheim, Freih. v.*, in: Jürgens, BtR, § 1795, Rn. 23.

798 BayObLG, Beschl. v. 17.05.1976 (1 Z 37/76) = FamRZ 1977, 141 (143); *Zimmermann*, in Soergel, *§ 1795*, Rn. 26.

799 *Zimmermann*, in: Soergel, § 1795, Rn. 26.

800 *Flume*, BGB AT II, § 48, Nr. 2, S. 812 f.; *Saar*, in: Erman, § 1795, Rn. 12a; *Winkler*, ZEV 2005, 89 (92); *Zimmermann*, in: Soergel, § 1795, Rn. 4; a.A. BayObLG, Beschl. v. 17.05.1976 (1 Z 37/76) = FamRZ 1977, 141 (143).

801 *Saar*, in: Erman, § 1795, Rn. 12a.

802 BGH, Urt. v. 23.02.1968 (V ZR 188/64) = NJW 1968, 936; BGH, Urt. v. 19.04.1971 (II ZR 98/68) = NJW 1971, 1355 (1357); *Bork*, BGB AT, Rn. 1592; *Flume*, BGB AT II, § 48, Nr. 1, S. 811; *Petersen*, Jura 2007, 418 (419, Fn. 23); *Valenthin*, in: Bamberger/Roth, § 181, Rn. 2.

unterlässt und dadurch dem Vertretenen schadet.[803] Insbesondere bei der Ausgleichungsanordnung hat dieser Aspekt erhebliche Relevanz, da der gesetzliche Vertreter als Empfänger der Ausgleichungsanordnung die Zuwendung ablehnen muss, will er die Ausgleichungspflicht verhindern.[804]

Bei einseitig empfangsbedürftigen Willenserklärungen ist der Schutz des Erklärungsempfängers bereits dadurch gemindert, dass die Rechtsfolge einer solchen Erklärung eintritt, ohne dass zuvor eine Gegenerklärung des Erklärungsempfängers notwendig ist.[805] Wenn nun eine Person die Willenserklärung empfängt, die dann aufgrund eines bestehenden Interessenkonfliktes nicht im Interesse des Vertretenen tätig wird, verliert das Erfordernis der gesetzlichen Vertretung beim Empfang von Willenserklärungen nach § 131, das dem Schutz des Geschäftsunfähigen und des beschränkt Geschäftsfähigen dient[806], seine Funktion.

b) Ausnahme von den Vertretungsbeschränkungen bei lediglich rechtlich vorteilhaften Rechtsgeschäften

Trotz der danach gegebenen Anwendbarkeit des § 1795 I Nr. 1 auf einseitig empfangsbedürftige Willenserklärungen sind die Voraussetzungen der Vertretungsbeschränkungen nach §§ 181, 1795 I Nr. 1 aufgrund einer vorzunehmenden teleologischen Reduktion nicht gegeben. Des durch die Vorschriften der §§ 181, 1795 I Nr. 1 bezweckten Schutzes vor einem Interessenkonflikt bedarf es nicht, wenn es sich um ein für den Vertretenen lediglich rechtlich vorteilhaftes Rechtsgeschäft handelt, da ihm in diesem Fall kein Schaden droht.[807] Der Begriff des „lediglich rechtlich vorteilhaften Geschäfts“ ist der Norm des § 107 entnommen, sodass die diesbezüglichen Wertungen hier zu berücksichtigen

---

803 *Crailsheim, Freih. v.*, in: Jürgens, BtR, § 1795, Rn. 23; vgl. *Flume*, BGB AT II, § 48, Nr. 2, S. 812 f.

804 RGH, Urt. v. 04.01.1908 (IV 251/07) = RGZ 67, 306 (308); *Ann*, in: MüKo, § 2050, Rn. 31; *Lange*, Erbrecht, § 61, Rn. 159; *Mayer*, ZEV 1996, 441 (442); *Weidlich*, in: Palandt, § 2050, Rn. 10.

805 *Bork*, BGB AT, Rn. 424; *Klumpp*, in: Staudinger, § 111, Rn. 3; *Leptien*, in: Soergel, § 180, Rn. 1; vgl. *Schmidt*, BGB AT, Rn. 204.

806 Motive I, S. 139 f.; *Arnold, A.*, in: Erman, § 131, Rn. 1; *Bork*, BGB AT, Rn. 968, 970; *Wendtland*, in: Bamberger/Roth, § 131, Rn. 1.

807 BGH, Urt. v. 27.09.1972 (IV ZR 225/69) = NJW 1972, 2262 (2263); BGH, Urt. v. 26.05.1982 (IV b ZR 715/80) = NJW 1982, 1983 (1984); BayObLG, Beschl. v. 29.05.1998 (2Z BR 85/ 98) = BayObLGZ 1998, 139 (142 f.); *Brox/Walker*, BGB AT, Rn. 592; *Larenz/Wolf/Neuner*, BGB AT, § 49, Rn. 117; *Medicus/Petersen*, BGB AT, Rn. 961; *Petersen*, Jura 2007, 418 (419); *Schmidt*, BGB AT, Rn. 867; *Stürner*, AcP 173, 402 (443).

sind.[808] Ein Rechtsgeschäft ist danach lediglich rechtlich vorteilhaft, wenn es weder zu einer unmittelbaren rechtlichen Verpflichtung noch zu einem Rechtsverlust führt.[809] Die Definition zeigt, dass ein lediglich rechtlich vorteilhaftes Geschäft nicht zwingend zu einem rechtlichen Vorteil führen muss, von Bedeutung ist jedoch, dass ein rechtlicher Nachteil für den Vertretenen ausgeschlossen ist.[810]

aa) Rechtliche Qualifizierung des zugrunde liegenden Rechtsgeschäfts

Während der BGH bereits entschieden hat, dass eine Zuwendung trotz einer mit ihr verbundenen Ausgleichungsanordnung ein lediglich rechtlich vorteilhaftes Rechtsgeschäft darstellt[811], steht die separate Qualifizierung der Ausgleichungsanordnung durch die Rechtsprechung aus. Auch die Literatur hat sich überwiegend der Rechtsprechung angeschlossen und ausschließlich die mit der Ausgleichungsanordnung verbundene Zuwendung als lediglich rechtlich vorteilhaft qualifiziert.[812] Letztlich handelt es sich jedoch um zwei getrennte Rechtsgeschäfte und zwar einerseits um die Zuwendung, die beispielsweise als Schenkung ausgestaltet sein kann, und andererseits um die Ausgleichungsanordnung als einseitiges empfangsbedürftiges Rechtsgeschäft.[813] Dies wird auch daraus deutlich, dass die Zuwendung eine Tatbestandsvoraussetzung für die Ausgleichung nach § 2050 III ist[814], die mit dem ihr zugrunde liegenden Rechtsgeschäft als Bezugsobjekt für die Ausgleichungsanordnung erforderlich ist.

---

808 BGH, Urt. v. 27.09.1972 (IV ZR 225/69) = NJW 1972, 2262 (2263); *Bork, BGB AT*, Rn. 1593; *Brox/Walker*, BGB AT, Rn. 592; *Leptien*, in: Soergel, § 181, Rn. 27; *Petersen*, Jura 2007, 418 (419); *Rauscher*, FamR, Rn. 1051; *Stürner*, AcP 173, 402 (442 ff.).

809 *Ellenberger*, in: Palandt, § 107, Rn. 2; *Larenz/Wolf/Neuner*, BGB AT, § 34, Rn. 20 f.; *Medicus/Petersen*, BGB AT, Rn. 560 f.; *Schmidt, J.*, in: MüKo, § 107, Rn. 29; *Stürner*, AcP 173, 402 (442 ff.).

810 *Bork, BGB AT*, Rn. 1593 i.V.m. Rn. 997; *Brox/Walker*, BGB AT, Rn. 277; *Ellenberger*, in: Palandt, § 107, Rn. 7; *Schmidt*, BGB AT, Rn. 1005; *Schmitt, J.*, in: MüKo, § 107, Rn. 33.

811 BGH, Urt. v. 10.11.1954 (II ZR 165/53) = NJW 1955, 1353.

812 *Ann*, in: MüKo, § 2050, Rn. 31; *Bayer*, in: Erman, § 2050, Rn. 9; *Brox/Walker*, Erbrecht, Rn. 535; *Flechtner*, in: Burandt/Rojahn , § 2050, Rn. 38; *Kregel*, in: RGRK, § 2050, Rn. 18; *Lange*, Erbrecht, § 61, Rn. 159; *Löhnig*, in: Staudinger, § 2050, Rn. 34;*Lohmann*, in: Bamberger/Roth, § 2050, Rn. 10; *Weidlich*, in: Palandt, § 2050, Rn. 10; *Weimar*, JR 1967, 97 (98); *Westermann*, Anm. zu BGH, Urt. v. 10.11.1954 (II ZR 165/53) = JZ 1955, 244; *Wolf*, in: Soergel, § 2050, Rn. 20.

813 *Ann*, in: MüKo, § 2050, Rn. 31; *Lange*, Erbrecht, Kap. § 61, Rn. 159; *Lange/Kuchinke*, Erbrecht, § 15 III, S. 320; *Schlitt/Müller*, Hdb. PflichttR, § 10, Rn. 110; *Schultz*, DA-Vorm 1984, 713 (715).

814 Vgl. *Schindler*, ZEV 2006, 389 (389, 393).

Dem BGH[815] ist zuzustimmen, dass die Schenkung selbst durch die Verbindung mit der Ausgleichungsanordnung ihren Charakter als lediglich rechtlich vorteilhaftes Rechtsgeschäft nicht verliert. Der Grund dafür ist, dass es sich bei der Ausgleichungsanordnung nicht um eine Auflage nach § 525 handelt, die bei Annahme der Schenkung eine rechtliche Verpflichtung für den Beschenkten begründet.[816] Die Ausgleichungsanordnung nach § 2050 III begründet keine Verpflichtung, sondern stellt lediglich einen Rechnungsposten für die spätere Nachlassauseinandersetzung dar.[817] Die Ausgleichungsanordnung ändert daher nichts an der Qualifizierung der Schenkung als lediglich rechtlich vorteilhaft.

bb) Rechtliche Qualifizierung der Ausgleichungsanordnung

Die Ansicht des BGH indiziert bereits, dass neben der Schenkung auch die Ausgleichungsanordnung selbst als lediglich rechtlich vorteilhaft zu qualifizieren ist.[818] Eine ausdrückliche Aussage hat der BGH dazu jedoch nicht getroffen.

Es wäre jedoch praxisfern, wenn die Eltern des behinderten Abkömmlings diesen bei der Annahme des von ihnen unterbreiteten Schenkungsangebots mangels Einschlägigkeit der Vertretungsbeschränkung nach § 1629 II 1 bzw. § 1908i I 1 i.V.m. §§ 1795 I Nr. 1, II, 181 aufgrund der lediglich rechtlichen Vorteilhaftigkeit der Schenkung vertreten könnten, während für die Inempfangnahme der Ausgleichungsanordnung die Bestellung eines Ergänzungspflegers/-betreuers erforderlich wäre, wenn die Ausgleichungsanordnung als rechtlich nachteilig qualifiziert würde. Sofern der behinderte Abkömmling nicht geschäftsunfähig ist, sondern für ihn lediglich ein Einwilligungsvorbehalt nach § 1903 I 1 angeordnet wurde, könnte er in dem Fall das Schenkungsangebot nach § 1903 III 1 sogar selbst annehmen, bräuchte für die Entgegennahme der

---

815 BGH, Urt. v. 10.11.1954 (II ZR 165/53) = NJW 1955, 1353.

816 BGH, Urt. v. 10.11.1954 (II ZR 165/53) = NJW 1955, 1353; OLG München, Beschl. v. 10.03.1942 (8 Wx 908/41) = HRR 1942, Nr. 544 (S. 544); a.A.: *Lange*, NJW 1955, 1339 (1343); *Lange/Kuchinke*, Erbrecht, § 15 III 4 a), S. 321.

817 BGH, Urt. v. 10.11.1954 (II ZR 165/53) = NJW 1955, 1353; *Ann*, in: MüKo, § 2050, Rn. 31; *Bayer*, in: Erman, § 2050, Rn. 2; *Brox/Walker*, Erbrecht, Rn. 535; *Flechtner*, in: Burandt/Rojahn , § 2050, Rn. 38; *Lange*, Erbrecht, § 61, Rn. 159; *Löhnig*, in: Staudinger, § 2050, Rn. 34; *Lohmann*, in: Bamberger/Roth, § 2050, Rn. 10; *Weidlich*, in: Palandt, § 2050, Rn. 10; *Weimar*, JR 1967, 97 (98); *Wolf*, in: Soergel, § 2050, Rn. 20; a.A. *Lange, H.*, NJW 1955, 1339 (1343); *Lange/Kuchinke*, Erbrecht, § 15 III 4 a), Fn. 43; Zweifel hat *Muscheler*, Erbrecht Bd. I, § 21, Fn. 141; *Schultz*, DAVorm 1984, 713 (715); wohl a.A.: *Bothe*, in: Damrau/Tanck, § 2050, Rn. 14, der die Bestellung eines Ergänzungspflegers aufgrund § 181 BGB für erforderlich hält.

818 BGH, Urt. v. 10.11.1954 (II ZR 165/53) = NJW 1955, 1353.

Ausgleichungsanordnung jedoch einen Ergänzungspfleger/-betreuer. Die zeitliche Einschränkung, dass die Ausgleichungsanordnung spätestens im Zeitpunkt der Zuwendung getroffen werden muss, soll jedoch gerade bezwecken, dass die Zuwendung zur Vermeidung der Ausgleichung abgelehnt werden kann.[819] Eine solche Reaktion ist nicht möglich, wenn das Schenkungsangebot bei Geschäftsunfähigkeit des behinderten Abkömmlings durch die Eltern bzw. bei Einwilligungsvorbehalt durch den Behinderten selbst angenommen werden kann, die Ausgleichungsanordnung jedoch einer anderen Person, nämlich dem Ergänzungspfleger/-betreuer zugehen muss. Die Ausgleichungsanordnung kann daher nach Sinn und Zweck nicht anders als die Schenkung, mit der sie verbunden ist, beurteilt werden, sodass der Vorgehensweise des BGH, der die Ausgleichungsanordnung nur einheitlich über die Schenkung beurteilt hat[820], zuzustimmen ist.

Nach oben Gesagtem handelt es sich bei der Ausgleichung um ein lediglich rechtlich vorteilhaftes Rechtsgeschäft, da sie weder zu einer unmittelbaren rechtlichen Verpflichtung noch zu einem Rechtsverlust führt.[821] Vielmehr bildet sie lediglich einen Rechnungsposten für die Erbauseinandersetzung.[822] Der Betroffene wird durch die Ausgleichungsanordnung auch nicht in seiner Erbenstellung und damit in seiner Rechtsposition berührt, denn diesbzgl. stehen ihm nach wie vor die Rechte eines Miterben im Umfang seiner vollen Erbquote zu ohne Berücksichtigung der Ausgleichungspflicht.[823]

Ohne Frage wird der Zweck der Vorgabe, dass die Ausgleichungsanordnung spätestens zusammen mit der Zuwendung erfolgen muss, in den Fällen

---

819 RGH, Urt. v. 04.01.1908 (IV 251/07) = RGZ 67, 306 (308 f.); *Ann,* in: MüKo, § 2050, Rn. 31; *Lange,* Erbrecht, § 61, Rn. 159; *Mayer,* ZEV 1996, 441 (442); *Weidlich,* in: Palandt, § 2050, Rn. 10.

820 BGH, Urt. v. 10.11.1954 (II ZR 165/53) = NJW 1955, 1353.

821 BGH, Urt. v. 10.11.1954 (II ZR 165/53) = NJW 1955, 1353; *Ann,* in: MüKo, § 2050, Rn. 31; *Bayer,* in: Erman, § 2050, Rn. 9; *Brox/Walker,* Erbrecht, Rn. 535; *Flechtner,* in: Burandt/Rojahn , § 2050, Rn. 38; *Lange,* Erbrecht, § 61, Rn. 159; *Löhnig,* in: Staudinger, § 2050, Rn. 34; *Lohmann,* in: Bamberger/Roth, § 2050, Rn. 10; *Weidlich,* in: Palandt, § 2050, Rn. 10; *Winkler,* ZEV 2005, 89 (92); *Wolf,* in: Soergel, § 2050, Rn. 20; a.A. *Lange, H.,* NJW 1955, 1339 (1343); *Schultz,* DAVorm 1984, 713 (715).

822 BGH, Urt. v. 10.11.1954 (II ZR 165/53) = NJW 1955, 1353; *Ann,* in: MüKo, § 2050, Rn. 31, § 2055, Rn. 3; *Flechtner,* in: Burandt/Rojahn , § 2050, Rn. 3; *Löhnig,* in: Staudinger, § 2050, Rn. 4, 6; *Lohmann,* in: Bamberger/Roth, § 2050, Rn. 2, 10; *Weidlich,* in: Palandt, § 2050, Rn. 1, § 2055, Rn. 1; *Wolf,* in: Soergel, § 2055.

823 *Brox/Walker,* Erbrecht, Rn. 537; *Flechtner,* in: Burandt/Rojahn , § 2050, Rn. 5; *Lohmann,* in: Bamberger/Roth, § 2050, Rn. 2; *Weidlich,* in: Palandt, § 2050, Rn. 1; *Wolf,* in: Soergel, § 2050, Rn. 1, § 2055, Rn. 2.

geschäftsunfähiger Zuwendungsempfänger nicht erreicht. Dem Zuwendungsempfänger soll durch den Ausschluss der nachträglichen Ausgleichungsanordnung ermöglicht werden, die Zuwendung zur Vermeidung einer Ausgleichungspflicht zurückzuweisen.[824] Dadurch soll dem Zuwendungsempfänger eine Möglichkeit eröffnet werden, die Ausgleichungspflicht zu vermeiden.[825] Wenn die Eltern bei der Ausgleichungsanordnung sowohl auf der Seite der Erklärenden als auch auf der Seite der Erklärungsempfänger stehen, werden sie die Zuwendung nicht zur Vermeidung der Ausgleichungspflicht zurückweisen. Gerade denjenigen, die besonders schutzbedürftig sind, nämlich den Geschäftsunfähigen, kann die Ausgleichungspflicht daher durch die Eltern aufgezwungen werden, ohne dass dabei gesichert ist, dass die Interessen des behinderten Abkömmlings an einer Vermeidung der Ausgleichungspflicht gewahrt werden.

Andererseits hat sich der Gesetzgeber im Wege der Erbrechtsreform ausführlich mit der Ausgleichungsanordnung beschäftigt.[826] Dabei war ihm das vorliegende Problem aufgrund der Entscheidung des BGH[827] bekannt. Der Gesetzgeber wusste auch von der teleologischen Reduktion der §§ 1795 I Nr. 1, 181 durch die ständige Rechtsprechung des BGH[828]. Auf eine klarstellende Regelung dahingehend, dass für den Empfang der Ausgleichungsanordnung ein Ergänzungspfleger/-betreuer zuständig sein soll, hat er jedoch verzichtet. Es sind daher die allgemeinen Grundsätze anwendbar, wonach ein Ergänzungspfleger/-betreuer bei lediglich rechtlich vorteilhaften Rechtsgeschäften nicht erforderlich ist. Bei der Ausgleichungsanordnung handelt es sich um ein solches lediglich rechtlich vorteilhaftes Rechtsgeschäft.[829]

---

824 RGH, Urt. v. 04.01.1908 (IV 251/07) = RGZ 67, 306 (308 f.); *Ann*, in: MüKo, § 2050, Rn. 31; *Lange*, Erbrecht, § 61, Rn. 159; *Mayer*, ZEV 1996, 441 (442); *Weidlich*, in: Palandt, § 2050, Rn. 10.

825 RGH, Urt. v. 04.01.1908 (IV 251/07) = RGZ 67, 306 (307); *Ann*, in: MüKo, § 2050, Rn. 31; *Lange*, Erbrecht, § 61, Rn. 159; *Mayer*, ZEV 1996, 441 (442); *Weidlich*, in: Palandt, § 2050, Rn. 10.

826 BT-Drucks. 16/8954, S. 5; BT-Drucks. 16/13543, S. 12.

827 BGH, Urt. v. 10.11.1954 (II ZR 165/53) = NJW 1955, 1353.

828 BGH, v. 19.04.1971 (II ZR 98/68) = NJW 1971, 1355; BGH, Urt. v. 27.09.1972 (IV ZR 225/69) = NJW 1972, 2262 (2263).

829 BGH, Urt. v. 10.11.1954 (II ZR 165/53) = NJW 1955, 1353; *Ann*, in: MüKo, § 2050, Rn. 31; *Bayer*, in: Erman, § 2050, Rn. 9; *Brox/Walker*, Erbrecht, Rn. 535; *Flechtner*, in: Burandt/Rojahn , § 2050, Rn. 38; *Lange*, Erbrecht, § 61, Rn. 159; *Löhnig*, in: Staudinger, § 2050, Rn. 34; *Lohmann*, in: Bamberger/Roth, § 2050, Rn. 10; *Weidlich*, in: Palandt, § 2050, Rn. 10; *Weimar*, JR 1967, 97 (98); *Wolf*, in: Soergel, § 2050, Rn. 20; a.A. *Lange, H.*, NJW 1955, 1339 (1343); *Lange/Kuchinke*, Erbrecht, § 15, Fn. 43; Zweifel

IV. Stellvertretung bei der Ausgleichungsanordnung

Die Ausgleichungsanordnung muss nicht durch die Eltern des behinderten Abkömmlings selbst vorgenommen werden, sondern kann beispielsweise auch durch einen (Vorsorge-) Bevollmächtigten erfolgen. Bei der Ausgleichungsanordnung handelt es sich um eine einseitige Willenserklärung.[830] Bei einseitigen Willenserklärungen ist die Stellvertretung nach §§ 164 ff. grundsätzlich zulässig.[831] Dies ergibt sich zum einen aus dem weit gefassten Wortlaut des § 164 I 1, der die Voraussetzungen der Stellvertretung für Willenserklärungen generell bestimmt.[832] Zum anderen wird dies daraus deutlich, dass die Vorschriften der §§ 164 ff. im Allgemeinen Teil des BGB unter dem Abschnitt „Rechtsgeschäfte" platziert sind, die daher grundsätzlich auf alle Rechtsgeschäfte anwendbar sind.[833] Auch die Vorschriften der §§ 174, 180 als spezielle Regelungen der Stellvertretung für einseitige Willenserklärungen zeigen, dass die Vertretung auch bei einseitigen Rechtsgeschäften möglich ist. Es fehlt zudem an einem ausdrücklichen Ausschluss der Stellvertretung in den Ausgleichungsvorschriften §§ 2050 ff, 2316, anders als beispielsweise bei der Eheschließung (§ 1311), der Testamentserrichtung (§ 2064), der Errichtung eines Erbvertrages (§ 2274) oder dem Rücktritt, der Anfechtung und dem Widerruf von Erbverträgen oder gemeinschaftlichen Testamenten (§§ 2296 I, 2271, 2282), für die die Höchstpersönlichkeit ausdrücklich gesetzlich angeordnet wurde.[834]

Zweifel an der Zulässigkeit der Stellvertretung könnten sich aus der Natur der Ausgleichungsanordnung ergeben. Der Ausschlussgrund der „Natur des Rechtsgeschäftes" greift dann Platz, wenn aus der Art des Rechtsgeschäftes hervorgeht, dass eine Stellvertretung ausgeschlossen sein muss.[835] Namentlich werden in den Motiven des BGB als Anwendungsbereiche das Familien- und Erbrecht

---

hat *Muscheler,* Erbrecht Bd. I, § 21, Fn. 141; *Schultz,* DAVorm 1984, 713 (715); wohl ebenfalls a.A.: *Bothe,* in: Damrau/Tanck, § 2050, Rn. 14, der die Bestellung eines Ergänzungspflegers aufgrund § 181 BGB für erforderlich hält.

830 *Ann,* in: MüKo, § 2050, Rn. 31; *Lange,* Erbrecht, § 61, Rn. 159; *Lange/Kuchinke,* Erbrecht, § 15 III, S. 320; *Schlitt/Müller,* Hdb. PflichttR, § 10, Rn. 110; *Schultz,* DAVorm 1984, 713 (714).

831 *Deutsches Notarinstitut* (Hrsg.), DNotI-Report 2011, 43.

832 Vgl. *Bork,* BGB AT, Rn. 1292; *Schilken,* in: Staudinger, Vorbem zu § 164 ff., Rn. 38; *Leptien,* in: Soergel, § 164, Rn. 3.

833 *Bork,* BGB AT, Rn. 1334; *Stoffels,* in: NK-BGB AT, § 164, Rn. 42.

834 *Deutsches Notarinstitut* (Hrsg.); DNotI-Report 2011, 43 (44); *Fröhler,* BWNotZ 2010, 94 (96); *Goebel,* DNotZ 2004, 101 (104).

835 Motive I, S. 224.

benannt.[836] Da die Ausgleichungsanordnung erbrechtlicher Natur ist[837], könnte es sich bei ihr um ein Rechtsgeschäft handeln, das seiner Natur nach der Stellvertretung nicht zugänglich ist.

Der Ausschlussgrund der Natur des Rechtsgeschäfts wurde letztlich nicht in das Gesetz übernommen.[838] Die Begründung dafür war u.a., weil es „auf dem Gebiet des Erbrechts (…) der einschlägigen Bestimmungen so wenige (seien), dass bezüglich ihrer ein Bedürfnis zur Aufstellung einer allgemeinen Regel nicht vorliege".[839] Dies zeigt zum einen, dass der vorgenannte Ausschlussgrund für die Stellvertretung nicht völlig aufgegeben wurde, sondern vielmehr lediglich von der Schaffung einer allgemeinen Regelung abgesehen wurde. Der Rechtsgedanke des Vertretungsausschlusses aufgrund der Natur des Rechtsgeschäfts ist daher weiterhin anwendbar.[840] Andererseits wird aus der Begründung für die Nichtübernahme des Ausschlussgrundes der Natur des Rechtsgeschäftes in das Gesetz deutlich, dass sich diese Fallgruppe im Erbrecht nur vereinzelt findet.[841] Eine Verallgemeinerung für alle familien- und erbrechtlichen Erklärungen soll nach dem Willen des Gesetzgebers daher nicht vorgenommen werden.[842] Die heute weitgehend anerkannten Fallgruppen stammen alle aus dem Familienrecht und sind im Einzelnen das Verlöbnis nach §§ 1297 ff., sowie die Zustimmung des Ehegatten zur Verfügung über das Vermögen im Ganzen (§§ 1365, 1366) und zur Verfügung über Haushaltsgegenstände (§ 1369).[843] Die Ausgleichungsanordnung zählt nicht dazu. Dies spricht im Umkehrschluss für die Zulässigkeit der Stellvertretung bei der Ausgleichungsanordnung.[844]

---

836 Motive I, S. 224.

837 Aufgrund der Stellung der Vorschriften §§ 2050 ff. im Erbrecht und der die Erbauseinandersetzung betreffenden Rechtsfolge.

838 Prot. I, S. 135 f.

839 Prot. I, S. 136.

840 *Bork, BGB AT*, Rn. 1337; *Leptien,* in: Soergel, Vor § 164, Rn. 84; *Schilken,* in: Staudinger, Vorbem. zu § 164, Rn. 41.

841 Prot. I, S. 136.

842 RG, Urt. v. 29.03.1906 (IV. 473/05) = RGZ 63, 113 (114 f.); *Bork,* BGB AT, Rn. 1337; *Leptien,* in: Soergel, Vor § 164, Rn. 84; *Schilken,* in: Staudinger, Vorbem zu §§ 164 ff, Rn 41.

843 *Leptien,* in: Soergel, Vor § 164, Rn. 84; *Schilken,* in: Staudinger, Vorbem. zu § 164, Rn. 41; *Schramm,* in: MüKo, Vorbem §164, Rn. 74; *Stoffels,* in: NK-BGB AT, § 164, Rn. 44; a.A. bzgl. §§ 1365, 1366, 1369: *Müller,* ZNotP 2005, 419 (420); a.A. bzgl. §§ 1297 ff.: *Thönnissen,* Grundfragen des Verlöbnisrechts, S. 137.

844 *Deutsches Notarinstitut* (Hrsg.), DNotI-Report 2011, 43 (44); *Fröhler,* BWNotZ 2010, 94 (96).

Als Argument für die Zulässigkeit der Vertretung bei der Ausgleichungsanordnung wird vertreten[845], dass gemäß § 1908 auch eine Ausstattung nach § 1624 I, die nach § 2050 I von Gesetzes wegen zur Ausgleichung zu bringen ist, durch einen Vertreter vorgenommen werden könne.[846] Dies stellt nach hier vertretener Ansicht jedoch kein tragfähiges Argument für die Bejahung der Stellvertretungsmöglichkeit bei der Ausgleichungsanordnung dar. Es fehlt dabei an der gebotenen Differenzierung zwischen Vornahme der Zuwendung einerseits und der Ausgleichungsanordnung andererseits. Die Vorschrift des § 1908 stellt klar, dass die für Schenkungen durch den Betreuer bestehende Beschränkung nach § 1908i II 1 i.V.m. § 1804 für Ausstattungen nicht gilt[847] und ordnet für Letztere eine Genehmigungspflicht durch das Betreuungsgericht an. Dass Ausstattungen selbst gemäß § 2050 I von Gesetzes wegen zur Ausgleichung zu bringen sind, ist lediglich zufällig, lässt jedoch keine Rückschlüsse darauf zu, dass auch eine Ausgleichungsanordnung durch einen Stellvertreter vorgenommen werden kann. Ohne Zweifel können die Eltern des behinderten Abkömmlings einen Stellvertreter zu einer Schenkung aus ihrem Vermögen bevollmächtigen.[848] Die Frage, die sich in dem Zusammenhang mit § 2050 III stellt, ist, ob die Ausgleichungsanordnung selbst als separates Rechtsgeschäft von einem Vertreter vorgenommen werden kann. Erst die Ausgleichungsanordnung verleiht der Zuwendung erbrechtliche Relevanz und führt damit zu dem Problem möglicher Höchstpersönlichkeit.

Im Ergebnis ist der Ansicht zuzustimmen, nach der bei der Ausgleichungsanordnung eine Stellvertretung möglich ist[849], denn nach ihrer Natur ist im Gegensatz zu den anerkannten Fallgruppen keine persönliche Vornahme erforderlich. Beim Verlöbnis handelt es sich im Gegensatz zur Ausgleichungsanordnung um eine personenbezogene Entscheidung, die als Vorstufe zur Ehe, bei der es sich um ein höchstpersönliches Rechtsgeschäft handelt (§1311 S. 1), von der Stellvertretung ausgeschlossen ist.[850] Die Zustimmung des Ehegatten zur Verfügung über das Vermögen im Ganzen (§§ 1365, 1366) und zur Verfügung

---

845 *Fröhler*, BWNotZ 2010, 94 (96).

846 *Deutsches Notarinstitut* (Hrsg.), DNotI-Report 2011, 43 (44).

847 *Götz,* in: Palandt, § 1908, Rn. 1; *Kroll-Ludwigs,* in: MüKo, § 1804, Rn. 14.

848 BGH, Beschl. v. 13.02.2013 (XII ZB 647/12) = FGPrax 2013, 118 (119); *Kropp,* FPR 2012, 9 (11).

849 *Deutsches Notarinstitut* (Hrsg.), DNotI-Report 2011, 43 (44); *Fröhler,* BWNotZ 2010, 94 (96).

850 *Gernhuber/Coester-Waltjen,* Familienrecht, § 8 II 2; *Kroll-Ludwigs,* in: Erman, Vor § 1297, Rn. 10; *Löhnig,* in: Staudinger, Vorbem zu §§ 1297 ff, Rn. 74.

über Haushaltsgegenstände (§ 1369) hingegen ist im Gegensatz dazu weniger personen-, sondern vielmehr vermögensbezogen.[851] Aus diesem Grund wird auch für die Zustimmung nach §§ 1365, 1366 teilweise vertreten, dass sie nicht höchstpersönlicher Natur ist und daher der Stellvertretung zugänglich ist.[852] Die Ausgleichungsanordnung hingegen hat ausschließlich Vermögensbezug. Sie betrifft im Gegensatz zu der Zustimmung nach § 1365 oder § 1369 nicht die wirtschaftliche Gestaltung des ehelichen Zusammenlebens, aus der ein gewisser persönlicher Bezug ableitbar ist, sondern allein die Auseinandersetzung des Nachlasses nach dem Tod des Zuwendenden. Im Gegensatz zur Ehe besteht zwischen dem Erblasser und dem Erbanwärter kein Rechtsverhältnis[853], aus dem ein persönlicher Bezug hergeleitet werden könnte. Eine persönliche Anordnung der Ausgleichung ist daher nicht erforderlich.

V. Inhalt der Ausgleichungsanordnung

Inhaltlich werden an die Ausgleichungsanordnung keine großen Anforderungen gestellt. Die Ausgleichungsanordnung kann ausdrücklich oder konkludent erfolgen.[854] Erfolgt sie ausdrücklich, so genügt die Formulierung „Der Beschenkte hat die Zuwendung gegenüber den übrigen Abk*ömmlingen des Schenkers auszugleichen*“.[855] Demgemäß reicht es im vorliegenden Fall aus, wenn die Eltern vor Erbringung der Pflegeleistungen bestimmen, dass der behinderte Abkömmling die im Rahmen des behinderungsbedingten Mehrbedarfs erbrachten Leistungen gegenüber den übrigen Abkömmlingen auszugleichen hat.

Die Konkretisierung des behinderungsbedingten Mehrbedarfs obliegt dabei nicht den Eltern bei der Anordnung der Ausgleichung, sondern bleibt der späteren Erbauseinandersetzung nach dem Tod der Eltern vorbehalten. Für das Erfordernis einer exakten Bezeichnung des behinderungsbedingten Mehrbedarfs bereits bei der Ausgleichungsanordnung spricht zwar, dass diese den Empfänger in die Position versetzen soll, die Zuwendung zur Vermeidung einer späteren

851 *Deutsches Notarinstitut* (Hrsg.), DNotI-Report 1999, 166 (167); *Müller,* ZNotP 2005, 419 (420).

852 *Deutsches Notarinstitut* (Hrsg.), DNotI-Report 1999, 166 (167); *Müller,* ZNotP 2005, 419 (420).

853 *Weidlich,* in: Palandt, § 1922, Rn. 3 f.

854 RGH, Urt. v. 04.01.1908 (IV 251/07) = RGZ 67, 306 (307); OLG Koblenz, Beschl. v. 10.04.2012 (5 W 166/12) = FamRZ 2013, 1164; *Ann,* in: MüKo, § 2050, Rn. 31; *Weidlich,*in: Palandt, § 2050, Rn. 10.

855 *Lehmann,* in: Brambring/Mutter, Beck'sches Formularbuch Erbrecht, I) III. 6.

Ausgleichungspflicht ablehnen zu können.[856] Wenn mangels exakter Bestimmung des Ausgleichungsobjekts diesbezügliche Unsicherheit besteht, weiß der Empfänger nicht, welchen Teil der Unterhaltsleistung er ablehnen muss, um die spätere Ausgleichungspflicht zu vermeiden.

Andererseits handelt es sich bei dem Begriff des „behinderungsbedingten Mehrbedarfs“ um einen Rechtsbegriff, der objektiv bestimmbar ist[857]. Dieser Begriff kann daher nicht von den Eltern individuell definiert werden durch die Bezifferung dessen, was diese für behinderungsbedingten Mehrbedarf halten. Die Konkretisierung bestimmt sich vielmehr nach Gesetz und Rechtsprechung. Dadurch verbleibt für den Empfänger der Pflegeleistungen eine Unsicherheit hinsichtlich der ablehnungsbedürftigen Leistungen, um eine Ausgleichungspflicht zu vermeiden.

VI. Zusammenfassung

Die formfreie Ausgleichungsanordnung nach § 2050 III muss vor oder spätestens im Zeitpunkt der Zuwendung dem Ausgleichungspflichtigen zur Kenntnis gebracht werden, damit dieser die Möglichkeit hat, die Ausgleichungspflicht durch Ablehnung der Zuwendung abzuwenden. Da derjenige, dem die Ausgleichung zugutekommt, die Beweislast bzgl. der Ausgleichungspflicht trägt, ist es zu Beweiszwecken sinnvoll, wenn der Erblasser die Ausgleichungsanordnung trotz ihrer Formfreiheit schriftlich erteilt.

Die Möglichkeit der nachträglichen Ausgleichungsanordnung ist aufgrund der Befolgung der Beschlussempfehlung des 6. Rechtsausschusses des Deutschen Bundestages durch den Bundestag nicht Gesetz geworden. Eine verpasste Chance, um die Bedeutung der Ausgleichungsanordnung als erbrechtliches Gestaltungsmittel zu erhöhen und den Zweck der wirtschaftlichen Gleichstellung von Abkömmlingen umfassender zu ermöglichen.

Ist der behinderte Abkömmling als Empfänger der Ausgleichungsanordnung geschäftsunfähig nach § 104, sind seine Eltern gesetzliche Vertreter, sofern ihnen die elterliche Sorge gemäß § 1626 I 1 zusteht, bis er die Volljährigkeit erreicht. Nach Erreichen der Volljährigkeit wird für den geschäftsunfähigen behinderten Abkömmling nach § 1896 I 1 ein Betreuer bestellt, wobei regelmäßig die

---

856 RGH, Urt. v. 04.01.1908 (IV 251/07) = RGZ 67, 306 (307); *Ann*, in: MüKo, § 2050, Rn. 31; *Lange*, Erbrecht, § 61, Rn. 159; *Mayer*, ZEV 1996, 441 (442); *Weidlich*, in: Palandt, § 2050, Rn. 10.

857 Vgl. *Esser*, Vorverständnis und Methodenwahl in der Rechtsfindung, S. 71 f., 107; *Radbruch*, Rechtsphilosophie, S. 215; *Wank*, Die juristische Begriffsbildung, S. 5 f.

Eltern zu Betreuern für den behinderten Abkömmling bestellt werden. Da es sich bei der Ausgleichungsanordnung um ein lediglich rechtlich vorteilhaftes Rechtsgeschäft handelt, sind die Eltern auch nicht nach § 181 oder § 1795 I Nr. 1 von der Vertretung des behinderten Abkömmlings bei der Inempfangnahme der Ausgleichungsanordnung ausgeschlossen und damit empfangszuständig nach § 131 I. Ist der behinderte Abkömmling geschäftsfähig, ist jedoch für bestimmte Angelegenheiten nach § 1903 I 1 ein Einwilligungsvorbehalt angeordnet, steht der behinderte Abkömmling in diesen Angelegenheiten einem beschränkt Geschäftsfähigen gleich. Da es sich bei der Ausgleichungsanordnung um ein lediglich rechtlich vorteilhaftes Rechtsgeschäft handelt, ist der behinderte Abkömmling für die Inempfangnahme der Ausgleichungsanordnung nach § 131 II 2 selbst empfangszuständig.

Die Ausgleichung kann auch durch einen Stellvertreter der Eltern, beispielsweise durch einen Vorsorgebevollmächtigten, angeordnet werden. Inhaltlich ist es ausreichend, wenn die Eltern ohne genaue Spezifizierung die im Rahmen des behinderungsbedingten Mehrbedarfs erbrachten Leistungen für ausgleichungspflichtig erklären. Es ist dann eine bei der späteren Erbauseinandersetzung zu klärende Frage, welche konkreten Leistungen von dieser Ausgleichungsanordnung umfasst sind. Da es sich bei dem Begriff des behinderungsbedingten Mehrbedarfs um einen Rechtsbegriff handelt, ist die Bestimmung des Ausgleichungsumfangs in objektiver Weise möglich. Eine konkrete Bezeichnung der einzelnen Leistungen durch die Eltern ist daher bei der Ausgleichungsanordnung nicht erforderlich.

B) Die Ausgleichungsanordnung als Gestaltungsmittel

Die Ausgleichungsanordnung ist ein probates Gestaltungsmittel, um lebzeitige Vorempfänge von Abkömmlingen in die Nachlassaufteilung mit einzubeziehen.[858] Ferner kann durch die Ausgleichung eine zumindest annähernd gleichmäßige Partizipation der Abkömmlinge am Erblasservermögen erreicht werden, indem lebzeitige Vorempfänge bei der Nachlassaufteilung berücksichtigt werden.[859] Darüber hinaus führt die Auswirkung der Ausgleichung auf den Pflichtteil der Abkömmlinge nach § 2316 I 1, III dazu, dass die Ausgleichung auch als Gestaltungsmittel zur Pflichtteilsreduktion einzelner Abkömmlinge genutzt

858 *Nieder*, in: Nieder/Kössinger/Kössinger, § 2, Rn. 200.

859 *Ann*, in: MüKo, § 2050, Rn. 1; *Flechtner*, in: Burandt/Rojahn , § 2050, Rn. 1; *Nieder*, in: Nieder/Kössinger/Kössinger, § 2, Rn. 211.

werden kann, sofern diese Abkömmlinge bereits zu Lebzeiten des Erblassers Zuwendungen erhalten haben.

I. Die Einbeziehung von Vorempfängen bei der Nachlassaufteilung

Die Einbeziehung von Vorempfängen bei der Nachlassaufteilung findet sowohl bei durchzuführender Ausgleichung als auch bei der Pflichtteilsergänzung nach § 2325 statt.

Die Anordnung der Ausgleichung für Vorempfänge führt dazu, dass diese anders als beim Pflichtteilsergänzungsanspruch zeitlich unbeschränkt bei der Nachlassaufteilung berücksichtigt werden[860] Der Pflichtteilsergänzungsanspruch hingegen erfasst gemäß § 2325 III 2 lediglich Schenkungen des Erblassers, die innerhalb der letzten zehn Jahre vor seinem Tod geleistet wurden.[861]

Andererseits wird im Wege der Ausgleichung keine Rückzahlungspflicht begründet, da die Ausgleichung sich lediglich im Rahmen der Erbauseinandersetzung auswirkt und eine Herauszahlung des Mehrempfangs gemäß § 2056 S. 1 ausgeschlossen ist.[862] Der Pflichtteilsergänzungsanspruch hingegen löst unter den Voraussetzungen des § 2329 eine Herausgabeverpflichtung der lebzeitigen Zuwendung in Form einer Duldungsverpflichtung des Schuldners der Zwangsvollstreckung in den Gegenstand aus.[863]

Die Ausgleichung wirkt sich jedoch lediglich zugunsten und zulasten von Abkömmlingen aus.[864] Hat eine andere Person eine Zuwendung erhalten, besteht keine Möglichkeit, diese im Wege der Ausgleichung zu erfassen.[865] Ebenso wenig erhöht sich der Erb- oder Pflichtteil einer anderen Person als einem Abkömmling durch die Ausgleichung einer an einen Abkömmling geleisteten Zuwendung.[866]

---

860 *Nieder*, in: Nieder/Kössinger/Kössinger, § 2, Rn. 202.

861 *Dieckmann*, in: Soergel, § 2325, Rn. 53; *Nieder*, in: Nieder/Kössinger/Kössinger, § 2, Rn. 202; *Riedel*, in: Damrau/Tanck, § 2325, Rn. 79.

862 *Langenfeld/Fröhler*, Testamentsgestaltung, Kap. 2, Rn. 290; *Mayer*, Der Übergabevertrag, §2, Rn. 309; *Mayer*, ZErb 2007, 130 (131); *Mayer* et al., Hdb. Pflichtteilsrecht, § 11, Rn. 50 f.; *Mohr*, ZEV 1999, 257 (259); *Nieder*, in: Nieder/Kössinger/Kössinger, § 2, Rn. 202, 211.

863 *Dieckmann*, in: Soergel, § 2329, Rn. 18; *Müller, G.*, in: Burandt/Rojahn , § 2329, Rn. 15; *Lenz-Brendel*, in: Damrau/Tanck, § 2329, Rn. 21.

864 *Mayer*, ZErb 2007, 130 (131); *Nieder*, in: Nieder/Kössinger/Kössinger,§ 2 , Rn. 202 f.

865 *Ann*, in: MüKo, § 2050, Rn. 36; *Sostmann*, MittRhNotK 1976, 479 (488); *Thubauville*, MittRhNotK 1992, 289 (291).

866 *Ann*, in: MüKo, § 2050, Rn. 36; *Sostmann*, MittRhNotK 1976, 479 (488); *Thubauville*, MittRhNotK 1992, 289 (291).

II. Die Gleichstellung der Abkömmlinge

Die Ausgleichung führt zwar zu einer Annäherung der wirtschaftlichen Beteiligung aller Abkömmlinge am Vermögen des Erblassers.[867] Eine vollständige Gleichstellung aller Abkömmlinge kann durch das Gestaltungsinstrument der Ausgleichungsanordnung jedoch nicht erreicht werden.[868]

Dies ist zum einen darin begründet, dass nicht alle Zuwendungen von Gesetzes wegen ausgleichungspflichtig sind. Vielmehr wird zwischen gesetzlich (§ 2050 I, II) und gewillkürt (§ 2050 III) ausgleichungspflichtigen Zuwendungen unterschieden. Dies führt zu einer ungleichmäßigen Behandlung der an die Abkömmlinge getätigten Zuwendungen, wenn nicht für sämtliche Zuwendungen die Ausgleichung angeordnet wird.[869]

Ferner ist die Nichtherausgabepflicht bzgl. des Mehrempfangs nach § 2056 S. 1 ein weiterer Grund für das Verfehlen des Zieles der vollständigen Gleichbehandlung.[870] In Höhe des den Erbteil des ausgleichungspflichtigen Abkömmlings übersteigenden Teils bleibt die Zuwendung zu dessen Gunsten von der Ausgleichung ausgenommen.[871]

Darüber hinaus ist für die fehlende vollständige Gleichstellung der Abkömmlinge die Bewertung der Zuwendung mit dem Wert zum Zeitpunkt der Zuwendung entsprechend § 2055 II verantwortlich.[872] Da die Ausgleichung erst nach dem Tod des Erblassers und damit zu einem späteren Zeitpunkt durchgeführt wird, können sich zwischenzeitlich Wertdifferenzen ergeben haben.[873] Zwar wird der Zuwendungswert auf den Zeitpunkt des Todes des Erblassers indiziert[874], allerdings wird dabei lediglich der Geldwertverlust ausgeglichen. Eine Verschiebung der tatsächlichen Wertverhältnisse betreffend die Zuwendung selbst bleibt dabei außer Ansatz.[875]

---

867 Vgl. *Ann*, in: MüKo, § 2055, Rn. 1; *Jakobs/Schubert*, Die Beratung des BGB, §§ 1922–2385, S. 775; *Lange*, Erbrecht, § 61, Rn. 139; *Muscheler*, Erbrecht Bd. I, Rn. 1362.

868 *Mayer*, ZErb 2007, 130 (131).

869 Vgl. *Mayer*, ZErb 2007, 130 (131); *Werbik*, Lebzeitige Zuwendungen des Erblassers (Diss.), S. 120.

870 *Ann*, in: MüKo, § 2056, Rn. 1; *Brox/Walker*, Erbrecht, Rn. 537; *Mayer*, ZErb 2007, 130 (131); *Wolf*, in: Soergel, § 2056, Rn. 1.

871 *Mayer*, ZErb 2007, 130 (131).

872 *Sostmann*, MittRhNotK 1976, 479 (493).

873 *Nieder*, in: Nieder/Kössinger/Kössinger, § 2, Rn. 255.

874 *Nieder*, in: Nieder/Kössinger/Kössinger, § 2, Rn. 255.

875 *Nieder*, in: Nieder/Kössinger/Kössinger, § 2, Rn. 255.

Überdies ist die Art und Weise der Durchführung der Ausgleichung (§ 2055 I) im Rahmen der Erbauseinandersetzung ohne Herauszahlungsverpflichtung für die fehlende Gleichstellung verantwortlich. Der Wert der Zuwendung wird dem Reinnachlass hinzuaddiert. Dieser Wert wird von dem aus dem um den Zuwendungswert erhöhten fiktiven Nachlass errechneten Erbteil des zuwendungsempfangenden Abkömmlings wiederum subtrahiert. Aufgrund der zunächst vorgenommenen fiktiven Nachlasserhöhung durch Hinzurechnung des Zuwendungswertes wird im Ergebnis nicht einmal der volle Zuwendungswert von dem Erbteil des lebzeitig begünstigten Abkömmlings in Abzug gebracht. Vielmehr verbleibt bei diesem Abkömmling zusätzlich zu der vollen Zuwendung, die er bereits zu Lebzeiten erhalten hat und nicht herausgeben muss, noch einmal der Bruchteil des Zuwendungswertes, der der Anzahl aller vorhandenen Abkömmlinge entspricht.[876] Der verbleibende Zuwendungswert wird im Ergebnis unter den lebzeitig nicht begünstigten Abkömmlingen zu gleichen Teilen aufgeteilt. Dementsprechend erhält jeder Abkömmling den Bruchteil des Zuwendungswertes im Rahmen der Erbauseinandersetzung hinzu, der der Anzahl aller vorhandenen Abkömmlinge entspricht. Eine vollkommene Gleichstellung würde hingegen nur erreicht, wenn der Zuwendungswert im Wege der Erbauseinandersetzung dem zuwendungsempfangenden Abkömmling in voller Höhe von seinem Erbteil abgezogen und dieser Wert jedem nicht lebzeitig begünstigten Abkömmling in voller Höhe zugebilligt werden würde. Dies ist jedoch regelmäßig nicht möglich, da im Rahmen der Erbauseinandersetzung nicht mehr verteilt werden kann als der vorhandene Nachlass. Die lebzeitige Zuwendung könnte, um den lebzeitig begünstigten Abkömmling nicht bei der Nachlassverteilung zu benachteiligen von seinem Erbteilswert lediglich einmal in voller Höhe in Abzug gebracht werden. Dieser Wert stünde daher nur einmal als zusätzlich zu verteilender Wert zur Verfügung. Eine vollständige Gleichstellung wäre daher lediglich bei maximal zwei vorhandenen Abkömmlingen möglich, da der dem lebzeitig begünstigten Abkömmling abgezogene Zuwendungswert dem anderen Abkömmling in voller Höhe hinzuaddiert werden könnte. Bei mehreren Abkömmlingen ist eine vollständige Gleichstellung mangels Möglichkeit der Multiplikation des Zuwendungswertes aufgrund der Erschöpfung des Nachlasses daher nicht möglich.

---

876 Bei beispielsweise drei Abkömmlingen daher 1/3 des Zuwendungswertes.

III. Pflichtteilsreduzierung durch Ausgleichung

Obwohl die Ausgleichung gemäß § 2316 Auswirkungen auf das Pflichtteilsrecht hat, wird sie kaum als Gestaltungsmittel zur Reduzierung des Pflichtteils in Betracht gezogen. Sicherlich liegt ein Grund darin, dass die Anrechnung nach § 2315 zur Reduzierung des Pflichtteils besser geeignet ist als die Ausgleichung nach § 2316. Die Pflichtteilsreduzierung stellt das primäre Ziel der Anrechnung dar[877], während sie bei der Ausgleichung lediglich ein Nebeneffekt ist[878]. Die Anrechnung ist daher für die Reduzierung des Pflichtteils das wirkungsvollere Mittel, da der volle Wert der Zuwendung von dem errechneten Pflichtteil in Abzug gebracht wird.[879] Bei der Ausgleichung wird die Zuwendung bereits von dem errechneten Erbteil in Abzug gebracht, bevor der Pflichtteil sodann durch Halbierung des errechneten Wertes ermittelt wird.[880] Die Ausgleichung wirkt sich allein dadurch lediglich in Höhe der Hälfte des Zuwendungswertes pflichtteilsreduzierend aus.[881]

Hinzu kommt, dass sich die Pflichtteilslast des Pflichtteilsschuldners – sofern es sich bei diesem nicht um einen ausgleichungsberechtigten Abkömmling handelt[882] – durch die Ausgleichung nicht reduziert, da lediglich eine Umverteilung des Nachlasses zugunsten der anderen Abkömmlinge stattfindet.[883] In Fällen erstrebter Pflichtteilsreduzierung, in denen es nicht um behinderte Abkömmlinge geht, ist primäres Ziel der Pflichtteilsreduzierung neben der „Bestrafung“ des enterbten Abkömmlings, die Reduktion der Pflichtteilslast zugunsten des Erben

877 *Martin,* ZBlFG, 14. Jg., 789 (797); *Nieder,* in: Nieder/Kössinger/Kössinger, § 2, Rn. 203.

878 *Martin,* ZBlFG, 14. Jg., S. 789 (797); *Nieder,* in: Nieder/Kössinger/Kössinger, § 2, Rn. 203.

879 *Brox/Walker,* Erbrecht, Rn. 561; *Lenz-Brendel,* in: Damrau/Tanck, § 2315, Rn. 9; *Lindner/Bund,* in: Frieser, FA-Komm. Erbrecht, § 2315, Rn. 8.

880 *Brox/Walker,* Erbrecht, Rn. 561; *Dieckmann,* in: Soergel, § 2316, Rn. 10; *Lange,* in: MüKo, § 2316, Rn. 13 f.; *Leipold,* Erbrecht, Rn. 836; *Lenz-Brendel,* in: Damrau/Tanck, § 2316, Rn. 1.

881 *Mayer,* in: *Mayer* et.al., Hdb. Pflichtteilsrecht, § 11, Rn. 71; *Otte,* in: Staudinger, § 2316, Rn. 30; *Sturm/Sturm,* in: FS von Lübtow, 1991, S. 294; *Thubauville,* MittRhNotK 1992, 289 (299 f.).

882 *Mayer,* ZErb 2007, 130 (131); *Thubauville,* MittRhNotK 1992, 289 (299).

883 *Sostmann,* MittRhNotK 1976, 479 (493); *Thubauville,* MittRhNotK 1992, 289 (299); *Weidlich,* in: Palandt, § 2316, Rn. 1.

und Pflichtteilsschuldners. Dieses Ziel wird im Gegensatz zur Ausgleichung durch die Anrechnung nach § 2315 erreicht.[884]

Ein weiterer Grund der fehlenden Beachtung der Ausgleichung als Mittel zur Pflichtteilsreduzierung mag sein, dass die Ausgleichung nach § 2050 voraussetzt, dass der Abkömmling bereits zu Lebzeiten entsprechende Zuwendungen erhalten hat, die sich im Wege der Ausgleichung nach § 2316 I 1 pflichtteilsreduzierend auswirken. Eine häufige Konstellation, in der der Pflichtteil eines Abkömmlings reduziert werden soll, ist eine Enttäuschung der Eltern von dem Abkömmling oder die Entfremdung des Abkömmlings von den Eltern.[885] In diesen Fällen fehlt es je nach Zeitpunkt und Grad der Enttäuschung/Entfremdung an lebzeitigen Zuwendungen der Eltern an den Abkömmling. Darüber hinaus erreicht die Ausgleichung in diesen Fällen auch nicht das angestrebte Ziel, denn der Abkömmling soll nicht etwas von seinem Erb- oder Pflichtteil abgezogen bekommen, was er bereits erhalten hat, sondern er soll vielmehr weniger bzw. bestenfalls gar nichts aus dem Vermögen seiner Eltern erhalten.

An die Grenzen stößt das Gestaltungsmittel der Ausgleichungsanordnung zur Pflichtteilsreduzierung auch dadurch, dass der Wert der Zuwendung bei der Ausgleichung im Pflichtteilsrecht nicht frei von dem Zuwendenden festgelegt werden kann. Während die Festlegung des auszugleichenden Wertes der Zuwendung grundsätzlich der Disposition des Erblassers unterliegt,[886] ist der tatsächliche Wert der Zuwendung die maximale Wertgrenze im Pflichtteilsrecht[887]. Die Festsetzung des Zuwendungswertes beispielsweise in Höhe des Erbteils des behinderten Abkömmlings zur vollkommenen Vermeidung eines Pflichtteilsanspruchs, kommt daher nicht in Betracht.

---

884 *Mayer,* ZErb 2007, 130 (132); *Sostmann,* MittRhNotK 1976, 479 (485, 493); *Thubauville,* MittRhNotK 1992, 289 (299).

885 *Keim,* NJW 2008, 2072.

886 *Ann,* in: MüKo, § 2050, Rn. 21; *Thubauville,* MittRhNotK 1992, 289 (308); *Weidlich,* in: Palandt, § 2055, Rn. 3.

887 *Ebenroth/Bacher/Lorz,* JZ 1991, 279 (280); *Thubauville,* MittRhNotK 1992, 289 (308).

6. Teil Die Ausgleichung als Ergänzung zum Behindertentestament

Für Eltern behinderter Kinder ist es besonders interessant, wie das Vermögen vor dem Zugriff des Sozialleistungsträgers geschützt werden kann. Hat der Sozialleistungsträger zum Zeitpunkt des Todes der Eltern bereits Sozialleistungen an den behinderten Abkömmling erbracht, kann er den Erbteil des behinderten Abkömmlings bis zur Höhe der nicht anrechenbaren Einkommensgrenze pfänden[888] bzw. den Pflichtteilsanspruch gemäß § 93 I, II SGB XII auf sich überleiten.[889] Der ererbte oder durch Pflichtteilsanspruch hinzugewonnene Vermögenswert bringt dem behinderten Abkömmling daher über die anrechnungsfreie Einkommensgrenze hinaus keinen zusätzlichen Vorteil. Das Interesse der Eltern besteht daher darin, den behinderten Abkömmling in den vollen Genuss der Sozialleistungen zu bringen, ohne dass der Nachlass der Eltern durch Zugriff des Sozialleistungsträgers vermindert wird. Der Gestaltungsauftrag ist daher derselbe wie beim Behindertentestament.

A) Die mit dem Behindertentestament zu erreichenden Gestaltungsziele

Das von der Rechtsprechung anerkannte[890] sog. klassische Behindertentestament[891] erreicht durch eine Kombination verschiedener erbrechtlicher Gestaltungsmittel die von Eltern eines behinderten Kindes regelmäßig erstrebten Gestaltungsziele wie die Verhinderung des Gläubigerzugriffs auf das Nachlassvermögen[892], die Versorgung des behinderten Kindes über die Sozialleistungen hinaus[893] sowie die Verhinderung des Kostenersatzes nach § 102 SGB XII zum

---

888 *Kössinger, R.*, in: Nieder/Kössinger/Kössinger, § 21, Rn. 66.

889 BGH, Urt. v. 19.10.2005 (IV ZR 235/03) = ZEV 2006, 76; *Dieckmann,* in: Soergel, § 2306, Rn. 29; *Lange/Kuchinke,* Erbrecht, § 35 IV 6 a; *Nieder,* NJW 1994, 1264 (1265); *Reimann,* DNotZ 1992, 241 (246); *Schindler,* in: Ruby/Schindler/Wirich, Das Behindertentestament, § 2, Rn. 36.

890 BGH, Urt. v. 21. 3. 1990 (IV ZR 169/89) = DNotZ 1992, 241; BGH, Urt. v. 20. 10. 1993 (IV ZR 231/92) = DNotZ 1994, 380.

891 *Schindler,* in: Ruby/Schindler/Wirich, Das Behindertentestament, § 3, Rn. 11.

892 *Kössinger, R.*, in: Nieder/Kössinger/Kössinger, § 21, Rn. 69.

893 *Ruby,* in: Ruby/Schindler/Wirich, Das Behindertentestament, § 1, Rn. 1f.

Erhalt des Familienvermögens auch nach dem Tod des behinderten Abkömmlings[894].

I. Ausschluss des Gläubigerzugriffs

Das klassische Behindertentestament schließt den Zugriff des Sozialleistungsträgers auf den Erbteil des behinderten Abkömmlings aus durch eine Kombination der Anordnung der Dauertestamentsvollstreckung mit der Anordnung der nicht befreiten Vor- und der Nacherbschaft in Verbindung mit einer entsprechenden Verwaltungsanweisung an den Testamentsvollstrecker.[895]

Die Anordnung der Dauertestamentsvollstreckung hat gemäß § 2214 die Unzulässigkeit der Vollstreckung in das Nachlassvermögen zur Folge.[896] Es kann jedoch gemäß § 2216 I der ordnungsgemäßen Verwaltung durch den Testamentsvollstrecker entsprechen, Erträge des Nachlasses an den Erben auszukehren.[897] Der Testamentsvollstrecker hat nach § 2217 I 1 solche Gegenstände an den Erben herauszugeben, die er zur Erfüllung seiner Obliegenheiten nicht mehr benötigt. Mit Überlassung der Gegenstände an die Erben endet die Testamentsvollstreckung diesbezüglich, sodass ab diesem Zeitpunkt der Zugriff durch den Sozialleistungsträger möglich wäre.[898] Daran ändert auch die Anordnung der Vor- und Nacherbschaft nichts, da dem Vorerben gemäß § 2111 I 1 a. E. die Nutzungen des Nachlasses gebühren.[899] Die Anordnung der Vor- und Nacherbschaft bewirkt gemäß § 2115 S. 1 daher lediglich den Schutz der Verwertung der Substanz des Nachlassvermögens durch Gläubiger des behinderten Abkömmlings.[900] Ob auch die Nutzungen des Nachlasses vor dem Zugriff des Sozialleistungsträgers als Gläubiger des behinderten Abkömmlings geschützt sind, beurteilt sich auch bei Anordnung der Vor- und Nacherbschaft allgemein nach der Frage, ob die Auskehrung der Nutzungen gemäß § 2216 I der ordnungsgemäßen Verwaltung des Nachlasses durch den Testamentsvollstrecker entspricht.[901] Um diese Unsicherheit auszuschließen und auch den Zugriff des Sozialleistungsträgers auf die Nutzungen des Nachlasses zu verhindern, wird die nicht befreite Vor- und

---

894 *Schindler,* in: Ruby/Schindler/Wirich, Das Behindertentestament, § 3, Rn. 34.

895 *Schindler,* in: *Ruby/Schindler/Wirich,* Das Behindertentestament, § 3, Rn. 11.

896 *Schindler,* in: Ruby/Schindler/Wirich, Das Behindertentestament, § 3, Rn. 14; *Weidlich,* in: Palandt, § 2214, Rn. 1.

897 *Reimann,* ZEV 2010, 8 (9, 11).

898 Vgl. *Weidlich,* in: Palandt, § 2217, Rn. 6.

899 *Reimann,* ZEV 2010, 8 (10 f.).

900 *Schindler,* in: Ruby/Schindler/Wirich, Das Behindertentestament, § 3, Rn. 17, 34.

901 *Reimann,* ZEV 2010, 8 (11).

die Nacherbschaft mit Dauertestamentsvollstreckung mit einer Verwaltungsanweisung an den Testamentsvollstrecker nach § 2216 II 1 verbunden. Nach dieser Verwaltungsanweisung sind lediglich die Nutzungen an den nicht befreiten Vorerben auszukehren, „die der Verbesserung der Lebensqualität (des Vorerben) dienen, auf die der Sozialleistungsträger aber nach den sozialrechtlichen Vorschriften nicht zugreifen kann und hinsichtlich derer eine Anrechnung auf die (dem Vorerben) gewährte Sozialleistung nicht in Betracht kommt."[902]

Die Kombination der nicht befreiten Vor- und Nacherbschaft mit der Dauertestamentsvollstreckung nebst Verwaltungsanordnung führt daher grundsätzlich zu einem umfassenden Schutz des Nachlassvermögens vor dem Zugriff des Sozialleistungsträgers.[903]

II. Versorgung des behinderten Abkömmlings

Durch die entsprechend obiger Vorgabe formulierte Verwaltungsanordnung nach § 2216 II 1 an den Testamentsvollstrecker wird ferner die Versorgung des behinderten Abkömmlings über die Sozialleistungen hinaus sichergestellt, da ihm zusätzlich zu den Sozialleistungen die Nutzungen des Nachlasses zur Verbesserung seiner Lebensqualität zur Verfügung stehen.[904]

III. Ausschluss des Kostenersatzes nach § 102 SGB XII

Neben dem Schutz vor dem Zugriff des Sozialleistungsträgers zu Lebzeiten des behinderten Abkömmling führt die Anordnung der nicht befreiten Vor- und Nacherbschaft auch zu dem Erhalt des Familienvermögens über den Tod des behinderten Abkömmlings hinaus.[905] Durch die Anordnung der Vor- und Nacherbschaft werden die Nacherben Erben nach dem Elternteil und nicht Erben des behinderten Abkömmlings.[906] Der Kostenersatzanspruch nach § 102 SGB XII besteht jedoch lediglich gegen die Erben des behinderten Abkömmlings selbst.[907] Das Vermögen der Eltern des behinderten Abkömmlings ist daher durch die Gestaltungen des Behindertentestaments über den Tod des behinderten

902 *Wirich,* in: *Ruby/Schindler/Wirich,* Das Behindertentestament, § 6, Rn. 1.

903 *Kössinger, R.,* in: Nieder/Kössinger/Kössinger, § 21, Rn. 69; *Schindler,* in: Ruby/Schindler/Wirich, Das Behindertentestament, § 3, Rn. 11 f.

904 *Schindler,* in: Ruby/Schindler/Wirich, Das Behindertentestament, § 3, Rn. 20.

905 *Schindler,* in: Ruby/Schindler/Wirich, Das Behindertentestament, § 3, Rn. 34.

906 *Kössinger, R.,* in: Nieder/Kössinger/Kössinger, § 21, Rn. 91.

907 *Kössinger, R.,* in: Nieder/Kössinger/Kössinger, § 21, Rn. 91.

Abkömmlings hinaus und daher dauerhaft vor dem Zugriff des Sozialleistungsträgers geschützt.[908]

IV. Gestaltungsrisiken des Behindertentestaments

Die vorgestellte Gestaltung des klassischen Behindertentestamentes wurde von der Zivilrechtsprechung inzwischen mehrfach bestätigt.[909] Dennoch ist das Behindertentestament neben seiner Komplexität auch aus weiteren Gründen nicht frei von Gestaltungsrisiken, wovon im Folgenden für die Zwecke der vorliegenden Thematik zwei herausgegriffen werden.

1. Große Vermögen

Ausdrücklich offen gelassen hat der BGH die Frage, ob die Gestaltungen eines Behindertentestaments auch in Fällen großer Vermögen wirksam sind.[910] Die Frage, wann die Grenze zu einem „großen Vermögen" überschritten ist, ließ der BGH unbeantwortet. Lediglich der Hinweis, dass von einem großen Vermögen ausgegangen werden könnte, wenn der vollständige Lebensunterhalt des behinderten Abkömmlings aus dem Vermögen bzw. sogar allein aus den Früchten des Vermögens sichergestellt werden könne[911], gibt einen Anhaltspunkt, wann diese Grenze erreicht sein könnte.

2. Die Rechtsprechung des Bundessozialgerichts

Ein weiteres Risiko ist inzwischen durch die Rechtsprechung des Bundessozialgerichts entstanden, die den Erb- und Pflichtteil des behinderten Abkömmlings in den Fällen als Einkommen und nicht als Vermögen qualifiziert, in denen der behinderte Abkömmling bereits vor dem Erbfall Sozialleistungen bezogen hat.[912] Bezieht der behinderte Abkömmling hingegen erst nach dem Erbfall Sozialleistungen, handelt es sich bei dem Erb- und Pflichtteil um Vermögen.[913]

---

908 *Schindler,* in: Ruby/Schindler/Wirich, Das Behindertentestament, § 3, Rn. 34.
909 BGH, Urt. v. 21. 3. 1990 (IV ZR 169/89) = DNotZ 1992, 241; BGH, Urt. v. 20. 10. 1993 (IV ZR 231/92) = DNotZ 1994, 380.
910 BGH, Urt. v. 21. 3. 1990 (IV ZR 169/89) = DNotZ 1992, 241 (243).
911 BGH, Urt. v. 21. 3. 1990 (IV ZR 169/89) = DNotZ 1992, 241 (243).
912 BSG, Urt. v. 24.02.2011 (B 14 AS 45/09 R) = ZEV 2011, 328 (329).
913 BSG, Urt. v. 24.02.2011 (B 14 AS 45/09 R) = ZEV 2011, 328 (329).

Der Unterschied besteht darin, dass Einkommen in größerem Umfang dem Zugriff des Sozialleistungsträgers unterliegt.[914] Dies führt dazu, dass die Verwaltungsanweisung an den Testamentsvollstrecker kaum noch zugriffssicher gestaltet werden kann.[915] Der Testamentsvollstrecker ist in diesem Fall nicht mehr in der Lage, seine Verwaltungsanweisung, der Auskehrung zugriffssicherer Erträge, zu erfüllen.[916] Inwiefern dies die Zivilrechtsprechung zu den Gestaltungen des Behindertentestaments insgesamt in Frage stellt, ist unklar.[917]

B) Die durch die Ausgleichung von Pflegeleistungen zu erreichenden Gestaltungsziele

Die Ausgleichungsanordnung ist ein Gestaltungsmittel, durch das im Allgemeinen die Einbeziehung von Vorempfängen in die Nachlassaufteilung sowie in gewissen Grenzen ein Ausgleich zwischen Geschwistern und die Reduzierung des Pflichtteils des begünstigten Abkömmlings erreicht werden kann.[918] Die Ausgleichungsanordnung ist darüber hinaus geeignet, spezifische Gestaltungsziele für die Vermögensnachfolge von Todes wegen von Eltern behinderter Abkömmlinge zu erreichen.

I. Erhalt des Familienvermögens

Wenn Eltern eine letztwillige Verfügung gestalten und ein gutes Verhältnis zu ihren Kindern besteht, besteht das Gestaltungsziel regelmäßig zunächst in der gegenseitigen Absicherung und sekundär in der Zuwendung des Vermögens an die Kinder zu gleichen Teilen. Sofern dem behinderten Abkömmling das ererbte Vermögen in vollem Umfang zugutekäme, würden die Eltern die gleichmäßige Erbeinsetzung aller Abkömmlinge favorisieren. Da der Sozialleistungsträger, sofern er bereits Sozialleistungen für den behinderten Abkömmling erbracht hat, den Erbteil des behinderten Abkömmlings pfänden[919] bzw. den Pflichtteilsanspruch gemäß § 93 I, II SGB XII auf sich überleiten kann, erhält der behinderte

914 *Doering-Striening,* Sozialhilferegress bei Erbfall und Schenkung, § 6, Rn. 92; *Schindler,* in: Ruby/Schindler/Wirich, § 2, Rn. 17.

915 *Doering-Striening,* Sozialhilferegress bei Erbfall und Schenkung, § 6, Rn. 96.

916 *Schindler,* in: Ruby/Schindler/Wirich, § 2, Rn. 27.

917 *Doering-Striening,* Sozialhilferegress bei Erbfall und Schenkung, § 6, Rn. 97.

918 Siehe 5. Teil B) Die Ausgleichungsanordnung als Gestaltungsmittel.

919 *Kössinger, R.*, in: Nieder/Kössinger/Kössinger, § 21, Rn. 66.

Abkömmling keinen Vorteil von einem Anspruch am Nachlassvermögen.[920] Selbst wenn der Sozialleistungsträger noch keine Sozialleistungen erbracht hat, muss der behinderte Abkömmling den im Wege der Erbschaft oder der Durchsetzung seines Pflichtteilsanspruchs erhaltenen Vermögenswert zunächst zur Bestreitung seines Lebensunterhalts einsetzen, bevor er einen Anspruch auf Sozialleistungen erhält.[921] Aufgrund dieser besonderen Situation besteht das Ziel von Eltern behinderter Kinder darin, das behinderte Kind möglichst nur in dem Umfang zu beteiligen, in dem das Vermögen dem behinderten Kind neben den Sozialleistungen zusätzlich zur Verfügung steht. Der Zugriff des Sozialleistungsträgers soll hingegen verhindert werden. Dies erreicht das Behindertentestament durch die Anordnung der nicht befreiten Vor- und Nacherbschaft in Verbindung mit der Dauertestamentsvollstreckung.[922] Durch die Anordnung der Nacherbschaft wird der Erhalt des Familienvermögens über den Tod des behinderten Kindes hinaus erreicht und sichergestellt, dass der durch das behinderte Kind ererbte Vermögenswert sodann den gesunden Geschwistern und nicht dem Sozialleistungsträger zur Verfügung steht.[923] Während der Erhalt des Familienvermögens über den Tod des behinderten Abkömmlings hinaus durch die Ausgleichungsanordnung nicht erreicht werden kann, führt die Ausgleichungsanordnung insofern zum Erhalt des Familienvermögens, als dadurch die Zugriffsmasse des Sozialleistungsträgers, nämlich der Pflichtteil des behinderten Kindes, reduziert wird.

1. Die Reduzierung des Pflichtteils durch Ausgleichungsanordnung

Möchte der Erblasser lediglich die Ziele der Einbeziehung von Vorempfängen und der Gleichbehandlung seiner Abkömmlinge erreichen, wird er die zwangsläufige Auswirkung der Ausgleichung auf den Pflichtteil nach § 2316 I, III im Zweifel als nachteilig empfinden.[924] Dies zumindest dann, wenn sich einer seiner gesunden Abkömmlinge anders entwickelt als erhofft und er diesen Abkömmling, nachdem

---

920 BGH, Urt. v. 19.10.2005 (IV ZR 235/03) = ZEV 2006, 76; *Dieckmann,* in: Soergel, § 2306, Rn. 29; *Lange/Kuchinke,* Erbrecht, § 35 IV 6 a; *Nieder,* NJW 1994, 1264 (1265); *Reimann,* DNotZ 1992, 241 (246).

921 *Kössinger, R.,* in: Nieder/Kössinger/Kössinger, § 21, Rn. 66, 68; *Lange/Kuchinke,* Erbrecht, § 35 IV 6 a; *Schindler,* in: Ruby/Schindler/Wirich, Das Behindertentestament, § 2, Rn. 9.

922 *Kössinger, R.,* in: Nieder/Kössinger/Kössinger, § 21, Rn. 69.

923 *Schindler,* in: Ruby/Schindler/Wirich, Das Behindertentestament, § 3, Rn. 34.

924 *Mayer,* ZErb 2007, 130 (131); *Nieder,* in: Nieder/Kössinger/Kössinger, § 2, Rn. 202, 213, 255.

er zu Lasten des lebzeitig begünstigten Abkömmlings die Ausgleichung für die Zuwendung angeordnet hat, auf den Pflichtteil setzt. Aufgrund der angeordneten Ausgleichung hat sich der Erbteil des „missratenen“ Abkömmlings und gemäß § 2316 I 1 auch dessen Pflichtteil entsprechend erhöht.[925] Die Erhöhung des Pflichtteils des „missratenen“ Abkömmlings kann nachträglich lediglich durch einen gegenständlich beschränkten Pflichtteilsverzicht rückgängig gemacht werden[926], zu dem jedoch die Mitwirkung dieses Abkömmlings erforderlich ist.

In anderen Fällen wie denjenigen, in denen wie beim Behindertentestament der Zugriff des Sozialleistungsträgers möglichst verhindert werden soll, kann sich der Erblasser die Auswirkungen der Ausgleichung auf den Pflichtteil zunutze machen, um den Pflichtteil des behinderten Abkömmlings zu reduzieren, denn die Ausgleichung nach § 2316 wirkt sowohl zugunsten als auch zulasten der Abkömmlinge.[927] Grundsätzlich ist die Ausgleichungsanordnung daher nach § 2050 Abs. 3 als Mittel zur Reduzierung des Pflichtteilsanspruches geeignet.

Um das Vermögen der Familie zu erhalten und es vor dem Zugriff des Sozialleistungsträgers zu bewahren, ist es daher sinnvoll, für den behinderungsbedingten Mehrbedarf gemäß § 2050 III die Ausgleichung anzuordnen und den behinderten Abkömmling durch letztwillige Verfügung zu enterben.

Der Enterbung des behinderten Abkömmlings ist der Vorrang zu geben vor dessen Einsetzung als Erbe in Höhe seines Pflichtteils, da der behinderte Abkömmling dadurch aus der Erbengemeinschaft herausgehalten wird. Dies hat den Vorteil, dass er bei der Erbauseinandersetzung, vertreten durch einen Ergänzungspfleger oder Betreuer, nicht mitwirken muss.[928] Dadurch können diesbezügliche langwierige Entscheidungsprozesse in den Fällen der §§ 1915 oder 1908i I 1 i.V.m. § 1820 ff. ggf. unter Beteiligung des Familien- oder Betreuungsgerichts vermieden werden.[929]

Wichtig ist, dass die Eltern des behinderten Abkömmlings ausgleichungspflichtige Zuwendungen zugunsten ihrer gesunden Kinder vermeiden, da diese

---

925 *Nieder,* in: Nieder/Kössinger/Kössinger, § 2, Rn. 202, 223; *Thubauville,* MittRhNotK 1992, 289 (299).

926 *Mayer,* ZErb 2007, 130 (131); *Nieder,* in: Nieder/Kössinger/Kössinger, § 2, Rn. 223, 236.

927 BGH, Urt. v. 09.12.1992 (IV ZR 82/92) = NJW 1983, 1197; *Weidlich,* in: Palandt, § 2316, Rn. 1.

928 Vgl. *Kössinger,* R. in: Nieder/Kössinger/Kössinger, § 21, Rn. 100; *Schindler,* in: Ruby/Schindler/Wirich, Das Behindertentestament, § 3, Rn. 131; *Spall,* MittBayNot 2001, 249 (249 f.).

929 Vgl. *Kurze,* in: Rißmann, Die Erbengemeinschaft, § 12, Rn. 33, 40 f.

wiederum zur Erhöhung des Pflichtteils des behinderten Abkömmlings führen würden.[930]

2. *Nachteile der Ausgleichungsanordnung als Mittel zur Reduzierung des Pflichtteils*

a) *Ausgleichung im Pflichtteilrecht nur nach dem zuwendenden Elternteil*

Regelmäßig wünschen Ehegatten die Gestaltung eines sog. Berliner Testaments. In einem solchen setzen sich die Ehegatten zunächst gegenseitig zu Alleinerben ein. Durch diese gegenseitige Alleinerbeinsetzung werden im Zweifel (§ 2269 I) sämtliche Abkömmlinge für den ersten Erbfall enterbt.[931] Als Schlusserben werden sodann die Kinder der Eltern berufen. Um den behinderten Abkömmling auch für den Fall des Todes des Längstlebenden zu enterben, sollten lediglich die gesunden Kinder als Schlusserben bestimmt werden.[932]

Die Ausgleichungspflicht nach § 2050 bezieht sich auf Zuwendungen „von dem Erblasser“[933]. Der für die Kinder maßgebliche Erblasser ist daher lediglich der Letztversterbende der Eltern, sodass lediglich die Zuwendungen des Längstlebenden nach § 2050 auszugleichen wären.[934]

Die betroffenen Eltern begreifen ihr Vermögen jedoch regelmäßig als Einheit und wollen es auch hinsichtlich der Ausgleichung als solche behandelt sehen.[935] Zudem führt es zu zufälligen Ergebnissen, wenn ausschließlich die Zuwendungen des Letztversterbenden ausgeglichen werden, denn es ist ungewiss, welcher Elternteil zuerst versterben wird.[936]

Der Begriff des Erblassers in § 2052 wird daher – sofern es um die Ausgleichung des Erben nach §§ 2050 ff. geht – erweitert ausgelegt, sodass Erblasser in diesen Fällen beide Elternteile sind, sog. erweiterter Erblasserbegriff.[937] Nach

---

930 *Mayer,* ZErb 2007, 130 (136).

931 BGH, Urt. v. 19.01.2011 (IV ZR 7/10) = DNotZ 2011, 381; vgl. BGH, Urt. v. 12.07.2006 (IV ZR 298/03) = NJW 2006, 3064; *Klessinger,* in: Damrau/Tanck, § 2269, Rn. 7.

932 *Lange/Kuchinke,* Erbrecht, § 27 IX 1 b; *Leipold,* in: MüKo, § 1938, Rn. 3.

933 § 2050 I BGB.

934 *Thubauville,* MittRhNotK 1992, 289 (293).

935 BGH, Urt. v. 13.07.1983 (IVa ZR 15/82) = NJW 1983, 2875 (2876); *Mohr,* ZEV 1999, 257; *Thubauville,* MittRhNotK 1992, 289 (293).

936 KG, Urt. v. 21.03.1974 (12 U 2102/73) = OLGZ 74, 257 (261); *Thubauville,* MittRhNotK 1992, 289 (293 f.).

937 RG, Urt. v. 22.11.1937 (IV 126/37) = RG, WarnR 1938, Nr. 22, S. 51 (52); KG, Urt. v. 21.03.1974 (12 U 2102/73) = OLGZ 74, 257 (259); *Ann,* in: MüKo, § 2052, Rn. 2;

dem Tod des Letztversterbenden sind daher sämtliche Zuwendungen zur Ausgleichung zu bringen, ungeachtet von welchem Elternteil sie stammen.[938]

Dies gilt jedoch nur für die Ausgleichung nach §§ 2050 ff., nicht jedoch für die Ausgleichung im Pflichtteilsrecht nach § 2316.[939] Dies resultiert aus der Ansicht des BGH, der den sog. „erweiterten Erblasserbegriff" im Pflichtteilsrecht nicht anerkennt.[940] In seinem Urteil statuiert der BGH die zwingende Trennung zwischen beiden Erbfällen von Eheleuten.[941] Die Ausgleichung jeder Zuwendung wirkt sich daher lediglich nach dem Elternteil aus, von dem die Zuwendung auch tatsächlich stammt.[942] Dabei argumentiert der BGH mit der Starrheit des Pflichtteilsrechts, das der Vorhersehbarkeit der Teilhabe am Nachlass durch den Pflichtteilsberechtigten geschuldet sei.[943] Das Pflichtteilsrecht bezwecke einen Ausgleich in Form des Pflichtteilsanspruchs für die bewusst übergangenen Pflichtteilsberechtigten zu schaffen.[944] Daher seien auch Zuwendungen, die den Nachlass geschmälert haben, bei der Pflichtteilsberechnung zu berücksichtigen.[945] Dem ist grundsätzlich zuzustimmen, allerdings besteht hier die Besonderheit, dass die Zuwendung zwar den Nachlass geschmälert hat, diese Nachlassreduzierung jedoch zugunsten des Pflichtteilsberechtigten erfolgte, da er Empfänger dieser Zuwendung war. Die Zuwendung wurde dem Nachlass daher nicht auf Kosten des Pflichtteilsberechtigten, sondern zu dessen Gunsten entnommen. Die Anwendung des „erweiterten Erblasserbegriffes" wäre daher mit dem Zweck des Pflichtteilsrechtes vereinbar. Ob der BGH seine Rechtsprechung diesbezüglich einmal ändern wird, ist jedoch unwahrscheinlich, da er in seinem Urteil ausdrücklich ablehnt, den erweiterten Erblasserbegriff im Einzelfall dort, wo seine

Kerscher/Tanck, ZEV 1997, 354 (358); *Mohr,* ZEV 1999, 257 (258); *Nieder,* in: Nieder/Kössinger/Kössinger, § 2, Rn. 265; *Schindler,* ZEV 2006, 389 (393); *Weidlich,* in: Palandt, § 2052, Rn. 2.

938 Vgl. RG, Urt. v. 22.11.1937 (IV 126/37) = RG, WarnR 1938, Nr. 22, S. 51 (52); *Ann,* in: MüKo, § 2052, Rn. 2; *Kerscher/Tanck,* ZEV 1997, 354 (358); *Mohr,* ZEV 1999, 257 (258), *Nieder,* in: Nieder/Kössinger/Kössinger, § 2, Rn. 265; *Schindler,* ZEV 2006, 389 (393); *Weidlich,* in: Palandt, § 2052, Rn. 2.

939 BGH, Urt. v. 13.07.1983 (IVa ZR 15/82) = NJW 1983, 2875 (2876); *Schindler,* ZEV 2006, 389 (393); *Thubauville,* MittRhNotK 1992, 289 (294).

940 BGH, Urt. v. 13.07.1983 (IVa ZR 15/82) = NJW 1983, 2875 (2876).

941 BGH, Urt. v. 13.07.1983 (IVa ZR 15/82) = NJW 1983, 2875 (2876).

942 *Dieckmann,* FamRZ 1983, 1104 (1106); *Lange,* in: MüKo, § 2316, Rn. 6; *Nieder,* in: Nieder/Kössinger/Kössinger, § 2, Rn. 279.

943 BGH, Urt. v. 13.07.1983 (IVa ZR 15/82) = NJW 1983, 2875 (2876).

944 BGH, Urt. v. 13.07.1983 (IVa ZR 15/82) = NJW 1983, 2875 (2876).

945 BGH, Urt. v. 13.07.1983 (IVa ZR 15/82) = NJW 1983, 2875 (2876).

Nichtanwendung dem Willen der Testierenden widerspricht, doch anzuerkennen.[946]

Das vorgenannte Urteil des BGH macht deutlich, dass es auch keinen Gestaltungsspielraum gibt, durch den in einem Übergabevertrag oder einer Verfügung von Todes wegen bestimmt werden könnte, welcher Elternteil als Zuwendender anzusehen ist. Der BGH führt dazu aus, dass selbst, wenn die Nichtanwendung des erweiterten Erblasserbegriffes dem Willen des Testierenden widerspricht, eine Anerkennung desselben ausscheide.[947] Der sog. „erweiterte Erblasserbegriff" lässt sich für das Pflichtteilsrecht daher auch durch entsprechende Vertragsgestaltung nicht zur Anwendung bringen, indem beispielsweise eine Regelung aufgenommen würde, dass Zuwendender allein der Letztversterbende von beiden Elternteilen ist. Nach dem BGH sollen Zuwendungen nur für die Verteilung des Nachlasses berücksichtigt werden, zu dessen Lasten sie auch lebzeitig herausgegeben wurden. Diesem von dem BGH festgestellten Erfordernis würde eine Vertragsgestaltung, bei der der Zuwendende unabhängig von den tatsächlichen Gegebenheiten bestimmt würde, nicht entsprochen.

Das Vermögen der Eltern wird bei der Ausgleichung im Pflichtteilsrecht daher auch im Falle eines Berliner Testaments separat betrachtet, sog. „Trennungslösung"[948]. Die Zuwendungen werden daher lediglich nach dem Tod desjenigen Elternteils im Wege der Ausgleichung berücksichtigt, der sie auch tatsächlich erbracht hat.[949] Wie wirksam das Gestaltungsmittel der Ausgleichung den gewünschten Zweck der Pflichtteilsreduzierung erreicht, hängt daher davon ab, nach welchem Elternteil der behinderte Abkömmling seinen Pflichtteil geltend macht.

aa) Erstversterben des nicht zuwendenden Elternteils

Verstirbt zunächst der Elternteil, von dem die Zuwendungen nicht stammen, kann der behinderte Abkömmling seinen ungeschmälerten Pflichtteilsanspruch gegen den überlebenden Elternteil als Alleinerbe geltend machen, da die Ausgleichung in diesen Fällen erst nach dem Tod des Letztversterbenden durchzuführen wäre.

---

946 BGH, Urt. v. 13.07.1983 (IVa ZR 15/82) = NJW 1983, 2875 (2877).

947 BGH, Urt. v. 13.07.1983 (IVa ZR 15/82) = NJW 1983, 2875 (2877).

948 BGH, Urt. v. 13.07.1983 (IVa ZR 15/82) = NJW 1983, 2875 (2876); *Dieckmann*, FamRZ 1983, 1104 (1106); *Lange*, in: MüKo, § 2316, Rn. 6; *Nieder*, in: Nieder/Kössinger/Kössinger, § 2, Rn. 279.

949 *Dieckmann*, FamRZ 1983, 1104 (1106); *Lange*, in: MüKo, § 2316, Rn. 6; *Nieder*, in: Nieder/Kössinger/Kössinger, § 2, Rn. 279.

Das Gestaltungsmittel der Ausgleichungsanordnung wird in diesem Fall erst beim Tod des Letztversterbenden seine Wirkung zeigen und den Pflichtteil nach dem Tod des Letztversterbenden entsprechend reduzieren. Verstirbt der vermögendere Elternteil zuletzt und ist daher der Pflichtteilsanspruch des behinderten Abkömmlings nach diesem Elternteil entsprechend hoch, wird das erstrebte Ziel mit der vorgestellten Gestaltung insbesondere dann erreicht, wenn der Pflichtteilsanspruch nach dem Tod des Erstversterbenden nicht geltend gemacht wurde.

bb) Erstversterben des zuwendenden Elternteils

Stammen die Zuwendungen von dem Erstversterbenden und macht der behinderte Abkömmling ggf. durch seinen gesetzlichen Vertreter oder der Sozialleistungsträger den Pflichtteilsanspruch geltend, stellt die Ausgleichungsanordnung ein effektives Mittel zur Pflichtteilsreduzierung dar. Der Pflichtteilsanspruch des behinderten Abkömmlings wird in diesem Fall durch die Ausgleichung des Übermaßes i.S.d. § 2050 II des lebzeitig geleisteten behinderungsbedingten Mehrbedarfs, der regelmäßig einen beträchtlichen Umfang erreicht, reduziert. Die Möglichkeit der Ausgleichung bzgl. des behinderungsbedingten Mehrbedarfs wird dem überlebenden Ehegatten als zusätzlicher Anreiz dienen, um unter Ausgleichungsanordnung weiterhin für eine umfangreiche Versorgung des behinderten Abkömmlings zu sorgen. Die dafür aufgewendeten Kosten wirken sich wiederum reduzierend auf den Pflichtteilsanspruch des behinderten Abkömmlings nach dem Tod des letztversterbenden Elternteils aus.

Das Mittel der Ausgleichung schlägt jedoch fehl, wenn der Pflichtteilsanspruch des behinderten Abkömmlings nach dem Erstversterbenden nicht geltend gemacht wird. In diesem Fall erhöht der Nachlass des Erstversterbenden das Vermögen des überlebenden Elternteils. Aufgrund der Trennungslösung des BGH darf die Ausgleichung im Pflichtteilsrecht lediglich hinsichtlich solcher Zuwendungen vorgenommen werden, die von dem jeweiligen verstorbenen Ehegatten stammen.[950] Die Ausgleichung wäre daher nach dem Tod des letztversterbenden Ehegatten, der keine Zuwendungen erbracht hat, nicht durchzuführen, obwohl sich dessen Nachlass durch den Nachlass des Erstversterbenden insgesamt erhöht hat.

950 BGH, Urt. v. 13.07.1983 (IVa ZR 15/82) = NJW 1983, 2875 (2876); *Dieckmann*, FamRZ 1983, 1104 (1106); *Lange*, in: MüKo, § 2316, Rn. 6; *Nieder*, in: Nieder/Kössinger/Kössinger, § 2, Rn. 279.

cc) Geltendmachung des Pflichtteils

Um vor diesem Hintergrund die Wirksamkeit des Gestaltungsmittels „Ausgleichungsanordnung" zu überprüfen, ist die Frage maßgeblich, wer den Pflichtteilsanspruch des behinderten Abkömmlings geltend machen kann und nach welchen Maßstäben die Entscheidung, ob der Pflichtteilsanspruch geltend gemacht wird, getroffen wird.

Eine etwaige Minderjährigkeit des behinderten Abkömmlings zum Zeitpunkt des Todes des Erstversterbenden führt dazu, dass der Pflichtteilsanspruch gemäß § 207 I 2 Nr. 2 lit. a) bis zur Vollendung des 21. Lebensjahres des Abkömmlings gehemmt ist.[951] Ein Ergänzungspfleger für die Entscheidung, ob der Pflichtteilsanspruch geltend gemacht wird, ist in diesen Fällen daher grundsätzlich nicht erforderlich. Dem Minderjährigen verbleiben nach Erreichen seiner Volljährigkeit noch drei Jahre Zeit, um den Pflichtteilsanspruch nach dem Erstversterbenden geltend zu machen.[952] Die Bestellung eines Ergänzungspflegers wäre nur dann erforderlich, wenn der überlebende Elternteil den Pflichtteilsanspruch des behinderten Abkömmlings gefährden würde oder ihm die Vermögenssorge entzogen wäre.[953]

Ist der behinderte Abkömmling bereits volljährig und geschäftsfähig, kann er – auch wenn für ihn die Betreuung angeordnet wurde – den Pflichtteil selbst geltend machen, es sei denn, es wäre für ihn ein Einwilligungsvorbehalt angeordnet worden.[954]

Ist der behinderte Abkömmling geschäftsunfähig oder steht er unter Einwilligungsvorbehalt, muss der Betreuer, sofern sein Aufgabenkreis sich auf die Geltendmachung des Pflichtteils erstreckt, nach Maßgabe des Interesses des behinderten Menschen den Pflichtteil für diesen als gesetzlicher Vertreter geltend machen.[955] Für die Entscheidung, ob der Pflichtteilsanspruch geltend gemacht werden soll, ist der überlebende Elternteil, der zugleich Betreuer seines behinderten Kindes und Alleinerbe nach dem Erstverstorbenen ist, nicht kraft Gesetzes gemäß §§ 1908i I 1, 1795 II, 181 ausgeschlossen.[956] Allerdings wird das

---

951 *Herzog,* in: Staudinger, § 2317, Rn. 77, 49; *Lange,* in: MüKo, § 2317, Rn. 14; *Weidlich,* in: Palandt, § 2317, Rn. 17.

952 Vgl. *Herzog,* in: Staudinger, § 2317, Rn. 81; *Lange,* in: MüKo, § 2317, Rn. 13.

953 BayObLG, Beschl. v. 07.12.1988 (BReg. 1 a Z 8/88) = BayObLGZ 1988, 385 (385, 391); *Weidlich,* in: Palandt, § 2317, Rn. 4.

954 *Herzog,* in: Staudinger, § 2317, Rn. 76.

955 *Herzog,* in: Staudinger, § 2317, Rn. 76.

956 BayObLG, Beschl. v. 24.05.1963 (BReg. 1 Z 33/63) = FamRZ 1963, 578 (579); *Damrau,* Der Minderjährige im Erbrecht, Rn. 58; *Herzog,* in: Staudinger, § 2317, Rn. 79; *Huber,* in: MüKo, § 1629, Rn. 53.

Betreuungsgericht dem überlebenden Elternteil die Vertretungsbefugnis aufgrund des bestehenden Interessenkonfliktes im Einzelfall nach §§ 1908i I 1, 1796 entziehen.[957] Bei der Frage, ob dem überlebenden Elternteil als Betreuer die Vertretungsmacht für den behinderten Abkömmling für die Frage der Geltendmachung des Pflichtteilsanspruchs entzogen ist, ist das Interesse des behinderten Abkömmlings an der Geltendmachung des Pflichtteils maßgeblich.[958] Dabei sind das Interesse an der Erhaltung des Familienfriedens, die mittelbare Partizipation an dem Vermögen auch des Erstversterbenden durch den behinderten Abkömmling in Form des Unterhalts sowie die Frage des tatsächlichen Anerkenntnisses des überlebenden Elternteils des Pflichtteilsanspruchs in die Abwägung mit einzubeziehen.[959] Ist die Entscheidung für die Geltendmachung des Pflichtteilsanspruchs gefallen, bedarf es für dessen Geltendmachung eines Ergänzungspflegers, da der überlebende Elternteil als Betreuer nach § 1629 Abs. 2 i.V.m. §§ 1795 Abs. 2, 181 von der Vertretungsmacht ausgeschlossen ist.[960]

Wurden dem behinderten Abkömmling bereits im Zeitpunkt des Erbfalls Sozialleistungen bewilligt, kann der Sozialleistungsträger gemäß § 93 I 1 S.1 SGB XII den Pflichtteilsanspruch auf sich überleiten und diesen selbst geltend machen.[961] Sofern der behinderte Abkömmling bereits zu Lebzeiten beider Elternteile Sozialleistungen bezieht und derjenige Elternteil zuerst verstirbt, dem die ausgleichungspflichtigen Zuwendungen nicht zuzurechnen sind, wird der Sozialleistungsträger den vollen Pflichtteilsanspruch gegen den überlebenden Elternteil geltend machen. Die vorgestellte Gestaltungsmöglichkeit des Berliner Testamentes mit Schlusserbeinsetzung zugunsten der gesunden Kinder und Ausgleichungsanordnung bzgl. des behinderungsbedingten Mehrbedarfs ist für diesen Fall daher ungeeignet.

Kann der behinderte Abkömmling den Pflichtteil selbst geltend machen, weil er unbeschränkt geschäftsfähig ist bzw. die Aussicht besteht, dass er nach Eintritt der Volljährigkeit unbeschränkt geschäftsfähig wird, besteht eine gewisse

957 Vgl. BayObLG, Beschl. v. 18.09.2003 (3Z BR 167/03) = NJW-RR 2004, 1157 (1158); *Herzog,* in: Staudinger, § 2317, Rn. 76.

958 BayObLG, Beschl. v. 24.05.1963 (BReg. 1 Z 33/63) = FamRZ 1963, 578 (579); BayObLG, Beschl. v. 07.12.1988 (BReg. 1 a Z 8/88) = FamRZ 1989, 540 (541); *Damrau,* Der Minderjährige im Erbrecht, Rn. 61; *Herzog,* in: Staudinger, § 2316, Rn 80.

959 BayObLG, Beschl. v. 24.05.1963 (BReg. 1 Z 33/63) = FamRZ 1963, 578 (579); *Damrau,* Der Minderjährige im Erbrecht, Rn. 61; *Herzog,* in: Staudinger, § 2317, Rn. 80.

960 BayObLG, Beschl. v. 18.09.2003 (3Z BR 167/03) = NJW-RR 2004, 1157 (1158); *Herzog,* in: Staudinger, § 2317, Rn 79.

961 *Herzog,* in: Staudinger, § 2317, Rn. 171; *Ivo,* ZErb 2004, 174 (176 f.).

Wahrscheinlichkeit dafür, dass er trotz dieser Möglichkeit seinen Anspruch nicht geltend machen wird. In vielen Fällen wird sich an der Lebenssituation und Versorgung des pflegebedürftigen behinderten Abkömmlings nach dem Tod des Erstversterbenden nichts ändern, sodass die Geltendmachung des Pflichtteilsanspruchs unwahrscheinlich ist. Auch in den Fällen, in denen der behinderte Abkömmling aufgrund seiner Geschäftsunfähigkeit unter Betreuung steht, wird der Betreuer möglicherweise auf die Geltendmachung des Pflichtteils des behinderten Abkömmlings aus Gründen des Familienfriedens und der fortlaufenden Versorgung des behinderten Abkömmlings durch den überlebenden Elternteil verzichten. Dennoch ist diese Gestaltungsmöglichkeit auch in diesen beiden Fällen mit dem Risiko der Geltendmachung des Pflichtteils nach dem Erstversterbenden behaftet.

Die Geltendmachung des Pflichtteilsanspruchs durch den behinderten Abkömmling oder seinen Betreuer bzw. durch den Sozialleistungsträger ist von deren Willen abhängig, der im Zeitpunkt der Ausgleichungsanordnung noch nicht kalkulierbar ist. Dadurch bleibt der Wirkungsumfang der Ausgleichungsanordnung zur Pflichtteilsreduzierung bis zum Ablauf der Verjährungsfrist des Pflichtteilsanspruchs nach dem Erstversterbenden ungewiss. Ein verlässliches Gestaltungsmittel bildet das Mittel der Ausgleichungsanordnung zur Pflichtteilsreduzierung daher nicht.

b) Keine Möglichkeit einer nachträglichen Ausgleichungsanordnung

Die Ausgleichung ist spätestens bei Erbringung der jeweiligen Pflegeleistungen anzuordnen.[962] Eine nachträgliche Ausgleichungsanordnung ist nicht möglich.[963] Aufgrund von Rechtsunkenntnis oder weil zum Zeitpunkt der Erbringung der Pflegeleistungen nicht an die spätere Nachlassverteilung gedacht wird, wird der Zeitpunkt, in dem eine Ausgleichungsanordnung noch möglich ist, häufig verpasst.[964] Wenn die Eltern danach die Möglichkeit einer Ausgleichungsanordnung in Betracht ziehen, kommt eine Pflichtteilsreduzierung durch die Ausgleichung für die bereits erbrachten Leistungen nicht mehr in Betracht.

Der Ausschluss der nachträglichen Ausgleichungsanordnung gilt auch für den behinderungsbedingten Mehrbedarf. Der Grund dafür ist, dass dem

---

962 RGH, Urt. v. 04.01.1908 (IV 251/07) = RGZ 67, 306 (307); BGH, Urt. v. 30.09.1981 (Iva ZR 127/80) = NJW 1982, 575 (577); OLG Hamburg, Urt. v. 15.11.1906 = OLGE 14, 307 (308); *Löhnig*, in: Staudinger, §2050, Rn. 34.

963 OLG Jena, Beschl. v. 03.05.2001 (VI W 123/01) = BeckRS 2001, 30178561; *Bothe*, in: Damrau/Tanck, § 2050, Rn. 16; *Schultz*, DAVorm 1984, 713 (714).

964 *Mayer*, ZEV 1996, 441 (443); *Thubauville*, MittRhNotK. 1992, 289 (297).

Zuwendungsempfänger die Möglichkeit verbleiben soll, die Zuwendung abzulehnen, um die Ausgleichungspflicht zu verhindern.[965] Dieses Argument gegen eine nachträgliche Ausgleichungsanordnung ist in Fällen, in denen es um behinderungsbedingten Mehrbedarf geht, nur theoretischer Natur. Behinderungsbedingter Mehrbedarf setzt einen Bedarf des behinderten Abkömmlings voraus, der bei Ablehnung der Leistung nicht befriedigt werden würde. Bereits für sonstige Zuwendungen wird zu Recht vertreten, dass ein vernünftig denkender Zuwendungsempfänger die Zuwendung ohnehin nicht ablehnen wird, um sich stattdessen auf die ungewisse Vermögensteilhabe im Todesfall des Zuwendenden zu verlassen.[966] Dies gilt erst recht für Leistungen zur Deckung von behinderungsbedingtem Mehrbedarf. Faktisch steht dem behinderten Abkömmling eine solche Wahl nicht zur Verfügung, da ansonsten sein für das Leben mit Behinderung notwendiger Bedarf nicht gedeckt wäre.

Zudem hat zumindest derjenige behinderte Abkömmling, der bereits zu Lebzeiten der Eltern Sozialleistungen bezieht, keinen Vorteil von einer Vermeidung der Ausgleichung durch Zurückweisung der Leistung zur Deckung des behinderungsbedingten Mehrbedarfs. Hat der Leistungsträger bereits Sozialleistungen erbracht, kann er den Erbteil des behinderten Abkömmlings pfänden[967] bzw. den Pflichtteilsanspruch gemäß § 93 I, II SGB XII auf sich überleiten.[968]

Ferner wird der Zweck, der mit dem Erfordernis der frühzeitigen Ausgleichungsanordnung verfolgt wird, ohnehin in den Fällen nicht erreicht, in denen ein beschränkt Geschäftsfähiger oder diesem durch angeordneten Einwilligungsvorbehalt Gleichstehender Empfänger der Zuwendung ist. Diese bedürfen zur Annahme der mit einer Ausgleichungsanordnung verbundenen Zuwendung keiner gesetzlichen Vertretung.[969]

Der Gesetzgeber hat sich jedoch im Rahmen des Entwurfs der Bundesregierung zur Änderung des Erb- und Verjährungsrechts ausführlich mit der

---

965 RGH, Urt. v. 04.01.1908 (IV 251/07) = RGZ 67, 306 (307); *Ann,* in: MüKo, § 2050, Rn. 31; *Lange,* Erbrecht, § 61, Rn. 159; *Mayer,* ZEV 1996, 441 (442); *Weidlich,* in: Palandt, § 2050, Rn. 10.

966 *Bothe,* ZErb 2004, 368 (369); *Schindler,* ZEV 2006, 389 (393).

967 *Kössinger, R.,* in: Nieder/Kössinger/Kössinger, § 21, Rn. 66.

968 BGH, Urt. v. 19.10.2005 (IV ZR 235/03) = ZEV 2006, 76; *Dieckmann,* in: Soergel, § 2306, Rn. 29; *Lange/Kuchinke,* Erbrecht, § 35 IV 6 a; *Nieder,* NJW 1994, 1264 (1265); *Reimann,* DNotZ 1992, 241 (246); *Schindler,* in: Ruby/Schindler/Wirich, Das Behindertentestament, § 2, Rn. 36.

969 Siehe 5. Teil A) III. 2. Empfangszuständigkeit bei nicht voll geschäftsfähigen Erklärungsempfängern.

Einführung der Möglichkeit einer nachträglichen Ausgleichungsanordnung auseinandergesetzt und sich gegen eine solche entschieden.[970] Eine entsprechende Gesetzesänderung ist daher derzeit nicht zu erwarten. Da die Ausgleichungsanordnung demnach spätestens zum Zeitpunkt der Leistung des behinderungsbedingten Mehrbedarfs angeordnet werden muss, hat sie als Gestaltungsmittel geringe praktische Relevanz.[971]

c) Reduzierung des Pflichtteils um den hälftigen Zuwendungswert

Eine ausgleichungspflichtige Zuwendung reduziert den Pflichtteil des Zuwendungsempfängers um lediglich den hälftigen Wert.[972] Das bedeutet, dass sich die Ausgleichungsanordnung für den behinderungsbedingten Mehrbedarf nur hälftig auf die Reduzierung der Zugriffsmasse des Sozialleistungsträgers auswirkt. Dies resultiert daraus, dass die Ausgleichung bereits bei der Berechnung des Erbteils durchgeführt wird, bevor der Erbteil zur Pflichtteilsberechnung halbiert wird.[973]

3. Ergebnis

Die Ausgleichung hat zwar pflichtteilsreduzierende Wirkung und verringert daher den Wert, auf den der Sozialleistungsträger zugreifen kann. Das durch die Ausgleichungsanordnung erzielbare Ergebnis ist jedoch nur schwer kalkulierbar, sodass sie als Gestaltungsmittel nur eingeschränkt geeignet ist. Zum einen ist der Vermögenswert des jeweiligen Elternteils zum Todeszeitpunkt nicht vorhersehbar, sodass unklar ist, welcher Elternteil die Zuwendungen sinnvollerweise unter Ausgleichungsanordnung erbringen sollte. Ferner ist der genaue Nachlasswert bis zum Todeseintritt unbekannt und damit auch die Höhe des Pflichtteilsanspruches, der durch die Höhe der ausgleichungsfähigen und -pflichtigen Zuwendungen zu kompensieren ist.[974] Zum anderen ist auch die Reihenfolge des Versterbens der Elternteile ungewiss, sodass die Möglichkeit der Lenkung

---

970 Siehe 5. Teil A) II. 2.2. Reformvorschlag der Bundesregierung.

971 Vgl. *Everts,* MittBayNot 2011, 107 (111); *Keim,* ZEV 2010, 190 (193); *Litzenburger,* , in: Protokoll der 112. Sitzung des Rechtsausschusses (6. Ausschuss) vom 08.10.2008, S. 5 f., abrufbar unter: http://www.bundesgerichtshof.de/SharedDocs/Downloads/DE/Bibliothek/Gesetzesmaterialien/16_wp/erbrecht/wortproto.pdf?__blob=publicationFile (Stand: 10.01.2017).

972 Siehe 5. Teil B) III. Pflichtteilsreduzierung durch Ausgleichung.

973 *Mayer,* in: *Mayer* et.al., Hdb. Pflichtteilsrecht, § 11, Rn. 71; *Otte,* in: Staudinger, § 2316, Rn. 30; *Sturm/Sturm,* in: FS von Lübtow, 1991, S. 294; *Thubauville,* MittRhNotK 1992, 289 (299 f.).

974 *Mayer,* ZErb 2007, 130 (131).

dahingehend fehlt, dass zunächst der Erstversterbende sämtliche Zuwendungen erbringt, die den Pflichtteil nach seinem Tod reduzieren. Der andere Elternteil könnte nach dem Tod des Erstversterbenden sodann ebenfalls Zuwendungen in erheblichem Umfang unter Ausgleichungsanordnung gegenüber dem behinderten Abkömmling erbringen, die wiederum den Pflichtteil nach dem Letztversterbenden reduzieren. Die Wirkung der Ausgleichungsanordnung ist überdies abhängig von der Frage, nach welchem Erbfall der Eltern der Pflichtteil durch den behinderten Abkömmling, seinen gesetzlichen Vertreter oder den Sozialleistungsträger geltend gemacht wird. All dies ist nicht planbar, sodass es bis zum Schluss dem Zufall überlassen bleibt, ob und in welchem Umfang das Gestaltungsmittel der Zuwendung die erwünschte Wirkung entfaltet.

Erschwert wird der Einsatz der Ausgleichungsanordnung dadurch, dass diese nachträglich nicht erklärt werden kann.[975] Zur Korrektur gewisser Vermögensverteilungen kann die Ausgleichungsanordnung nach § 2050 III daher nicht eingesetzt werden. Ferner wirken sich die geleisteten Zuwendungen nicht in ihrem vollen Wert, sondern lediglich hälftig auf die Reduzierung des Pflichtteils aus.[976] Die Ausgleichung zeigt aus den vorgenannten Gründen als Mittel zur Pflichtteilsreduzierung daher nur begrenzte Wirkung.

II. Versorgung des behinderten Abkömmlings trotz Pflichtteilsreduzierung durch Ausgleichungsanordnung

Die Ausgleichungsanordnung stellt für sich genommen die Versorgung des behinderten Abkömmlings nicht sicher. Aber auch das Behindertentestament begnügt sich nicht mit einem Gestaltungsmittel, sondern stellt eine Kombination verschiedener letztwilliger Verfügungen dar.

Eine über die Sozialleistungen hinausgehende Versorgung des behinderten Abkömmlings könnte erreicht werden, wenn mit der durch die Eltern zu erklärenden Ausgleichungsanordnung eine in einer letztwilligen Verfügung der Eltern anzuordnende Auflage kombiniert würde. Die gesunden Geschwister würden dabei mit der Auflage beschwert, dem behinderten Geschwisterkind monatliche Zuwendungen zukommen zu lassen.[977] Da die Auflage keinen Anspruch des

975 OLG Jena, Beschl. v. 03.05.2001 (VI W 123/01) = BeckRS 2001, 30178561; *Bothe*, in: Damrau/Tanck, § 2050, Rn. 16; *Schultz*, DAVorm 1984, 713 (714).

976 Siehe 5. Teil B) III. Pflichtteilsreduzierung durch Ausgleichung.

977 *Kössinger, R.*, in: Nieder/Kössinger/Kössinger, § 21, Rn. 76; *Krauß*, Vermögensnachfolge in der Praxis, Kap. 14, Rn. 5658; *Ruby*, in: Ruby/Schindler/Wirich, Das Behindertentestament, § 1, Rn. 9.

behinderten Abkömmlings begründet, ist eine Pfändung durch den Sozialleistungsträger ausgeschlossen.[978] Die Erfüllung der Auflage durch die Geschwister könnte durch Bestellung eines dritten Testamentsvollstreckers sichergestellt werden.

Anders als beim Vermächtnis, dessen Wert gemäß § 2307 I 2 auf den Pflichtteilsanspruch anzurechnen ist, findet bei der Auflage eine solche Anrechnung nicht statt[979]. Eine analoge Anwendung von § 2307 I 2 auf die Auflage ist ausgeschlossen.[980] Es kann daher der nach Durchführung der Ausgleichung verbleibende Pflichtteilsanspruch neben den aus der Auflage resultierenden Zuwendungen verlangt werden.[981]

C) Die Ausgleichung von Pflegeleistungen als Ergänzung zum Behindertentestament

Bei dem Behindertentestament handelt sich um eine sehr komplizierte Gestaltung einer letztwilligen Verfügung, die einige Erblasser daher scheuen. Für diese Personen könnte sich die Ausgleichungsanordnung für den behinderungsbedingten Mehrbedarf des behinderten Abkömmlings zusammen mit dessen Enterbung als verständlichere Lösung darstellen.

Die Vielfältigkeit der mit dem Behindertentestament zu erreichenden Ziele macht deutlich, dass die Ausgleichungsanordnung im Vergleich dazu keine echte Alternative bilden kann. Dies ist wenig verwunderlich, da beim Behindertentestament verschiedene Gestaltungsmittel kombiniert werden und ineinandergreifen, während es sich bei der Ausgleichungsanordnung lediglich um ein einziges Gestaltungsmittel handelt.

Die Ausgleichungsanordnung für den behinderungsbedingten Mehrbedarf führt – anders als die Dauertestamentsvollstreckung und die nicht befreite Vorerbschaft – weder zu einem Schutz des erlangten Vermögenswertes vor dem Verbrauch durch den behinderten Abkömmling noch vor dem Zugriff durch den Sozialleistungsträger. Auch fehlt es an einem Erhalt des Familienvermögens über den Tod des behinderten Abkömmlings hinaus wie er durch die Nacherbschaft erreicht wird.

---

978 *Kössinger, R.*, in: Nieder/Kössinger/Kössinger, § 21, Rn. 76; *Ruby*, in: Ruby/Schindler/Wirich, Das Behindertentestament, § 1, Rn. 9.

979 *Kössinger, R.*, in: Nieder/Kössinger/Kössinger, § 21, Rn. 76; *Ruby*, in: Ruby/Schindler/Wirich, Das Behindertentestament, § 1, Rn. 9.

980 *Weidlich*, in: Palandt, § 2307, Rn. 1.

981 *Ruby*, in: Ruby/Schindler/Wirich, Das Behindertentestament, § 1, Rn. 9.

Die Ausgleichungsanordnung für den behinderungsbedingten Mehrbedarf führt jedoch zur Reduzierung des Pflichtteilsanspruchs des behinderten Abkömmlings, sodass dieser von vornherein einen geringeren Teil des Familienvermögens erhält, der der Gefahr des Verbrauchenmüssens oder des Zugriffs durch den Sozialleistungsträger ausgesetzt ist. Ferner besteht der Vorteil der Enterbung des behinderten Abkömmlings bei gleichzeitiger Reduzierung des Pflichtteils durch Ausgleichungsanordnung darin, dass der behinderte Abkömmling aus der Erbengemeinschaft herausgehalten wird und langwierige Entscheidungsprozesse in den Fällen der §§ 1915 oder1908i I 1 i.V.m. § 1820 ff. unter Beteiligung des Familien- oder Betreuungsgerichts vermieden werden[982].

Unter dem Gesichtspunkt des Schutzes des Familienvermögens ist jedoch nachteilig, dass die Reduktion des Pflichtteils des behinderten Abkömmlings nur schwer handhabbar ist, sodass nicht gewährleistet werden kann, dass der verfügbare Pflichtteilsanspruch auf null reduziert wird. Es besteht daher die Gefahr, dass ein gewisser Teil des Familienvermögens doch durch den behinderten Abkömmling verbraucht werden muss, bevor er Sozialleistungen in Anspruch nehmen kann, oder dieses Vermögen dem Zugriff des Sozialleistungsträgers unterliegt.

Ferner fehlt es der Ausgleichungsanordnung an einem Element, das die Versorgung des behinderten Abkömmlings über den Tod der Eltern hinaus durch zusätzliche finanzielle Mittel sicherstellt wie es das Behindertentestament durch die Verwaltungsanordnung nach § 2216 II 1 erreicht[983]. Als Voraussetzung für die Ausgleichungsanordnung erhält der behinderte Abkömmling zwar zu Lebzeiten seiner Eltern Zuwendungen im besonderen Maße. Nach dem Tod seiner Eltern erlangt er hingegen keine finanziellen Mittel mehr. Während er seinen durch die Ausgleichung reduzierten Pflichtteil, sofern er das Schonvermögen nach § 90 SGB XII oder die nicht anrechenbare Einkommensgrenze übersteigt, verbrauchen muss bzw. dieser auf den Sozialleistungsträger übergeleitet wird, erhält er darüber hinaus keine Leistungen aus dem Familienvermögen. Um die Versorgung des behinderten Abkömmlings über die Sozialleistungen hinaus nach dem Tod der Eltern sicherzustellen, kann die Ausgleichungsanordnung jedoch mit einer in einer letztwilligen Verfügung anzuordnenden Auflage kombiniert werden. Mit dieser Auflage würden die als Erben eingesetzten gesunden Geschwister beschwert, monatliche Zuwendungen an den behinderten Abkömmling zu leisten.[984] Da die Auflage gemäß

---

982 Vgl. *Kurze,* in: Rißmann, Die Erbengemeinschaft, § 12, Rn. 33, 40f.

983 *Kössinger, R.*, in: Nieder/Kössinger/Kössinger, § 21, Rn. 97.

984 *Kössinger, R.*, in: Nieder/Kössinger/Kössinger, § 21, Rn. 76; *Krauß,* Vermögensnachfolge in der Praxis, Kap. 14, Rn. 5658; *Ruby,* in: Ruby/Schindler/Wirich, Das Behindertentestament, § 1, Rn. 9.

§ 1940 keinen Anspruch begründet, scheidet eine Pfändung durch den Sozialleistungsträger aus.[985] Die aufgrund der Auflage an den behinderten Abkömmling zu erbringenden Leistungen wirken sich allerdings nicht pflichtteilsreduzierend aus, da eine analog dem Vermächtnis zu erfolgende Anrechnung auf den Pflichtteil gemäß § 2307 für die Auflage ausscheidet.[986]

Festzuhalten bleibt daher, dass das Gestaltungsmittel der Ausgleichung keine echte Alternative für das Behindertentestament bietet, da dieses neben der Pflichtteilsreduzierung vorgenannte weitere Gestaltungsmittel bereithält, die durch die Ausgleichung nicht zu ersetzen sind. Auch die durch die Ausgleichungsanordnung mögliche Pflichtteilsreduzierung kann dies nicht aufwiegen, da durch die Gestaltungsmittel der Vor- und Nacherbschaft in Verbindung mit der Dauertestamentsvollstreckung ein vollständiger Ausschluss des Zugriffes auf den Erbteil des behinderten Abkömmlings ermöglicht wird.[987] Bei der Ausgleichung hingegen ist nicht genau kalkulierbar, ob dem behinderten Abkömmling ein gewisser Pflichtteil verbleibt, für den ein Schutz vor dem Zugriff des Sozialleistungsträgers nicht besteht.[988] Im Idealfall wird das Behindertentestament mit dem zulässigen Pflichtteilsverzicht kombiniert, sodass dem Familienvermögen ein durch die Ausgleichungsanordnung nicht erreichbarer Schutz zuteilwird.

Die Ausgleichungsanordnung bleibt jedoch als Mittel zur Pflichtteilsreduzierung für Fälle, in denen etwa aufgrund seiner Komplexität ein Behindertentestament nicht gewünscht ist. Ferner wird die Ausgleichungsanordnung relevant für Fälle großer Vermögen, in denen unklar ist, ob der BGH auch für diese die Sittenwidrigkeit der Behindertentestamentsgestaltung sowie eines Pflichtteilsverzichts[989] verneint.[990] Da die Ausgleichungsanordnung die Wirkungen der Gestaltungsmittel des Behindertentestaments nicht tangiert, sollte diese auch im Hinblick auf eine etwaige Rechtsprechungsänderung vorsorglich für den

---

985 Siehe 6. Teil B) II. Versorgung des behinderten Abkömmlings trotz Pflichtteilsreduzierung durch Ausgleichungsanordnung.

986 *Kössinger, R.*, in: Nieder/Kössinger/Kössinger, § 21, Rn. 76; *Ruby*, in: Ruby/Schindler/Wirich, Das Behindertentestament, § 1, Rn. 9; *Weidlich*, in: Palandt, § 2307, Rn. 1.

987 *Limmer*, in: Tiedtke/Kanzleiter, Erbrechtsberatung 2007, 43 (56 f., 60).

988 Siehe 6. Teil B) I. 3. Ergebnis.

989 *Dreher/Görner*, NJW 2011, 1761 (1764) werten die fehlende Differenzierung zwischen großen und kleinen Vermögen in dem Urteil des BGH zum Pflichtteilsverzicht vom 19.01.2011 (IV ZR 7/10) als Abkehr von dieser Differenzierung und Verneinung der Sittenwidrigkeit auch für große Vermögen.

990 BGH, Urt. v. 21.03.1990 (IV ZR 169/89) = NJW 1990, 2055 (2056); OVG Saarland, Urt. v. 17.03.2006 (3 R 2/05) = ZErb 2006, 275 (281); *Müller, G.*, in: Schlitt/Müller, Hdb. Pflichttr., § 10, Rn. 278; *Nieder*, NJW 1994, 1264 (1266 f.).

behinderungsbedingten Mehrbedarf getroffen werden. Dies könnte verbunden werden mit einer bedingten Enterbung[991] des behinderten Abkömmlings für den Fall, dass die Gestaltung des Behindertentestaments für große Vermögen unwirksam sein sollte.[992] Dadurch würde der behinderte Abkömmling für den Fall der Unwirksamkeit des Behindertentestaments der Regelungen des Behindertentestaments von der Erbfolge ausgeschlossen und sein Pflichtteilsanspruch durch die Ausgleichungsanordnung reduziert. Diese Gestaltung könnte kombiniert werden mit der Anordnung der Anrechnung hinsichtlich sämtlicher freiwilliger Zuwendungen. Dabei sollte jedoch zwecks Erreichens einer möglichst umfangreichen Pflichtteilsreduzierung darauf geachtet werden, dass hinsichtlich der freiwilligen Zuwendungen ausschließlich die Anrechnung und die Ausgleichung lediglich hinsichtlich der nicht freiwilligen Leistungen, insbesondere des behinderungsbedingten Mehrbedarfs, angeordnet wird.[993] Auf diese Weise würde eine möglichst umfangreiche Pflichtteilsreduzierung für den Fall erreicht, dass die Gestaltungen des Behindertentestaments aufgrund Sittenwidrigkeit nicht zum Tragen kommen.

991 *Kregel*, in: RGRK, § 1938, Rn. 4; *Otte*, in: Staudinger, § 1938, Rn. 6; *Lieder*, in: Erman, § 1938, Rn. 1.

992 *Krauß*, Vermögensnachfolge in der Praxis, Kap. 14, Rn. 5658 f.

993 Siehe 2. Teil B) III. 5. Anrechnung und Ausgleichung im Pflichtteilsrecht.

Gesamtergebnis

Grundsätzlich kann die Ausgleichung nach § 2050 III lediglich für freiwillige Leistungen angeordnet werden.[994] Gesetzliche Unterhaltsleistungen sind daher von der Ausgleichungspflicht ausgeschlossen, da sie weder nach dem Willen des Gesetzgebers[995] noch nach Sinn und Zweck[996] in die Ausgleichungsvorschriften einzubeziehen sind. Unzweifelhaft würde die größtmögliche Gleichbehandlung aller Abkömmlinge des Erblassers erreicht, wenn sämtliche Zuwendungen in den Anwendungsbereich der Ausgleichungsvorschriften einbezogen würden. Letztlich verfolgen die Ausgleichungsvorschriften selbst das Ziel der Gleichbehandlung nicht konsequent, sodass begründete Ausnahmen von der Einbeziehung möglich sind.[997] Die Wertungen des Unterhaltsrechts, nach denen sich die Höhe der Unterhaltsleistungen nach Bedarf und Bedürftigkeit des Unterhaltsberechtigten und der Leistungsfähigkeit des Unterhaltsverpflichteten bemisst, würden bei einer Einbeziehung von Unterhaltsleistungen in die Ausgleichung unterlaufen.[998] Durch die Ausgleichung würden die Unterhaltsleistungen fiktiv dem Nachlass hinzugerechnet und zugunsten der lebzeitig minderbedürftigen Abkömmlinge umverteilt. Dieser Widerspruch innerhalb des einheitlichen Gesetzgebungswerkes entspricht grundsätzlich nicht dem Willen des Gesetzgebers und ist daher abzulehnen.[999]

Als Ausgleichungsobjekt scheidet neben gesetzlichen Unterhaltsleistungen auch die tatsächliche Pflege eines behinderten Abkömmlings aus.[1000] Die Herleitung der Ausgleichungsmöglichkeit für tatsächliche Pflegeleistungen aus dem Rechtsgedanken des § 2057a I 2 ist nicht möglich. Die Einbeziehung von Pflegeleistungen von Kindern gegenüber ihren Eltern nach § 2057a I 2 rechtfertigt sich daraus, dass diese sich regelmäßig erhaltend oder vermehrend auf das Erblasservermögen auswirken.[1001] Die umgekehrte Ausgleichsrichtung in § 2050, nämlich die Ausgleichung von Leistungen, die gegenüber Abkömmlingen erbracht

994 Siehe 3. Teil B) V. Ergebnis.
995 Siehe 3. Teil B) IV. 2. Historische Auslegung.
996 Siehe 3. Teil B) IV. 4. Sinn und Zweck der Ausgleichungspflicht.
997 Siehe 3. Teil B) IV. 4. a) Keine konsequente Verfolgung des Gleichbehandlungszwecks.
998 Siehe 3. Tei. B) IV. 4. c) Konflikt mit den Wertungen des Unterhaltsrechts.
999 Siehe 3. Teil B) V. Ergebnis.
1000 Siehe 4. Teil B) II. Ergebnis.
1001 BT-Drucks. 16/8954, S. 17; *Dressel*, RdL 1970, 146; *Ludyga*, ZErb 2009, 289 (292); *Odersky*, NeG, § 2057a, Anm. II 2 c, f.

wurden, setzt hingegen eine Vermögensminderung voraus. Durch die tatsächliche Pflege (ungeachtet der separat betrachteten Pflegekosten) wird das Vermögen der Eltern nicht tangiert, es sei denn ein Elternteil hat für die Pflege die Erwerbstätigkeit reduziert oder eingestellt.[1002] Der Gesetzgeber hat jedoch durch die Streichung der Tatbestandsvoraussetzung des Verzichts auf Erwerbseinkommen für die Pflege bei Reformierung des § 2057a zum Ausdruck gebracht, dass er nicht diejenigen, die für die Pflege ihre Erwerbstätigkeit reduziert haben gegenüber denjenigen, die neben der ungeschmälerten Erwerbstätigkeit die Pflege erbringen, privilegieren möchte.[1003] Eine Übertragung des Rechtsgedankens der alten Fassung des § 2057a würde daher im Widerspruch zu dieser Entscheidung des Gesetzgebers stehen und ist daher abzulehnen.[1004]

Der Sinn und Zweck der Gleichbehandlung aller Abkömmlinge, der den Ausgleichungsvorschriften zugrunde liegt[1005], rechtfertigt hingegen die Ausweitung des Zuwendungsbegriffes des § 2050 auf Pflegekosten für behinderte Abkömmlinge. Diese Ausweitung des Zuwendungsbegriffes ist wegen der behinderungsbedingten erheblichen finanziellen Belastungen von Familien mit behinderten Kindern[1006] und der damit verbundenen besonderen Ungleichbehandlung geboten.[1007] Diese Ungleichbehandlung ist aufgrund des Gebots des Familienleistungsausgleichs durch die Gesamtgesellschaft möglichst zu kompensieren.[1008] Pflegekosten gegenüber behinderten Abkömmlingen können daher in Höhe des die Vermögensverhältnisse des Erblassers übersteigenden behinderungsbedingten Mehrbedarfs durch Ausgleichungsanordnung nach § 2050 III der Ausgleichungspflicht unterzogen werden.[1009]

Durch die Ausgleichungsanordnung für behinderungsbedingten Mehrbedarf werden die Erb- und Pflichtteile der übrigen Abkömmlinge erhöht und dadurch ein gewisser Ausgleich für die zu Lebzeiten der Eltern etwa erforderlichen

---

1002 Siehe 4. Teil B) II. Ergebnis.

1003 Vgl. BT-Drucks. 16/13543, S. 12.

1004 Siehe 4. Teil B) II. Ergebnis.

1005 RG, Urt. v. 30.06.1902 (131/1902 IV.) = RG, JW 1902, Beil. 11, S. 266, Nr. 198; *Ann*, in: Hausmann/Hohloch, Hdb. d. Erbrechts, Kap. 20, Rn. 188; *Flechtner*, in: Burandt/Rojahn , § 2050, Rn. 1; *Lange*, Die Ordnung der gesetzlichen Erbfolge, S. 88; *Mayer*, ZErb 2007, 130 (131); *Schultz*, DAVorm 1984, 713 (717).

1006 *Van de Loo*, MittRhNotK 1989, 233 (233 f.); *Schulin*, Verh. d. 59. DJ 1992, Bd. I, Gutachten E, S. 85.

1007 Siehe 4. Teil A) III. 4. a) Besondere Ungleichbehandlung aufgrund von behinderungsbedingtem Mehrbedarf.

1008 Siehe 4. Teil A) III. 4. b) Das Familienleistungsausgleichsprinzip.

1009 Siehe 4. Teil A) IV. Ergebnis.

finanziellen Einschränkungen der gesunden Geschwisterkinder geschaffen. Die Ausgleichungsanordnung nach § 2050 III ist entsprechend ihres Zwecks das Gestaltungsmittel, mit dem zwar nicht die vollständige Gleichstellung[1010], aber die Angleichung der Vermögensbeteiligung von Abkömmlingen unter Einbeziehung von lebzeitigen Zuwendungen zu erreichen ist.[1011]

Weniger geeignet ist die Ausgleichung hingegen als Gestaltungsmittel zur Reduzierung des Pflichtteils des behinderten Abkömmlings.[1012] In den Fällen, in denen der Pflichtteil eines behinderten Abkömmlings zum Schutz des Familienvermögens vor dem Sozialleistungsträger reduziert werden soll, geht es nicht um die Benachteiligung des behinderten Abkömmlings. Vielmehr soll verhindert werden, dass dieser aufgrund eines Erb- oder Pflichtteilsanspruchs Vermögenswerte erhält, die er vor Inanspruchnahme von Sozialleistungen sodann ohne Steigerung seiner Lebensqualität zunächst für die alltägliche Versorgung aufbrauchen müsste bzw. auf die der Sozialleistungsträger, sofern er bereits Leistungen erbracht hat, Zugriff nehmen könnte.[1013] Zur Erreichung dieses Zwecks sind die Gestaltungsmittel des Behindertentestaments besser geeignet als die Ausgleichung.[1014] Der exakte Nachlasswert zum Todeszeitpunkt ist in der Beratungspraxis nicht vorhersehbar, sodass bis zum Tod des Elternteils unklar bleibt, welchen Gesamtwert die lebzeitigen Zuwendungen erreichen müssen, um den Pflichtteil des behinderten Abkömmlings möglichst auf null zu reduzieren.[1015] Ungewiss ist darüber hinaus, in welcher Reihenfolge die Eltern versterben werden, sodass nicht planbar ist, welcher Elternteil die Zuwendungen gegenüber den Abkömmlingen erbringen sollte.[1016] Diese Problematik besteht, da der BGH den sog. „erweiterten Erblasserbegriff" im Pflichtteilsrecht nicht anerkennt.[1017] Zuwendungen sind im Pflichtteilsrecht auch bei einem Berliner Testament daher lediglich nach demjenigen Elternteil auszugleichen, der sie

---

1010 Siehe 5. Teil B) II. Die Gleichstellung der Abkömmlinge.

1011 Siehe 5. Teil B) II. Die Gleichstellung der Abkömmlinge.

1012 Siehe 6. Teil B) I. 3. Ergebnis.

1013 BGH, Urt. v. 19.10.2005 (IV ZR 235/03) = ZEV 2006, 76; *Dieckmann,* in: Soergel, § 2306, Rn. 29; *Kössinger, R.,* in: Nieder/Kössinger/Kössinger, § 21, Rn. 69; *Lange/Kuchinke,* Erbrecht, § 35 IV 6 a; *Nieder*, NJW 1994, 1264 (1265); *Reimann,* DNotZ 1992, 241 (246).

1014 Siehe 6. Teil C) Die Ausgleichung von Pflegeleistungen als Ergänzung zum Behindertentestament.

1015 Siehe 6. Teil B) I. 3. Ergebnis.

1016 Siehe 6. Teil B) I. 2. a) Ausgleichung im Pflichtteilrecht nur nach dem zuwendenden Elternteil.

1017 BGH, Urt. v. 13.07.1983 (IVa ZR 15/82) = NJW 1983, 2875 (2876).

auch lebzeitig erbracht hat.[1018] Eine Berücksichtigung der Zuwendungen beider Eltern nach dem Tod des Letztversterbenden findet bei der Ausgleichung im Pflichtteilsrecht (§ 2316) nicht statt. Ferner ist die Ausgleichung aufgrund der fehlenden Möglichkeit einer nachträglichen Anordnung und der Reduzierung des Pflichtteils durch die Ausgleichung um lediglich den hälftigen Zuwendungswert wenig praktikabel und nur eingeschränkt effizient.[1019] Als Alternative zum Behindertentestament kommt die Ausgleichung von Pflegeleistungen gegenüber behinderten Abkömmlingen daher nicht in Betracht.[1020]

Die Ausgleichungsanordnung stellt jedoch eine sinnvolle Ergänzung zum Behindertentestament dar. Die Ausgleichung von behinderungsbedingtem Mehrbedarf führt in Höhe des (hälftigen) Ausgleichungswertes zur Erhaltung des Familienvermögens, da in dieser Höhe der Erb- bzw. Pflichtteil des behinderten Abkömmlings reduziert wird.[1021] Eine über die Sozialleistungen hinausgehende Versorgung des behinderten Abkömmlings könnte durch eine Kombination der Ausgleichungsanordnung mit einer in einer letztwilligen Verfügung der Eltern anzuordnende Auflage erreicht werden.[1022] Diese Gestaltung kommt als Ergänzung zum Behindertentestament insbesondere für Fälle großer Vermögen in Betracht, in denen die Frage nach der Sittenwidrigkeit der Gestaltungen des Behindertentestaments derzeit ungeklärt ist.[1023] Unabhängig von der Größe des Vermögens ist im Hinblick auf eine etwaige Änderung der Rechtsprechung zum Behindertentestament[1024] die vorsorgliche Anordnung der Ausgleichung für Pflegeleistungen zur Reduzierung des Pflichtteils zusammen mit einer aufschiebend bedingten Enterbung des behinderten Abkömmlings für den Fall der Unwirksamkeit des Behindertentestaments sinnvoll.[1025] Anders als für die Gestaltungen des Behindertentestamentes scheidet für die Ausgleichungsanordnung selbst bei

1018 BGH, Urt. v. 13.07.1983 (IVa ZR 15/82) = NJW 1983, 2875 (2876).

1019 Siehe 6. Teil B) I. 3. Ergebnis.

1020 Siehe 6. Teil C) Die Ausgleichung von Pflegeleistungen als Ergänzung zum Behindertentestament.

1021 Siehe 6. Teil B) I. Erhalt des Familienvermögens.

1022 Siehe 6. Teil A) II. Versorgung des behinderten Abkömmlings.

1023 BGH, Urt. v. 21.03.1990 (IV ZR 169/89) = NJW 1990, 2055 (2056); OVG Saarland, Urt. v. 17.03.2006 (3 R 2/05) = ZErb 2006, 275 (281); *Müller, G.*, in: Schlitt/Müller, Hdb. Pflichttr., § 10, Rn. 278; *Nieder*, NJW 1994, 1264 (1266 f.).

1024 Siehe 6. Teil A) IV. 2. Die Rechtsprechung des Bundessozialgerichts.

1025 Siehe 6. Teil C) Die Ausgleichung von Pflegeleistungen als Alternative zum Behindertentestament.

großen Vermögen die Sittenwidrigkeit aus.[1026] Der Zweck der Ausgleichungsordnung, der in diesen Fällen wie beim Behindertentestament auf die Erhaltung des Familienvermögens gerichtet ist, ist für beide Gestaltungen durch das Prinzip des Familienleistungsausgleichs gerechtfertigt.[1027] Die Ausgleichung stellt darüber hinaus im Gegensatz zum Behindertentestament als Gestaltungsmittel keine Belastung im Rechtssinne für den behinderten Abkömmling dar. Dies ergibt sich zum einen aus § 2306, der die Ausgleichung anders als die Vor- und Nacherbschaft sowie die Testamentsvollstreckung nicht als Beschränkung aufführt.[1028] Die fehlende Belastungsqualität der Ausgleichungsanordnung zeigt sich ferner daran, dass diese ein lediglich rechtlich vorteilhaftes Rechtsgeschäft darstellt.[1029] Dem behinderten Abkömmling wird durch die Ausgleichung nichts genommen. Von seinem Erb- oder Pflichtteil wird lediglich der Wert in Abzug gebracht, den er bereits zu Lebzeiten von seinen Eltern erhalten hat.[1030] Als Gestaltungsmittel zum Zweck der Erhaltung des Familienvermögens ist die Ausgleichungsanordnung dem Vorwurf der Sittenwidrigkeit daher nicht ausgesetzt und kommt als Ergänzung zum Behindertentestament in Betracht.

Im Übrigen ist die Ausgleichungsanordnung als Gestaltungsmittel auch bezüglich des behinderungsbedingten Mehrbedarfs als das anzuwenden, was sie ist: ein Mittel zur Schaffung eines gewissen Ausgleichs zwischen den Abkömmlingen, mit dem der Nebeneffekt der Pflichtteilsreduzierung erzielt werden kann.

1026 Siehe 4. Teil A) III. 4. b) aa) (2) Übertragung der Wertungen des BGH zum Behindertentestament.

1027 Siehe 4. Teil A) III. 4. b) aa) (1) Vorrang des Familienleistungsausgleichsprinzips im Sozialrecht.

1028 Siehe 4. Teil A) III. 4. b) aa) (2) Übertragung der Wertungen des BGH zum Behindertentestament.

1029 Siehe 5. Teil A) III. 2. b) bb) Rechtliche Qualifizierung der Ausgleichungsanordnung.

1030 *Lange*, in: MüKo, § 2316, Rn. 6; *Röthel*, in: Erman, § 2316, Rn. 1.

Studien zum deutschen und internationalen Familien- und Erbrecht

Herausgegeben von Martin Lipp, Christoph Benicke, Marina Wellenhofer und Bettina Heiderhoff

Band 1 Jessica Kriewald: Statusrelevante Erklärungen des Familienrechts. 2009.

Band 2 Martin Gilbert: Unmoralische Angebote, Grundrechtskitsch und die kalte Hand des Erblassers. 2009.

Band 3 Anja Vellmer: Religiöse Kindererziehung und religiös begründete Konflikte in der Familie. Eine rechtsübergreifende Darstellung familiärer religiöser Konflikte und der staatlichen Instrumentarien zu ihrer Lösung. 2010.

Band 4 Uta Heidenreich: Auskunfts- und Wertermittlungsansprüche des Pflichtteilsberechtigten. 2010.

Band 5 Ulla Möhn: Vertrauensschutz im intertemporalen Scheidungsunterhaltsrecht. Zugleich eine Analyse des § 36 Nr. 1 EGZPO. 2010.

Band 6 Gabriele Metternich: Verfügungsverhalten von Erblassern. Eine empirische Untersuchung als Beitrag zur Rechtstatsachenforschung und Reformdiskussion auf dem Gebiet des Erbrechts. 2010.

Band 7 Patrick Schroer: Europäischer Erbschein. Mit rechtsvergleichender Darstellung. 2010.

Band 8 Isabella Toscano: Ehescheidungen mit grenzüberschreitendem Bezug. Von divergierenden nationalen Scheidungsvoraussetzungen zu einem einheitlichen europäischen Scheidungsrecht? 2011.

Band 9 Ulrich Kühle: Die gerichtliche Überprüfung von Erb- und Pflichtteilsverzichtsverträgen im Spiegel ehevertraglicher Inhaltskontrolle. 2011.

Band 10 Gregor Blüm: Härtefälle im Recht des Versorgungsausgleichs. Eine legitimationszentrierte Untersuchung der Rechtsprechung zur Generalklausel des § 1587c Nr. 1 BGB a. F. unter Berücksichtigung der Neuerungen in der Härtefallregelung des § 27 VersAusglG. 2011.

Band 11 Linda Schlegel: Die Bedeutung des vorehelichen Zusammenlebens im Scheidungsfolgenrecht. 2011.

Band 12 Tobias Breitling: Rechtsfolgen von sittenwidrigen Bedingungen in Verfügungen von Todes wegen. Erblasserwille und objektives Recht. 2012.

Band 13 Anja Sommer: Das Verhältnis von Familiengericht und Jugendamt. Kooperation zum Wohle des Kindes? 2012.

Band 14 Pia Maria Schulze: Das deutsche Kindschafts- und Abstammungsrecht und die Rechtsprechung des EGMR. 2012.

Band 15 Sebastian Schaufert: Das Verbot der Doppelverwertung von Vermögenspositionen bei Unterhalt und Zugewinn. 2012.

Band 16 Natalie Ivanits: Die Stellung des Kindes in auf Einvernehmen zielenden gerichtlichen und außergerichtlichen Verfahren in Kindschaftssachen. 2012.

Band 17 Robert Bauer: Die Neuerungen im ehelichen Güterrecht. Eine kritische Untersuchung der Rechtslage nach der Reform von 2009. 2013.

Band 18 Birthe Schekahn: Tatsächliche Unterhaltsleistungen faktischer Lebensgefährten im Todesfall. Ein Vorschlag für eine Reform des § 844 Abs. 2 BGB und zugleich eine Definition der faktischen Lebensgemeinschaft. 2013.

Band 19 Michelle Favier: Die gemeinsame rechtliche Elternschaft von eingetragenen Lebenspartnern durch die Annahme eines Kindes. 2014.

Band 20 Holke-Leonie Doench: Mediation als kindgerechtes Verfahren. 2014.

Band 21 Katharina Frank: Eheverträge als effektives Gestaltungsinstrument. Die Grenzen der Privatautonomie im englischen und deutschen Sachrecht sowie im europäischen Zivilverfahrens- und Kollisionsrecht. 2015.

Band 22 Renata von Pückler: Der Ausgleich konkurrierender Ehegattenunterhaltsansprüche. 2015.

Band 23 Sandra Schröder: Wer hat das Recht zur rechtlichen Vaterschaft? Vorschlag zur Neugestaltung der rechtlichen Stellung des biologischen Vaters im Abstammungsrecht bei Bestehen einer sozial-familiären Beziehung zwischen Kind und rechtlichem Vater. Unter Berücksichtigung interdisziplinärer und historischer Aspekte. 2015.

Band 24 Kerstin Aust. Das Kuckuckskind und seine drei Eltern. Eine kritische Würdigung der bestehenden Rechtslage mit Vorschlägen für interessengerechte Regelungen unter rechtsvergleichenden Aspekten aus dem EMRK-Raum. 2015.

Band 25 Marc Alexander Voigt: Abstammungsrecht 2.0. Ein rechtsvergleichender Reformvorschlag vor dem Hintergrund der Methoden der künstlichen Befruchtung. 2015.

Band 26 Carola Berneiser: Die verfahrensrechtliche Neuregelung der Erörterung der Kindeswohlgefährdung in § 157 FamFG. Möglichkeiten und Grenzen der Umsetzung in der familiengerichtlichen Praxis. 2015.

Band 27 Hüsniye Saygin: Geschlechtergerechtigkeit unter dem Deckmantel der Leitbildneutralität. Trennungs- und Scheidungsfolgen im Spiegel der Ehe- und Familienförderung. 2016.

Band 28 Dragana Damljanovic: Das Wechselmodell. Geltendes Recht und Reformbedarf. 2016.

Band 29 Bianca Reichert: Die erbrechtliche Ausgleichung von Unterhaltsleistungen an behinderte Abkömmlinge. 2017.

www.peterlang.com

www.ingramcontent.com/pod-product-compliance
Ingram Content Group UK Ltd.
Pitfield, Milton Keynes, MK11 3LW, UK
UKHW022100051026
15623UKWH00003B/586

9 783631 717608